Kleine Gärten

Julie Toll

Kleine Gärten

Der Ratgeber der Royal Horticultural Society

Christian Verlag

Aus dem Englischen übersetzt von
Angelika Feilhauer
Redaktion: Angelika Franz
Korrektur: Angelika Möhring
Umschlaggestaltung: Horst Bätz
Herstellung: Dieter Lidl
Satz: Fotosatz Völkl, Puchheim

Die Originalausgabe mit dem Titel
The Small Garden wurde erstmals 1995
im Verlag Conran Octopus Limited, London,
veröffentlicht.

Druck und Bindung: Mandarin Publishers
Printed in Hong Kong

ISBN 3-88472-300-6

SEITE 1 Die Nachmittagssonne bringt Licht in diesen abgeschiedenen Winkel des Gartens.

SEITE 2 Pflanzgefäße mit Fuchsien, Pelargonien und Fleißigen Lieschen *(Impatiens walleriana)* sorgen in dem gutstrukturierten Garten im Sommer für Farbe.

RECHTS Markante Granitsteinpflaster und Steinmauern werden durch einen leuchtendgrünen Teppich aus Bubiköpfchen *(Soleirolia soleirolii)* aufgelockert, die auf kleinem Raum eine schöne Alternative zu Rasen bilden.

INHALT

Die Freuden des kleinen Gartens

Wenn man einen kleinen Garten als behaglichen Raum im Freien betrachtet, der sich nach individuellen Bedürfnissen gestalten läßt, kann man sich leicht ein Bild von den vielfältigen Nutzungsmöglichkeiten und der Bedeutung dieser kleinen Fläche machen. Dieser Raum im Freien spielt in unserer modernen Zeit eine wichtige Rolle und sollte nicht nur das ganze Jahr über reizvoll wirken, sondern auch funktionell sein und seinem Besitzer möglichst viel Freude bereiten, indem jede Ecke und Ritze genutzt wird. Eine gute Gestaltung macht im kleinen Garten vielfältige Aktivitäten möglich und läßt ihn gleichzeitig in jeder Jahreszeit zu einer erquickenden Oase werden.

In diesem bezaubernden Raum unter freiem Himmel bildet die tiefer liegende gepflasterte Terrasse ein harmonisches Gegengewicht zu den unterschiedlichen Farben und Maserungen des Granitsteinpflasters. Im Schutze eines großen Sonnenschirms entsteht so ein hübscher Bereich zum Sitzen und Essen. Das Laub und die Formen der Pflanzen sorgen in diesem wohlproportionierten gepflasterten Garten für zusätzlichen Reiz. Die gewaltigen Blätter der riesigen *Gunnera manicata* lassen in einem großen Tongefäß einen attraktiven Mittelpunkt im Garten entstehen und bilden einen schönen Kontrast zu den hohen Blütenähren des benachbarten *Acanthus.*

Das Erfolgsrezept für die gelungene Gestaltung einer kleinen Fläche lautet Schlichtheit. Zu dieser ruhigen Komposition aus silberfarbenen, grünen und weißen Blättern und Blüten gehören eine Hortensie *(Hydrangea)*, Zimmerkallas *(Zantedeschia)* und Silberwinden *(Convolvulus cneorum)*. Sie harmoniert gut mit den natürlichen Farben von Ziegeln und Tontöpfen sowie der Struktur des Kieses.

RECHTS Die Gestaltung eines Gartens muß sowohl von oberen Stockwerken als auch vom Erdgeschoß aus betrachtet gelungen wirken. Hier erhält sie durch Pflanzen mit unterschiedlichen Konturen Struktur, während Pastelltöne das Verlegemuster der gepflasterten Flächen weicher machen. Eine *Magnolia grandiflora* verbirgt mit ihren glänzenden Blättern und duftenden Blüten die Wand des Hauses.

Wann ist ein Garten klein?

Gewiß hat jeder eine andere Vorstellung davon, was »klein« bedeutet – für manchen ist jeder Garten unter 1000 Quadratmetern klein. Dieses Buch befaßt sich jedoch mit wirklich kleinen Flächen von nicht mehr als zehn mal 18 Metern. Solche und noch kleinere Gärten findet man überall auf der Welt, sowohl in der Stadt als auch auf dem Land. Ich erhielt einmal einen Auftrag für eine Gestaltung eines Grundstücks, bei dem der Vorgarten sechs mal drei Meter groß war und die Fläche hinter dem Haus acht mal fünfeinhalb Meter betrug – also wenig mehr als die eines großen Wohnzimmers. Oder stellen Sie sich einen Tennisplatz (etwa 17 mal 35 Meter) vor, um sich zu verdeutlichen, was »klein« bedeutet. Auf dieser Fläche hätten mindestens zwei der größten Gärten Platz, die ich in diesem Buch vorstelle.

Viele bringen kleine Gärten nur mit Stadthäusern in Verbindung, häufig findet man sie jedoch auch bei Häusern in Küstenregionen, Häuschen am Rande von kleinen Dörfern, in neueren Vorstadtsiedlungen oder in den Randbereichen größerer Dörfer. Selbst bei manch großem Bauernhaus ist ein winziger Vorgarten vielleicht der einzige Platz, wo man sitzen oder Zierpflanzen ziehen kann, da alle dahinterliegenden Flächen für die Landwirtschaft oder als Hof genutzt werden. Und bei vielen Wohnungen, besonders in der Stadt, muß der grüne Außenraum auf einem Dach oder Balkon angelegt werden, wo er oft die einzige Möglichkeit ist, sich an Blütenpracht und sattem Grün zu erfreuen.

Probleme und Vorteile

Mit kleinen Gärten sind unweigerlich bestimmte Schwierigkeiten verbunden, die man bei der Neu- oder Umgestaltung lösen muß. Ein kleiner Garten schließt sich häufig an einen der Haupträume des Hauses an, so daß er ständig im Blickfeld liegt, und gleichzeitig führt durch ihn vielleicht ein regelmäßig begangener Weg zum Haus, zum Schuppen, zur Garage oder zum Platz, an dem die Wäsche aufgehängt wird. Daher muß er so gestaltet und bepflanzt werden, daß er immer reizvoll aussieht, aber dennoch den Zugang erlaubt. Viele kleine Grundstücke sind von einer Mauer oder einem Zaun umgeben, und diese Begrenzungen, die eine wichtige Rolle in der Gestaltung spielen, können allzu leicht erdrückend wirken. Die überlegte Auswahl und Einbeziehung der Materialien in das Gesamtkonzept ist daher von entscheidender Bedeutung. Auf kleinen städtischen Grundstücken können nahe gelegene Gebäude und Bäume zum Problem werden, da diese Auswirkungen auf das Mikroklima haben, gegen die der Gartenbesitzer nichts tun kann; hier bedarf die Auswahl und Plazierung der Pflanzen besonderer Sorgfalt. Begrenzter Raum macht die Ausnutzung jedes Quadratzentimeters notwendig, und sowohl befestigte Flächen als auch Rasen und Beete müssen so geplant werden, daß sie der Abnutzung standhalten können, aber dennoch hübsch aussehen. Man muß auch stets die begrenzten Zugangs- und Lagermöglichkeiten berücksichtigen; dies ist wichtig für das Anliefern von Bau- und Pflanzmaterialien, beim Lagern von Werkzeugen und bei der Entsorgung von Gartenabfällen.

Die Gestaltung eines gelungenen kleinen Gartens kann große Freude bereiten, und sie beinhaltet auch viele Vorteile. Was die praktische Seite betrifft, kommt man leichter zu einem Ergebnis als bei einem Garten mit einigen tausend Quadratmetern, vor allem dann, wenn man alle Arbeiten selbst durchführt. Zudem ist man bei der Auswahl der verwendeten Materialien weniger gezwungen, Kompromisse einzugehen – man kann sich beispielsweise überlegen, ob man für eine Terrasse zartfarbene Natursteinplatten verwendet, während man sich bei einer Fläche der dreifachen Größe vielleicht für preiswertere, gleichförmigere Betonplatten entscheiden müßte. In einem kleinen Garten bestehen auch gute Aussichten, die Arbeiten innerhalb eines absehbaren Zeitraums abschließen zu können, und nachdem der Garten angelegt ist, nimmt seine Pflege weniger Zeit in Anspruch als bei einem großen Grundstück, so daß man mehr Gelegenheit hat, die Früchte seiner Arbeit zu genießen. Es gibt eine Fülle an Materialien, Pflanzen, Gartenzubehör und Themen, die sich für den kleinen Garten eignen. Eine gute Gestaltung macht es möglich, alle gewünschten Elemente in den Garten einzubeziehen, ohne daß er überladen oder unausgewogen wirkt. Außerdem kann man mit Hilfe einiger Tricks den winzigen Raum beträchtlich größer erscheinen lassen.

Doch ohne eine durchdachte Bepflanzung, die dem Garten erst seine besondere Atmosphäre verleiht, sind auch die besten Ideen nichts wert. Die Pflanzenauswahl spielt bei der Gestaltung eine entscheidende Rolle, da auf begrenzten Flächen jede Pflanze mehr Bedeutung bekommt und Form, Laub und Blütenfarben wie auch das Zusammenspiel der Pflanzen aus unmittelbarer Nähe zu sehen sind. Man muß sorgfältig überlegen, wie man Pflanzen mit anderen Elementen des Gartens kombiniert, um ein einheitliches Gesamtbild entstehen zu lassen, durch das der Garten Charme erhält.

Die fortlaufende Züchtung neuer Pflanzen hat uns Hybriden und Sorten mit kompakterem Wuchs und längerer Blühperiode beschert, so daß die Auswahlmöglichkeiten größer geworden sind. Zwei neue Züchtungen, die sowohl immergrün als auch kompakt sind und sich daher für kleine Flächen gut eignen, sind *Hebe* ›Rosie‹ und *Euonymus fortunei* ›Harlequin‹. Es besteht jedoch keine Notwendigkeit, für kleine Gärten nur kleine Pflanzen in Betracht zu ziehen. Tatsächlich bietet sich auch eine verblüffend breite Palette von großen Pflanzen an; in bestimmten Situationen sind sie aufgrund ihrer Ansprüche an Bodenbeschaffenheit und Mikroklima sogar empfehlenswert.

Heute werden gern Pflanzen gezogen, die duften, und in kleinen Gärten, wo die begrenzte Fläche sowohl visuelle und akustische Eindrücke als auch Düfte verstärkt, sind sie ein weiteres wichtiges Element. Sofern für den Garten ein durchdachter Bepflanzungsplan existiert, findet der Pflanzenfreund viele Möglichkeiten, zu experimentieren und seine Pflanzungen zu ergänzen. Ich entdecke immer wieder neue Pflanzenarten, die ich ausprobieren möchte, ohne daß dadurch die Gesamtgestaltung beeinträchtigt wird. Doch durch Entfernen gelegentlicher Mißgriffe und die Erweiterung meiner Topfsammlung auf der Terrasse ist Platz für eine erstaunlich große Anzahl verschiedener Pflanzen. Lassen Sie sich nur nicht durch den begrenzten Raum entmutigen.

Einflüsse der Vergangenheit

Viele Ideen, die heute bei der Gestaltung kleiner Flächen Anwendung finden, sind – kleinen wie auch großen – historischen Gärten entlehnt. Tatsächlich schließt sich in vieler Hinsicht der Kreis wieder: Ironischerweise bilden heute zahlreiche kleine Privatgärten einen integralen Bestandteil im täglichen Leben ihrer Besitzer, so wie zur Zeit der frühen Klostergärten, als sich der gesamte Gebäudekomplex um den im Innenhof liegenden Garten gruppierte.

Es bestand immer eine starke Tendenz, Gärten einzufrieden, um kleine, abgeschiedene Oasen zu schaffen, deren Funktion vom örtlichen Klima und von der Lebensweise bestimmt wurde. Die ersten Einfriedungen dieser Art waren rein funktionell und bestanden aus Dornenhecken oder Lehmwallen, die Tiere und Diebe fernhalten sollten. Im Laufe der Zeit wurden sie durch Mauern oder dekorative Spaliere, Zäune und Blütenhecken ersetzt. Viele der attraktiven Spaliere von heute basieren auf historischen Entwürfen und verleihen zahlreichen kleinen formalen Gärten eine klassische Note.

In den spanischen Gärten der maurischen Periode, die sich aus den geschlossenen »Paradiesgärten« Persiens entwickelten, war es üblich, mauerumgebene Innenhöfe mit formalen Wasserelementen wie Kanälen und Brunnen zu schaffen, die in dem heißen mediterranen Klima schattige Oasen entstehen ließen. Eine moderne Interpretation – Wasser, das durch schmale, aus Ziegeln gebaute Rinnen fließt und in einem stehenden Teich oder Becken mit Springbrunnen endet – ist ein reizvoller Mittelpunkt für einen kleinen formalen Garten. Die symmetrisch gepflanzten Bäume der größeren maurischen Gärten können durch ein Paar in Form geschnittener immergrüner Gewächse in großen, symmetrisch plazierten Kübeln ersetzt werden.

Die Nahrungserzeugung war das Hauptthema römischer ländlicher Gärten, wenngleich gelegentlich auch einige Blütenpflanzen und aromatische Kräuter zwischen das Gemüse gesetzt wurden. Die wohlhabenderen Städter ließen oft Landschaften an die Mauern am Ende ihrer Stadtgärten malen – eine Idee, die heute bei *trompe-l'œil*-Effekten Anwendung findet, welche oft auch Pflanzungen einbeziehen. Durch solche Malereien läßt sich eine häßliche Wand verbergen.

Die zumeist quadratischen oder rechteckigen Gärten des Mittelalters basierten auf den älteren Klostergärten, in denen man Gemüse, Heilpflanzen und Kräuter, jeweils in einem eigenen kleinen, umschlossenen Bereich, gezogen hatte. Mitunter wurden dabei unter Einbeziehung von duftenden Kräutern, Spalieren und Lauben komplizierte Muster geschaffen. Eine Miniversion dieses Gartentyps kann heute in einem sonnigen Hinterhof entstehen, indem man mit niedrigen gestutzten Hecken, Duftsträuchern, wohlriechenden Kletterpflanzen und immergrünen Kräutern Beete anlegt, die durch Ziegel- oder Kieswege voneinander getrennt sind und das ganze Jahr über für Duft und Reiz sorgen.

Während der französischen und italienischen Renaissance wurden die Gärten erheblich größer und großzügig mit Terrassen, formalen Pflanzungen und formalen Rasen angelegt, die durch breite Wege getrennt waren. Diese theaterhafte Kulisse diente dazu, Statuen, Pflanzspindeln und Büsten oder auch Wasserelemente wie Springbrunnen und andere klassische Dekorationen in Szene zu setzen. Wenn wir dieses Thema auf einen kleinen formalen Garten übertragen, können wir eine klassische Umgebung schaffen, um auf begrenztem Raum traditionelle oder moderne Gegenstände zur Schau zu stellen. Das Erfolgsgeheimnis liegt darin, die Umgebung sehr schlicht zu halten, aber große, gepflegte Pflanzen und Skulpturen oder Statuen zu verwenden. Sofern Ausgewogenheit herrscht und das Größenverhältnis zwischen Pflanzen und befestigten Flächen einerseits und den Objekten andererseits stimmt, können so im Garten eines älteren Stadthauses mit schönen Proportionen große Ausstattungsgegenstände mit architektonischem Charakter Platz finden.

Die Autorin Julie Toll in ihrem frühsommerlichen Garten.

RECHTS Klassische Themen können auch auf einen kleinen formalen Garten übertragen werden, solange die Umgebung schlicht gehalten wird.

UNTEN Die Verwendung von *trompe-l'œil*-Effekten geht auf die Zeit des alten Roms zurück und kann in einem kleinen Garten erfolgreich eingesetzt werden, um aus einer kahlen Wand einen hübschen Hintergrund zu machen. Die verspiegelte Bogenfüllung und das an der Wand befestigte Spalier lassen die Mauer reizvoller und interessanter wirken. Sie täuschen nicht nur das Auge, sondern vergrößern überdies optisch den Raum.

Während des 19. Jahrhunderts unterteilte man große Gärten in kleinere Bereiche, von denen jeder einen besonderen Charakter hatte oder einem eigenen Thema gewidmet war. Geometrische Gestaltungen und geschnittene Hecken, formale Wasserelemente und akkurat angelegte Pflanzungen waren weit verbreitet. In einem kleinen modernen Garten kann man eines oder mehrere dieser Elemente verwenden.

Die Einführung von Pflanzen aus anderen Regionen der Welt erreichte im 19. Jahrhundert ihren Höhepunkt, und es ist zum Teil den großen Pflanzenforschern der damaligen Zeit zu verdanken, daß uns heute für kleine Gärten eine so große Palette von Arten zur Verfügung steht, vor allem Pflanzen, die bei der Verschönerung städtischer Situationen gute Dienste leisten. Auch wenn die ersten Staudenrabatten meist in großem Maßstab angelegt wurden, können wir noch immer aus ihren Pflanzenkombinationen oder ihrer kräftigen Farbgestaltung lernen, wenn wir unsere eigenen gemischten Pflanzungen planen, die für kleinere Flächen passender sind.

Obwohl uns die Geschichte viel über Gartenbaumethoden gelehrt und verschiedene Stile und Einflüsse überliefert hat, müssen wir nach vorne schauen und dürfen nicht vergessen, daß wir in der Lage sind, unseren eigenen innovativen Stil zu entwickeln. Bei der Gestaltung von kleinen Gärten ist es das wichtigste Ziel, die nützlichen mit den ästhetischen, visuellen Elementen zu verbinden, um einen Ort der Schönheit und der Ruhe entstehen zu lassen, der unserer heutigen Lebensweise angemessen ist.

Die Planung eines kleinen Gartens

Im Planungsstadium ist es das wichtigste Ziel, die Möglichkeiten, die ein kleiner Garten bietet, zu erkennen. Und egal, ob Sie nur kleine Veränderungen an einem bestehenden Garten vornehmen oder einen Garten völlig neu anlegen, stets müssen Sie zuerst einen Plan anfertigen. Er hilft Ihnen, Ihre Gedanken zu ordnen und eine unsystematische Vorgehensweise zu vermeiden, in deren Folge Ideen wahllos umgesetzt würden und ein Garten ohne Gesamtthema oder ausgewogene Gestaltung entstünde. Zudem kann man durch Planung auch Geld sparen, da sie sicherstellt, daß der Garten in einer logischen Abfolge gestaltet wird und die vorhandenen Mittel möglichst sinnvoll eingesetzt werden.

Bei der Gestaltung dieses Gartens wurde seine Länge genutzt, um mehrere »Räume« zu schaffen, die einen Gang durch den Garten reizvoll machen. Spaliere an der Grundstücksgrenze verhindern die Einsicht, ohne erdrückend zu wirken. Die skulpturhafte Bepflanzung unterstreicht die Gestaltung, und die Sonnenuhr läßt sowohl vom Haus als auch vom Ende des Gartens aus betrachtet einen Mittelpunkt entstehen. Für Stufen und Mauern wurden die gleichen Ziegel wie für das Haus verwendet.

Bestandsaufnahme

Eine dichte Eibenhecke mag nicht die naheliegendste Einfriedung für einen kleinen Garten sein, doch alte Hecken sollten erhalten werden, da sie Ungestörtheit garantieren und einen großartigen immergrünen Hintergrund für andere Pflanzen wie diese in Töpfen wachsenden Pelargonien und Verbenen bilden. Das unebene Ziegelpflaster wirkt dekorativ und natürlich; wird die Fläche jedoch viel begangen oder als Sitzplatz genutzt, sollte es neu verlegt werden.

Bevor Sie mit dem Zeichnen eines Planes beginnen, sollten Sie sich zunächst in Ruhe mit Ihrem Grundstück vertraut machen, um herauszufinden, welche Vor- und Nachteile es im Ablauf der Jahreszeiten hat. Am besten geschieht dies, indem Sie alles, was Sie über vorhandene Pflanzen, den Zustand des Bodens sowie die Verteilung von Sonne und Schatten zu verschiedenen Tageszeiten herausfinden, schriftlich festhalten. Machen Sie sich über einen Zeitraum von etwa einem Jahr Notizen, und überlegen Sie zudem, wie Sie den Raum nutzen wollen, bevor Sie über den Umfang der Veränderungen entscheiden. Sie werden dann wissen, ob Sie ganz von vorne beginnen oder lediglich das Vorhandene verbessern müssen. Oft können schon kleinere Veränderungen an bereits existierenden Pflanzungen und Oberflächen ein häßliches Durcheinander in einen ansehnlichen Garten verwandeln, doch möglicherweise kommen Sie zu dem Schluß, daß eine umfangreiche Umgestaltung notwendig ist.

Vorhandene Pflanzungen

Wenn es die Zeit erlaubt, sollten Sie herausfinden, welchen Wert jede Pflanze in den verschiedenen Jahreszeiten hat, bevor Sie über Erhaltung und Entfernung von Pflanzen entscheiden. Denken Sie daran, daß es mehrere Jahre dauert, bis eine gut bewurzelte, reife Pflanze ersetzt ist; entfernen Sie also nicht unüberlegt alte Sträucher, die sich vielleicht gut in die neue Gestaltung einfügen und sofort für Höhe und Struktur sorgen würden. Bäume und Sträucher, insbesondere sommergrüne Arten, verändern mit Fortschreiten des Jahres ihren Charakter. Eine besondere Herausforderung bei der Gestaltung eines kleinen Gartens besteht darin, eine gewisse Abgeschiedenheit herzustellen und gleichzeitig sowohl im Sommer als auch im Winter ein gutes Verhältnis zwischen Sonne und Schatten zu gewährleisten. Ein Garten, der im Blickfeld der Fenster eines Nachbarhauses liegt oder von anderen Hinterhöfen umgeben ist, profitiert im Sommer vielleicht vom Schutz, den ein dichtes Blätterdach bietet, doch nach dem Laubfall im Herbst und Winter kann er schrecklich öde aussehen und den Blicken ausgeliefert sein. Das Pflanzen von hohen immergrünen Gewächsen mildert diesen Effekt im Winter, doch im Sommer wirken sie vielleicht erdrückend und lassen den Garten kalt und schattig werden. Ich würde mich in diesem Fall um eine Gestaltung bemühen, die im Sommer, wenn der Garten am meisten genutzt wird, Ungestörtheit gewährleistet und im Winter möglichst viel Sonne hereinläßt, damit sich der Boden im Frühjahr zeitig erwärmt und abtrocknet. Da eine vorhandene Hecke oder dichte Strauchpflanzung ein guter Schutz gegen Lärm und Wind sein kann, sollten Sie zunächst feststellen, wie sie im Sommer und Winter wirkt, bevor Sie über ihre Entfernung oder Erhaltung entscheiden.

Ein Schnitt hilft oft, ein altes Gehölz wieder ordentlich aussehen zu lassen und einen alten Garten zu verschönern. In Zweifelsfällen sollte man es daher stets mit einem Schnitt versuchen, bevor man einen Strauch oder Baum vollständig entfernt (siehe Seite 94). Andererseits hat es aber keinen Sinn, einen Baum zu erhalten, der dahinsiecht und vermutlich beim nächsten Sturm umgerissen wird.

Rasenflächen sind oft in schlechtem Zustand, vor allem, wenn Gärten einige Zeit nicht gepflegt wurden. Hohes Gras erweckt manchmal den Eindruck, als sei es nicht mehr zu retten, doch einmal gemäht, erholt es sich möglicherweise wieder. Nach dem Schnitt wird es zunächst gelbbraun und fast abgestorben aussehen, doch innerhalb weniger Tage sollte es sich erholen, grüner werden und neu zu wachsen beginnen. Sofern es sich um hochwertige Gräser handelt, kann ein Rasen durch Düngung und Mähen wiederhergestellt werden. Nach einer gewissen Zeit kann man dann entscheiden, ob man den Rasen erhält oder neu anlegt (siehe Seite 92). Bei einem Rasen, der mit ausdauernden Unkräutern wie Giersch verseucht ist, sind Sofortmaßnahmen erforderlich; die Beseitigung des Problems kann ein Jahr dauern.

Bei der Neugestaltung dieses Gartens wurde ein vorhandener Birnbaum in der Rasenfläche einbezogen. Ziegelstufen und Topfgruppen mit üppigen Strauchmargeriten *(Argyranthemum frutescens)* lenken den Blick in den oberen Gartenbereich.

Oberflächen und Konstruktionen

Auch die baulichen Elemente des Gartens bedürfen einer Bewertung, bevor man darüber entscheidet, ob sie erhalten oder ersetzt werden. Es hieße am falschen Platz sparen, wenn man bauliche Elemente erhält, die im besten Fall einen Kompromiß darstellen. Wenn Ihnen existierende Materialien oder die gesamte Gestaltung nicht gefallen, haben Sie möglicherweise den Wunsch, Ihren Garten – sofern dies Ihr Budget erlaubt – vollkommen neu anzulegen. Falls Sie ihn nur nach Feierabend nutzen können, die vorhandene Terrasse aber lediglich bis zum Mittag Sonne erhält, werden Sie diese in die Ecke des Gartens legen wollen, die Abendsonne bekommt. Auf einem kleinen Grundstück muß man kompromißlos sein und sowohl die potentielle Lebensdauer als auch die Eignung vorhandener Beläge einschätzen. Schlechte Qualität und ungeeignete oder häßliche Materialien, die nicht zur Umgebung passen, beeinträchtigen die gesamte Gestaltung.

Bei sorgfältiger Ausführung halten Bodenbeläge und andere bauliche Elemente gewöhnlich lange; falls sie jedoch beschädigt sind, muß man sie reparieren oder ersetzen. Risse in Pflasterfugen können auf ein schlechtes Fundament zurückzuführen sein, und es ist vielleicht notwendig, eine lockere Pflasterplatte zu entfernen, um einen kritischen Blick auf das werfen zu können, was sich darunter befindet. Wenn Sie nur eine dünne Sandschicht oder einen bröckelnden flachen Betonunterbau vorfinden, sollten Sie alarmiert sein. Sind Pflasterplatten gesprungen, bestehen sie möglicherweise aus Materialien, die nicht frostbeständig sind und daher von vornherein ungeeignet waren, weshalb sie ersetzt werden müssen. In Zweifelsfällen sollte man einen Fachmann zu Rate ziehen.

Die Lebensdauer von Holzkonstruktionen ist begrenzt, vor allem, wenn sie ständigen Kontakt mit feuchtem Boden haben. So müssen Zaunpfosten mit Sicherheit nach einiger Zeit ersetzt werden. Behandeltes Holz hält zwischen 15 und 20 Jahren, unbehandeltes Holz vielleicht nur drei bis fünf Jahre. Untersuchen Sie das Holz, vor allem in Bodenhöhe, auf weiche Stellen – sie sind ein Hinweis auf Fäule. Überprüfen Sie die Verbindungsstellen, wo Zaunelemente an ihren Pfosten befestigt wurden. Falls Reparaturen notwendig sind, verwenden Sie neue Holzdübel oder verzinkte Befestigungen. Prüfen Sie stets die Stabilität von Lauben oder Gartenhäuschen aus Holz, bevor Sie neue Kletterpflanzen daran erziehen. Rohes Holz ist sehr fäuleanfällig. Und an kalten, windigen Tagen muß die Konstruktion großer Belastung standhalten.

Bei Wasserelementen treten oft Probleme auf. Möglicherweise wird aber erst nach einer Trockenperiode sichtbar, daß sie undicht sind – wenn man feststellt, daß der Wasserspiegel gefallen ist. Brunnen und kleine Wasserfälle, die mit einer Pumpe betrieben werden, sind reparaturanfällig, und wer im Winter ein Haus kauft, wenn das System abgeschaltet ist, sollte stets prüfen, ob es irgendwo undichte Stellen gibt. Zudem empfiehlt es sich, alle Strom- und Wasserleitungen sowie elektrische Installationen und Rohre auf ihren Zustand hin zu untersuchen.

Der Boden

Es ist besonders wichtig, daß Sie den Bodentyp in Ihrem Garten und den Zustand des Bodens kennen. Ist er krümelig und hat er eine offene Struktur, oder ist er durch schwere Maschinen verdichtet worden? Enthält er nur wenig Lebewesen und organisches Material, so daß kaum oder gar keine Würmer vorhanden sind? Handelt es sich um einen Boden, der schwer, kalt und naß ist, oder besteht er aus größeren, durchlässigeren Teilchen? Diese Fragen können Sie beantworten, wenn Sie eine Handvoll Erde nehmen und ihre Struktur befühlen und das Wachstum der Pflanzen beobachten. Bei schlechten Bodenbedingungen können sich Wurzeln nicht richtig entwickeln, und Pflanzen in unbelebtem Boden wachsen langsamer und sind krankheitsanfälliger. Vergilbende, abfallende Blätter und absterbende junge Triebe sind ein Hinweis auf Wurzelprobleme.

Schlechte Bodenstruktur ist ein häufiges Problem von neuen Gärten, in denen die Erde durch schwere Maschinen verdichtet wurde. Pflanzenwurzeln können die verdichteten Bodenteilchen schwer durchdringen, und Wasser versickert nicht. Dies hat zur Folge, daß Pflanzen kümmern und in schlimmen Fällen sogar eingehen. Ein anderer Hinweis auf eine schlechte Bodenstruktur ist das Fehlen von Würmern, die unter anaeroben Bedingungen nicht überleben können. Die Bodenstruktur kann auch geschädigt werden, wenn Boden naß bearbeitet wird, und deshalb sollte man besonders vorsichtig sein, wenn man Flächen für die Aussaat vorbereitet. Frisch eingesäter Rasen kann in Regenperioden rasch staunaß werden, wobei kümmerliches Wachstum und gelbe oder braune Gräser ein Hinweis sind, daß es Probleme gibt. Doch man hat viele Möglichkeiten, die Bodenstruktur zu verbessern (siehe Seite 88).

Bestimmung von Bodentyp und Bodenstruktur

In der Struktur eines Bodens spiegeln sich seine Anteile von Sand- und Tonpartikeln wider. Die folgende Einteilung erhebt keinen Anspruch auf Wissenschaftlichkeit, veranschaulicht aber das mögliche Spektrum an Böden.

Tonböden Bei schwerem Boden handelt es sich gewöhnlich um Ton oder tonhaltigen Lehm. Er fühlt sich sehr glatt an, und die feinen Erdpartikel sitzen dicht beieinander. Eine Handvoll toniger Erde läßt sich zu einer Kugel formen. Tonböden haben den Vorteil, daß sie Feuchtigkeit und Nährstoffe halten und durch das Hinzufügen von organischem Material und Kalk leicht verbessert werden können. Wenn man Tonboden richtig pflegt, ist er außerordentlich fruchtbar und ein ausgezeichnetes Pflanzsubstrat.

Der Tonanteil eines Bodens bestimmt, wie gut dieser sich bearbeiten läßt. Je höher der Tonanteil ist, desto mühsamer wird es, den Boden umzugraben, wenn er sehr naß oder sehr trocken ist. In nassem Zustand klebt er an Stiefeln und Werkzeugen und wird leicht in der Struktur geschädigt. Während längerer Trockenperioden trocknet Ton aus und schrumpft, so daß Risse im Boden entstehen. Eine Strukturschädigung hat schlechte Drainage und verminderte Lüftung zur Folge, was wiederum dazu führt, daß Pflanzenwurzeln den Boden nicht so gut durchdringen können und organisches Material langsamer zersetzt wird. Bei guter Bodenstruktur ist die Erde hingegen durchlässig, was eine bessere Durchwurzelung und gesundes Pflanzenwachstum fördert. Da Tonböden schwer und naß sind, brauchen sie im Frühjahr länger, um sich zu erwärmen, so daß Wurzelwachstum und Samenkeimung möglicherweise nur langsam erfolgen.

Sandböden Diese Böden fühlen sich grobkörnig an und bestehen aus großen Partikeln, die nicht zusammenkleben. Sie erwärmen sich im Frühjahr rasch und lassen sich leicht bearbeiten, da sie aber durchlässig sind, trocknen sie nach Regen rasch wieder aus. Die natürliche Fruchtbarkeit von Sandböden ist gering, denn Nährstoffe werden leicht aus ihnen ausgewaschen, und es sind reichliche Mengen organisches Material notwendig, damit sie fruchtbar bleiben und die Feuchtigkeit halten (siehe Seite 88). Andererseits sind Sandböden gut durchlüftet, was eine kräftige Durchwurzelung und eine hohe Aktivität von Bodenorganismen zur Folge hat, so daß organisches Material in ihnen rasch zersetzt wird. Zudem können sich Pflanzen in ihnen leicht selbst aussäen. Viele Sandböden sind sauer, weil Calcium ausgewaschen wird, und bieten sich daher für die Kultur von Heidepflanzen an. Zuerst sollte man jedoch den pH-Wert prüfen.

Lehmböden Lehm enthält eine Mischung aus tonigen und sandigen Erdpartikeln. Dieser dunkle, mitunter beinahe schwarze Boden ist gewöhnlich am fruchtbarsten und am leichtesten zu bearbeiten. Lehmböden haben eine offene Textur und fühlen sich krümelig und leicht körnig an. Sie sind meist ausreichend drainiert und durchlüftet, so daß Wurzeln sie gut durchdringen können und viele Bodenorganismen vorhanden sind. Doch auch wenn Lehm gute Eigenschaften besitzt und die Kultur einer großen Palette an Pflanzen erlaubt, kann seine Fruchtbarkeit durch regelmäßige Kompost- oder Mistgaben noch erhöht werden (siehe Seite 90).

Die cremefarbenen Tulpen öffnen zusammen mit goldgelbem Mutterkraut *(Matricaria)* und panaschiertem Immergrün (*Vinca major* ›Variegata‹) im Frühling ihre Blüten, bevor der Kirschbaum sein volles Laubdach entwickelt hat. Auf einer solchen schattigen Fläche unter einem Baum sind eine gute Vorbereitung der oberen Bodenschicht und das Hinzufügen organischen Materials wichtig, um das Wasserhaltevermögen der Erde zu verbessern.

In den meisten bereits angelegten Gärten herrscht ein Bodentyp vor, der in verschiedenen Bereichen eine unterschiedliche Qualität haben kann. Dies hängt davon ab, wie der Garten bisher gepflegt wurde beziehungsweise ob nach Fertigstellung des Hauses ein anderer Mutterbodentyp auf dem Unterboden verteilt wurde. Der Bodentyp bestimmt, welche Pflanzen gezogen werden können. Schwere, tonige Böden oder tiefliegende Bereiche, die das ganze Jahr hindurch feucht bleiben, sind für feuchtigkeitsliebende Pflanzen geeignet. Echte Vertreter dieser Gruppe, wie etwa Astilben, müssen das ganze Jahr hindurch feucht stehen. Wenn der Ton dazu neigt, im Hochsommer auszutrocknen, welken die Pflanzen und werden braun. Schwere Tonböden sind im Winter naß und leblos und werden während langer regenloser Perioden im Sommer trocken, hart, rissig und völlig unbearbeitbar. Um in einem kleinen Garten möglichst optimale Kulturbedingungen zu schaffen, kann man in diesem Fall nur den Boden verbessern (siehe Seite 88).

Extrem sandige, kalkige oder kiesige Böden sind sehr durchlässig und trocknen daher leicht aus. Hier wählt man am besten Pflanzen, die trockene Bedingungen mögen, und dies gilt auch für heiße, sonnige Plätze und Hochbeete, die rasch trocken werden. In einem sonnigen, vorwiegend gepflasterten kleinen Garten gedeihen zwischen den Pflasterelementen Pflanzen wie Thymian *(Thymus)* und Heiligenkraut *(Santolina chamaecyparissus)* sehr gut. Trockenen Boden findet man auch unter Bäumen und Hecken, wo das Laub verhindert, daß Regen zum Boden gelangt, und die Wurzeln riesige Mengen Feuchtigkeit aufnehmen – diese Kombination von Faktoren macht die Erde oft nicht nur trocken, sondern auch nährstoffarm. Hier müssen Pflanzen während des Anwachsens regelmäßig gewässert werden, bis sie genug Wurzeln entwickelt haben, um allein zu überleben. Soll der Erfolg auf lange Sicht garantiert sein, müssen für trockene, schattige Plätze die richtigen Pflanzen ausgewählt werden (siehe Seite 18).

Der Zustand des Bodens

In einem überwucherten, vernachlässigten kleinen Garten ist der Boden zweifellos schlecht, da die wenigen dominanten kräftigen Sträucher und Bäume der Erde alle Nährstoffe entziehen. Kleine Gärten von Neubauten haben ebenfalls häufig sehr schlechte Böden, und tatsächlich lassen Baufirmen oft einfach den nackten, unfruchtbaren Unterboden zurück, der sich normalerweise unter dem Mutterboden befindet. Da es praktisch unmöglich ist, Unterboden zu verbessern, rate ich, eine Schicht Boden zu entfernen, den Unterboden mit der Gabel bis in mindestens 30 Zentimeter Tiefe zu lockern und dann etwas verrottetes organisches Material (siehe Seite 88) hinzuzufügen, um die Fruchtbarkeit und die Struktur des Bodens zu verbessern. Danach verteilt man eine Schicht importierten guten Mutterboden, die für Pflanzungen mindestens 30, für Rasen 15 Zentimeter dick sein muß.

Verseuchten Boden findet man nur selten, und selbst Grundstücke auf einstigen Industriestandorten sollten durch den Bauherrn von Chemikalien, Altöl oder Schwermetallen gereinigt worden sein. Alle diese Stoffe sind giftig und beeinträchtigen oder verhindern das Pflanzenwachstum. Luftverschmutzung durch Abgase und Industrie ist in vielen Gegenden ein Problem und hat ebenfalls nachteilige Auswirkungen auf die Pflanzen. Einige Sträucher sind jedoch unempfindlicher als andere wie etwa Zwergmispel *(Cotoneaster)*, Mahonie *(Mahonia)*, *Fatsia*, Efeu *(Hedera)*, Feuerdorn *(Pyracantha)*, Immergrün *(Vinca)*, Spindelstrauch *(Euonymus)*, Forsythie *(Forsythia)*, Torfmyrte *(Pernettya)* und Eberesche *(Sorbus)*.

Vor der Auswahl von Pflanzen muß auch der pH-Wert des Bodens geprüft werden. Dazu besorgt man sich im Gartencenter einen Bodenprobetest, für den man an verschiedenen Stellen des Gartens Proben entnimmt. Ein neutraler Boden mit einem pH-Wert von 7 ist für die Kultur einer Palette von Pflanzen geeignet. Böden mit einem pH-Wert über 7 sind alkalisch; Kalkbrocken im Boden weisen auf einen stark alkalischen Boden hin. Pflanzen wie Winterjasmin *(Jasminum nudiflorum)*, Seidelbast *(Daphne odora)*, *Garrya elliptica*, Duftblüte *(Osmanthus × burkwoodii)*, Orangenblume *(Choisya ternata)*, Wacholder *(Juniperus)*, Säckelblume *(Ceanothus)*, Lavendel *(Lavandula)* und Spierstrauch *(Spiraea)* gedeihen auf alkalischen Böden gut. Saure Böden, zu denen vor allem torfige Böden und einige Sandböden gehören, haben einen pH-Wert unter 7 und sind Heimat einer Reihe ganz anderer Pflanzen, etwa Heidegewächsen wie Rhododendren, Azaleen und Erika. Weitere für kleine Gärten mit saurem Boden geeignete immergrüne Pflanzen sind Sorten von *Camellia*, *Skimmia* und Scheinbeere *(Gaultheria mucronata)*, zudem können dort die sommergrünen Hortensien wachsen, etwa Sorten von *Hydrangea macrophylla* oder *H.* ›Preziosa‹.

Bei einem kleinen Garten empfehle ich, mit der vorhandenen Erde zu arbeiten, also Pflanzen zu verwenden, die diesem speziellen Bodentyp angepaßt sind und daher gesund bleiben. Wer unbedingt Pflanzen ziehen möchte, die sich für seinen Boden nicht eignen, füllt ein Hochbeet (siehe Seite 59) mit einem Substrat, das den richtigen pH-Wert hat, oder pflanzt diese Arten in Kübel mit geeigneter Erde.

Das Mikroklima

Global gesehen, sind die Wetterverhältnisse sehr unterschiedlich, je nachdem, in welchem Teil der Welt und in welcher Entfernung zum Äquator man lebt. Auch innerhalb eines Landes herrschen ganz unterschiedliche Wetterbedingungen, die von Faktoren wie der Höhe über dem Meeresspiegel, der Küstennähe und der vorherrschenden Windrichtung diktiert werden. Aber die Auswirkungen des Wetters auf Pflanzen werden darüber hinaus noch von örtlich begrenzten Faktoren bestimmt, die zusammen das sogenannte Mikroklima erzeugen. So klein Ihr Garten auch sein mag, Sie werden feststellen, daß er sich in verschiedene klimatische Bereiche teilt, die durch Einflüsse von Wind, Sonne, Schatten, Regen und Frost entstehen.

Wenn Sie das Mikroklima Ihres Gartens kennen, können Sie für unterschiedliche Standorte die passenden Pflanzen auswählen und so sicherstellen, daß sie sich gesund entwickeln. So geeignet Größe, Form oder Farbe einer Pflanze auch erscheinen mögen, es hat keinen Sinn, sie in die Gestaltung einzubeziehen, wenn nicht die richtigen Wachstumsbedingungen herrschen. Eine Wand in Südlage ist beispielsweise stets wärmer als eine nach Norden liegende Wand, und deshalb sollten an ihr sonnenliebende Kletterpflanzen gezogen werden. An exponierten Plätzen sollte man an einem windigen Tag einen Gang durch den Garten machen und die Bereiche suchen, die am geschütztesten liegen. Hier können empfindliche Pflanzen wachsen und Sitzbereiche entstehen.

Sonne und Schatten

Im Laufe eines Jahres ändert die Sonne ihren Stand erheblich, wobei sie im Winter am tiefsten steht, und die Tageslänge kann um bis zu acht Stunden variieren. Dies hat zur Folge, daß sich die Plätze, die die Sonne frühmorgens beziehungsweise spätnachmittags erreicht, mit den Jahreszeiten ebenso verändern wie die Gesamtfläche, die Sonne erhält. Ein Kompaß gibt Auskunft über die Himmelsrichtung des Gartens, nicht aber über die sich verändernden Schattenflächen. Deshalb sollten Sie beobachten, wie sich der Lauf der Sonne während der verschiedenen Jahreszeiten in Ihrem Garten auswirkt, und sich dies notieren.

Plätze, die zu Frühjahrsbeginn schattig sind, können im Sommer praktisch in voller Sonne liegen, während sie im Winter möglicherweise mehrere Monate überhaupt keine Wärme erhalten, weil die Sonne zu tief steht oder hinter hohen Gebäuden verschwindet. In meinem kleinen Garten, der viele verschiedene Klimabereiche aufweist, können einige sonnenliebende Pflanzen selbst in den nach Süden gelegenen Beeten den Winter nur schwer überleben, vor allem deshalb, weil die Sonne Erde oder Pflanzenlaub niemals abtrocknen läßt und beide feucht und kalt bleiben. Eine sorgfältige Auswahl der Pflanzen ist entscheidend. Die besten Pflanzen für diese Situation müssen warme, trockene Bedingungen mögen (versuchen Sie also nicht, feuchtigkeitsliebende Arten zu ziehen), und damit sie die Winternässe überstehen, sollte man den Boden durch Hinzufügen von organischem Material und etwas Sand (siehe Seite 88) möglichst leicht und durchlässig machen.

Im Vergleich dazu kann eine nach Norden ausgerichtete Rabatte oder gar ein ganzer Garten, der von Gebäuden, Mauern oder hohen immergrünen Gewächsen umgeben wird, das gesamte Jahr über ganz oder teilweise im Schatten liegen und eine völlig andere Palette an Pflanzen erfordern. Auch Bäume können Dauerschatten entstehen lassen, und für beide Situationen sind zweifellos schattenliebende Pflanzen die beste Wahl. Wieviel Schatten ein Baum erzeugt, ist von der Jahreszeit abhängig. Pflanzen, die auf der Südseite und weiter vom Baum entfernt stehen, erhalten etwas mehr Licht als diejenigen, die direkt unter ihm wachsen; hier können für Halbschatten geeignete Arten gepflanzt werden. Sommergrüne Bäume, die im Herbst ihre Blätter verlieren, lassen im Winter Sonne durch ihre Krone. So erwärmt sich die Erde unter dem Baum, und ein idealer Platz für kleine Winter-Zwiebelblumen entsteht. Doch nur wenige Pflanzen gedeihen in tiefem Schatten.

Wind

Starker Wind verursacht an Pflanzen Schäden, auch wenn diese oft lokal begrenzt sind. Um ihnen vorzubeugen, ist ein Schutz notwendig. Kommt der Wind beispielsweise vornehmlich aus Westen, muß auf der Westseite des Grundstücks ein Schutz geschaffen werden, der sichere Flächen für Pflanzen entstehen läßt. Stadtgärten scheinen generell besser geschützt zu sein, doch können hier durch hohe Gebäude entstehende Windkanäle Schäden anrichten. Wenn der Wind zwischen Mauern oder Gebäuden hindurchfegt, nimmt er an Kraft zu, wodurch die Blätter braun werden können. Im Winter sind junge Blätter von immergrünen Gewächsen besonders gefährdet. Pflanzungen aus unempfindlichen Bäumen und Sträuchern schwächen den Wind ab und geben begrenzten Flächen einen gewissen Schutz. Wenn man etwa einen hohen, unempfindlichen Strauch wie *Forsythia suspensa* pflanzt, der die Wucht des Windes abfängt, und davor auf der

PFLANZEN FÜR TROCKENE, SCHATTIGE BEREICHE

Alchemilla mollis
Aucuba japonica ›Variegata‹
Bambus
Bergenia
Hedera helix ssp. *helix* (grünblättrige Arten und Sorten)
Ilex
Iris foetidissima
Prunus laurocerasus
Vinca minor ›Bowles Variety‹

PFLANZEN FÜR FEUCHTE, SCHATTIGE BEREICHE

Ajuga reptans
Farne
Helleborus
Hosta
Osmanthus decorus
Viburnum davidii

Windschattenseite einen mittelgroßen Strauch wie Kirschlorbeer (*Prunus laurocerasus* ›Zabelliana‹), kann in ihrem Schutz eine kleinere empfindliche Pflanze wie die Silberwinde *(Convolvulus cneorum)* wachsen. Jede Pflanze gewährt der anderen etwas Schutz, selbst innerhalb einer sehr kleinen Gruppe.

Sicher befestigte Spaliere, die dem Wind seine Kraft nehmen, bieten einigen Schutz, ohne eine undurchdringliche Barriere entstehen zu lassen (siehe Seite 53). Massive Mauern bilden ein Hindernis für den Wind, verursachen aber Wirbel, die an der scheinbar geschützten Seite schwere Schäden anrichten können. Im Gegensatz dazu filtert eine durchlässigere Barriere aus Pflanzen den Wind: Eine Reihe von Sträuchern schwächt ihn nach und nach ab, und es entstehen weniger Wirbel. Die Wirkung ist noch in einer Entfernung, die der zehnfachen Höhe des Schutzes entspricht, spürbar.

Auch die Höhenlage des Gartens hat Einfluß auf das Mikroklima – je höher er liegt, desto kälter und windgefährdeter ist er gewöhnlich. Dach- und Balkongärten liegen oft sehr exponiert, und hier kann eine Pergola oder eine ähnliche Konstruktion für Schutz und Schatten sorgen. Ein durchlässiges Spalier ist auf einem Dach ein idealer Windschutz, da es dem Wind die Kraft nimmt, ihn aber nur teilweise abhält. An dem Spalier wachsende Pflanzen schwächen den Wind weiter ab. Achten Sie aber darauf, daß Spaliere stets sicher befestigt sind, damit sie nicht von starken Böen herabgerissen werden können. Alternativ dazu kann man an der dem Wind zugewandten Seite eine Plexiglaswand anbringen, um den Pflanzen Schutz zu geben und einen angenehmen Platz zum Sitzen zu schaffen. Auf sehr hoch gelegenen Dachgärten, die keinen Schatten haben, trocknen Wind und die gnadenlos vom Himmel brennende Sommersonne das Laub der Pflanzen aus, und es müssen Arten verwendet werden, die sowohl der sengenden Sommersonne als auch den kalten, heftigen Winterwinden trotzen können (siehe Seite 54).

In Küstengärten ist nicht nur der Wind ein Problem, sondern auch das Salz, das der Wind mit sich trägt. Hier ist eine Schutzpflanzung notwendig, die dem Wind seine Kraft nimmt und einige geschützte Ecken entstehen läßt. Für Gärten an der Küste wählt man salz- und windresistente Pflanzen wie die Esche *(Fraxinus excelsior)* oder *Griselinia*- und *Escallonia*-Arten. Aufgrund der herrschenden Bedingungen wachsen in Küstengärten die Pflanzen oft langsam, und selbst eine Esche wird wahrscheinlich nicht höher als dreieinhalb bis sechs Meter, so daß sie auch für ein kleines Grundstück geeignet ist. Wer nur eine winzige gepflasterte Fläche besitzt, wählt am besten unempfindliche Pflanzen wie Stiefmütterchen *(Viola tricolor),* die Leinkraut-Art *Silene vulgaris, Osteospermum* und Mittagsblumen *(Mesembryanthemum),* die dort während der freundlicheren Sommermonate in Töpfen wachsen.

Frost

Frostlöcher – Bereiche, in denen sich besonders kalte Luft sammelt und nicht abziehen kann – sind auf der begrenzten Fläche eines kleinen Gartens offensichtlich. Verzichten Sie an diesen Stellen darauf, Obstbäume zu pflanzen, da Spätfröste die Blüten schädigen und die Erträge reduzieren können. Pflanzen Sie dort keine frühblühenden Sträucher wie Magnolien und Kamelien, da auch ihre Blüten Schaden nehmen, wenn die frühe Morgensonne Rauhreif, der auf den Blüten liegt, zu rasch schmelzen läßt. In Rabatten mit Ostlage müssen empfindliche Pflanzen im Winter und zu Frühjahrsbeginn ebenso vor der frühen Morgensonne geschützt werden. Wenn der Reif taut, bewegt sich die kalte Luft meist hangabwärts und zieht ab, was in eingefriedeten kleinen Gärten am Fuße eines Hanges aber nicht möglich ist. Dieses Problem läßt sich manchmal dadurch lösen, daß man in der Hecke oder dem Zaun an der Grundstücksgrenze eine Öffnung anbringt. Sollte das nicht möglich sein, müssen besonders unempfindliche Pflanzen ausgewählt werden. Die überhängenden Zweige eines großen Baumes reduzieren den Wärmeverlust des Bodens und damit auch die Wahrscheinlichkeit, daß sich in diesem Bereich Frost bildet. Konstruktionen wie Pergolen und Lauben geben begrenzten Flächen ebenfalls einen gewissen Schutz.

Regen

Alle Pflanzen brauchen Wasser, und wenn es reichlich regnet, wiegt man sich möglicherweise in falscher Sicherheit. Denn eine kleine Fläche, die von Mauern oder einem Zaun umgeben ist beziehungsweise von anderen Gebäuden oder einem hohen Baum geschützt wird, kann nie vollen Nutzen aus Regen ziehen. Auf der geschützten Seite einer Wand ist die Erde oft trocken, während die Erde auf der dem Wind zugewandten Seite mehr Regen erhält. Sehr durchlässige Böden, die vielleicht auf einem kiesigen Untergrund liegen, trocknen während jeder Jahreszeit leicht aus, doch kann man durch das Hinzufügen organischen Materials ihr Wasserhaltevermögen verbessern (siehe Seite 88). Aber selbst Erdbereiche, die ein besseres Speichervermögen besitzen, können durch auskragende Gebäudeteile vom Regen abgeschirmt werden. Auf sehr sonnigen, trockenen Flächen können trockenheitsliebende Pflanzen wie Rosmarin, *Acanthus,* Säckelblume *(Ceanothus)* und *Lavatera* überleben.

Eine Sandbirke *(Betula pendula),* Chinaschilf *(Miscanthus sinensis)* und eine Leyland-Zypresse *(× Cupressocyparis leylandii)* bilden einen Schirm aus Laub, durch den dieser Dachgarten etwas Schutz erhält. An den waagrechten Balken klettert eine Glyzine *(Wisteria),* die im Sitzbereich durchbrochenen Schatten entstehen läßt. An diesem exponierten, sonnigen Platz müssen die Pflanzen regelmäßig gegossen werden, da über die Blätter viel Wasser verdunstet.

Das Anfertigen eines Plans

Das Anfertigen eines Plans von Ihrem Garten erlaubt es Ihnen, die im Laufe der Jahreszeiten gesammelten Informationen zusammen mit den Maßen Ihres Grundstücks zu Papier zu bringen. Die Triangulation (siehe rechts) stellt eine zuverlässige Methode dar, den Garten zu vermessen und die existierenden Elemente im Plan korrekt einzuzeichnen. Um die Originalmaße verkleinern zu können, arbeitet man mit Millimeterpapier oder einem Maßstablineal. Ein Maßstab von 1:20 oder 1:50 – das heißt ein Meter auf dem Papier entspricht 20 beziehungsweise 50 Metern im Gelände – ergibt eine gute Plangröße, für die ein DIN-A2-Blatt benutzt werden kann. Wird anstelle eines Maßstablineals Millimeterpapier verwendet, dienen die Quadrate als Verkleinerungshilfe. Jedes einen Zentimeter große Quadrat entspricht dann beispielsweise einem Meter im Gelände.

Zeichnen Sie in Ihrem Plan die Lage von ebenerdigen Türen und Fenstern im Erdgeschoß (und nach welcher Seite sie zu öffnen sind) sowie Schachtdeckeln, Abflußrohren, bekannten Leitungen und baulichen Elementen im Garten ein. Es ist wichtig, die Position aller Elemente korrekt einzutragen, um den Gesamteindruck und die Materialien besser bewerten zu können. Wer seinen Garten auf einem Plan sieht, erhält ein genaueres Bild von seinem Grundstück. Vielleicht hat sich Ihr Auge bisher durch vorhandene Pflanzungen oder Gestaltungselemente im Garten, die ihn optisch länger oder breiter machen, täuschen lassen. Und selbst wenn nur ein Teilbereich des Gartens neu gestaltet werden soll, ist es wichtig, von ihm einen Plan anzufertigen und dabei alle anderen – optisch oder praktisch – betroffenen Bereiche einzubeziehen. So kann beispielsweise der Bereich, den Sie umgestalten, im Blickfeld eines Fensters liegen, und daher muß die Lage des Hauses in Bezug zu diesem Bereich klar ersichtlich sein.

Zeichnen Sie die Ausdehnung der Krone eines existierenden Baumes und seinen Stammdurchmesser auf dem Plan ebenso ein wie den Schatten, den der Baum zu verschiedenen Tageszeiten erzeugt. Markieren Sie mit Hilfe eines Kompasses Norden, damit Sie immer sehen, wo die Sonne im Laufe des Jahres steht. Dadurch können Sie Rabatten und Blickfänge im Garten so plazieren, daß die Pflanzen die Sonne oder den Schatten erhalten, den sie brauchen. Vermerken Sie sowohl schöne als auch häßliche Aussichten, um sicherzustellen, daß sie bei der Gestaltung berücksichtigt werden. Halten Sie auch Dinge jenseits der Grundstücksgrenze fest, die Auswirkungen auf Ihren Garten haben, etwa die überhängenden Äste eines Baumes auf dem Nachbargrundstück oder eine angrenzende Mauer, durch die für eine bestimmte Zeit des Tages Schatten entsteht.

Bevor Sie einen neuen Grundriß anfertigen, betrachten Sie den Garten sowohl vom Erdgeschoß aus als auch von den oberen Stockwerken des Hauses. Überlegen Sie, welche Aussicht am wichtigsten ist und wie Blickfänge und Aussichten in Beziehung gesetzt werden können. Stellen Sie auch fest, wie das

Geländehöhe ausmessen

Man schlägt am höchsten Punkt einen kurzen Pflock in den Boden und treibt dann an allen Stellen mit einem offensichtlichen Höhenunterschied beziehungsweise an festgelegten Punkten auf dem Grundstück (mit nicht mehr als drei Meter Abstand) längere Pflöcke so ein, daß sich die oberen Enden etwa in gleicher Höhe befinden. Nun legt man ein Brett und eine Wasserwaage darauf und gleicht die Höhe der Pflöcke genau aus. Anschließend mißt man bei allen Pflöcken den Abstand zwischen Boden und oberem Ende, der dem Höhenunterschied zwischen den Punkten entspricht.

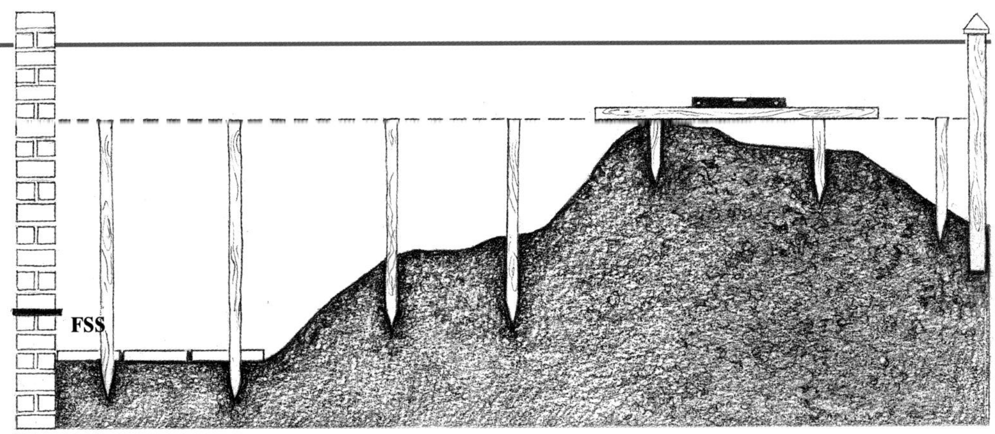

Während das Pflockende am höchsten Punkt eben mit dem Boden abschließt, ist der Pflock im Terrassenbereich 60 Zentimeter lang. Der höchste Punkt dieses Gartens befindet sich also 60 Zentimeter über der Terrasse – oder 45 Zentimeter oberhalb der Feuchtigkeitssperrschicht (FSS).

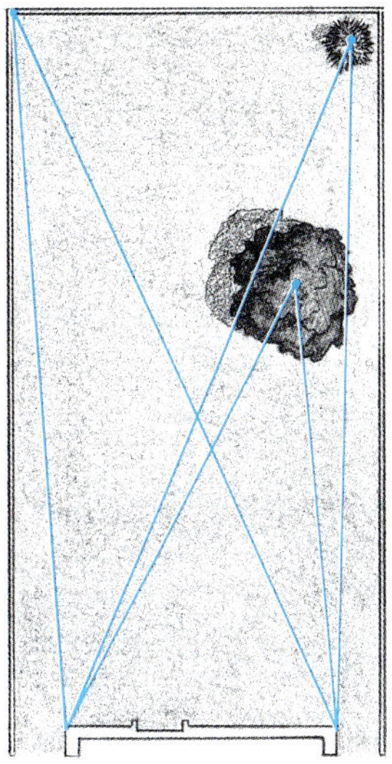

Triangulation

Man wählt eine Hauswand, die als Grundlinie dient, und mißt sie aus. Dann mißt man mit einem Maßband die Entfernung von beiden Enden dieser geraden Linie zu jedem Bestandteil des Gartens, wodurch Dreiecke entstehen. Die Maße notiert man auf einem Blatt Papier. Es werden alle vorhandenen baulichen Elemente, Dekorationen, Pflanzen und Rabatten vermessen. Um die Maße auf den Gartengrundriß zu übertragen, muß man sie dem verwendeten Maßstab entsprechend verkleinern und anschließend mit dem Zirkel abnehmen. Dann schlägt man von den bekannten Punkten, in diesem Fall den Ecken der Hauswand, einen Bogen. An der Schnittstelle befindet sich die genaue Position des jeweiligen Elements.

In diesem Garten wurde ein kleiner Höhenunterschied genutzt, um drei getrennte Bereiche entstehen zu lassen. Ein Paar gestutzter Buchsbäume *(Buxus sempervirens)* in Tontöpfen betont die erste Trennlinie und rahmt den Zugang zum mittleren Bereich, einer Rasenfläche, ein. Am hinteren Ende lugt aus dem grünen Laub eine Marmorstatue, die den Blickfang des dritten, gepflasterten Teils bildet.

Haus vom Garten aus gesehen wirkt – vielleicht braucht eine hübsche Tür oder ein Fenster einen Rahmen aus Kletterpflanzen. Von Ober- und Erdgeschoß aus ist die Perspektive unterschiedlich – suchen Sie im Garten einen Platz für eine Statue oder ein Vogelbad, und begutachten Sie dann von beiden Etagen aus die Wirkung. Ein Garten, der vom Haus abfällt, erscheint vom Erdgeschoß aus betrachtet kleiner, ein hangaufwärts terrassierter Garten läßt dagegen den Eindruck einer Reihe übereinanderliegender Mauern entstehen, weshalb die Geländestufen nicht zu hoch und dominant sein dürfen – Pflanzungen können diesen Eindruck mildern. Wenn Sie Ihren Plan betrachten, indem Sie das Papier waagrecht etwa in Augenhöhe halten, können Sie sich die Wirkungen Ihrer Gestaltung und die Art und Weise, wie sich Formen aus verschiedenen Winkeln gesehen verändern, leichter vorstellen.

Höhenunterschiede messen

In einem mehr oder weniger ebenen Garten ist es nicht notwendig, die Höhenunterschiede zu messen. Wird ein Pflaster verlegt, vergewissert man sich lediglich mit einer Wasserwaage, daß die Fläche vom Gebäude weg abfällt. Bei einem Garten mit deutlichen Höhenunterschieden muß man diese jedoch genau messen, um beispielsweise Höhe und Anzahl der erforderlichen Stufen oder die notwendige Höhe einer Stützmauer oder eines Hochbeets festzustellen. Es ist wichtig, bei allen Höhenmessungen einen unveränderlichen Nullpunkt festzulegen und die entsprechenden Differenzen zu notieren. Die Feuchtigkeitssperrschicht der Hauswand ist für diesen Zweck gut geeignet, da sich alle an das Haus angrenzenden Flächen zwei Ziegellagen unterhalb dieser Schicht befinden müssen. Andere unveränderliche Punkte können Grenzzäune, Schuppenfundamente und Gehölze darstellen. Wichtig ist, das Gelände nicht höher als die Sockelbretter des Zaunes zu legen, da andernfalls die Lebenserwartung des Holzes abnimmt, und auch um einen Baumstamm oder Strauch darf das Bodenniveau nicht erhöht werden, weil sonst das Gehölz möglicherweise eingeht.

Am einfachsten lassen sich Höhenunterschiede in einem kleinen Garten messen, indem man Pflöcke in den Boden schlägt (siehe links). Dann legt man ein stabiles Brett, das sich nicht durchbiegt, auf die Pflöcke. Bei einer anderen Methode befestigt man einen Schlauch an einem hohen Nullpunkt, legt ihn aus und füllt ihn mit Wasser. Das untere Ende des Schlauchs hebt man so weit an, bis kein Wasser mehr herausfließt, es aber noch bis zum Rand gefüllt ist. Die Entfernung zwischen Schlauchende und Boden entspricht der Höhendifferenz zum Nullpunkt.

Nutzung des Gartens

Arbeitsbereich und Schuppen sind hier geschickt hinter einer Holzwand, die ganzjährig von Efeu *(Hedera helix* ›Gloire de Marengo‹) begrünt wird, verborgen. Daneben wächst eine *Weigela florida* ›Albovariegata‹, und vorne neigen sich Glockenblumen *(Campanula portenschlagiana)* dekorativ über den Weg. Selbst der Pfosten für die Wäscheleine fügt sich unauffällig in das Bild ein.

Nachdem Sie einen Plan vom existierenden Garten angefertigt haben, denken Sie genau über die Anforderungen an den Garten nach, bevor Sie endgültig über eine Neu- oder Umgestaltung entscheiden. Machen Sie von den notwendigen Dingen eine Liste, die beispielsweise einen Sitz- und Lagerbereich sowie Arbeitsbereiche wie einen Komposthaufen enthält und genau erkennen läßt, welche Rolle der Garten in Ihrem täglichen Leben spielen wird. Diesen Dingen muß auf dem endgültigen Plan eine Fläche in realistischer Größe zugewiesen werden (siehe Seite 29).

Auf einer zweieinhalb mal drei Meter großen Terrasse hat nicht nur ein Tisch mit vier Stühlen, sondern auch ein großes Pflanzgefäß oder eine Gruppe kleinerer Töpfe bequem Platz. Es kann aber sinnvoll sein, nicht nur einen befestigten Bereich zu schaffen, sondern mehrere. Berücksichtigen Sie stets die Himmelsrichtung des Gartens, wenn Sie den Standort für die Terrasse auswählen. Sonnenliebhaber werden den Hauptsitzbereich in voller Sonne anlegen wollen, sei es direkt am Haus oder am Ende des Gartens. Wer Schatten bevorzugt, plant seine Terrasse vielleicht unter einem Baum oder in einer nach Norden gerichteten Ecke oder konstruiert einen Schutz, der durchbrochenen Schatten entstehen läßt.

Ein wichtiger Bestandteil jeder Gestaltung sind Wege, ob sie aus Trittsteinen bestehen, die durch einen Rasen oder eine Rabatte führen, teilweise in eine Terrasse integriert sind oder verschiedene Bereiche des Gartens verbinden. Damit ein Weg bequem begehbar ist, sollte er mindestens 60 Zentimeter breit sein.

Wo keine Garage vorhanden ist, braucht man möglicherweise einen Schuppen, um Gartengeräte und andere Dinge zu lagern. Achten Sie darauf, daß sich Rasenmäher, Fahrräder oder Gartenmöbel gut dorthin transportieren lassen. Es sind zwei Bautypen erhältlich: mit einem Satteldach oder einem Pultdach. Bei einem Pultdach ist die Gesamthöhe geringer, und der Schuppen kann leichter durch Spaliere oder Pflanzen verborgen werden. Nach Möglichkeit sollte man den Schuppen in einen Teil des Gartens legen, der vom wichtigsten Aufenthaltsbereich aus nicht zu sehen ist, oder in einen Teil, in dem nur schwer Pflanzen wachsen. Kletterpflanzen, ein rasch wachsender Strauch oder Obstbaumspaliere entziehen den Schuppen den Blicken; immergrünes Laub läßt eine noch solidere Barriere entstehen. Auch für Mülltonnen ist ein Sichtschutz erforderlich. Der Tonnenstellplatz muß gut erreichbar sein; Tonnen mit Rädern werden am besten nahe der Straße aufgestellt.

Ein Platz für ein Glashaus, das genügend Sonne erhält, wird in kleinen Gärten oft schwer zu finden sein, doch ein Hobbygärtner möchte vielleicht nicht auf ein Glashaus verzichten. Wo es nicht versteckt werden kann, könnte man ein dekoratives Modell wählen. Ein kleines Frühbeet fällt weniger auf, läßt sich leichter plazieren und gibt dem begeisterten Gärtner die Möglichkeit, kleine Sommerblumen aus Samen zu ziehen. Zudem können in ihm empfindliche Pflanzen während des Winters etwas Schutz finden.

Die Einrichtung eines befestigten Lager- oder Arbeitsbereiches ist immer nützlich, sofern dies der Platz zuläßt. Eine Komposttonne erlaubt die begrenzte Wiederverwertung von Garten- und Küchenabfällen und liefert etwas organisches Material zur Bodenverbesserung (siehe Seite 88). Ein Häcksler zerkleinert sperrige Gartenabfälle vor der Kompostierung und ist für umweltbewußte Gärtner eine lohnende Anschaffung. Oft ist es auf kleinem Raum unmöglich, eine Wäscheleine oder Wäschespinne zu verbergen, doch eine Wäscheleine kann nach der Benutzung wieder aufgewickelt und eine Spinne weggeräumt werden. Beide sollten an einem Platz ge-

Dieser kleine mit Ziegeln gepflasterte Garten wurde kindgerecht gestaltet, ohne etwas von seinem Charme zu verlieren. Wenn die Kinder nicht im Sandkasten spielen, sollte er abgedeckt werden.

Wichtige Gartengeräte

Wer zum erstenmal einen Garten besitzt, muß überlegen, welche Geräte für ihn unverzichtbar sind. Stets sollte eine möglichst gute Qualität gewählt werden.

- **Spaten** zum Umgraben und Bearbeiten des Bodens und Pflanzen.
- **Grabegabel** zum Bodenvorbereiten und Lüften der Erde.
- **Hacke** zum Jäten um Pflanzen und Einarbeiten von Dünger; am besten ist eine flache Bügelhacke.
- **Handspaten** zum Pflanzen von Sommerblumen, kleinen Pflanzen und Zwiebelgewächsen.
- **Rabattengabel** zum Jäten auf kleinen Flächen, in Hochbeeten und in Pflanzgefäßen.
- **Gartenschere** zum Entfernen welker Blüten und für Schnittarbeiten.
- **Rechen** zum Herstellen einer feinen Krume, Lüften des Rasens und Zusammenrechen von Fallaub.
- **Heckenschere** zum Schneiden kleiner Hecken, Rasenkanten und einiger Sträucher.
- **Schlauch und Gießkanne** zum Bewässern, auch von Töpfen.

spannt beziehungsweise aufgestellt werden, wo die Wäsche im Wind nicht gegen Pflanzen schlägt.

Bei manchen steht ein Rasen, der entweder als Spielbereich oder als dekoratives Element dient, ganz oben auf der Wunschliste. Prüfen Sie die Wachstumsbedingungen, und bewerten Sie nüchtern die Erfolgsaussichten, bevor Sie eine endgültige Entscheidung treffen. Ein Rasen, der schlecht gedeiht, ist jedem Gärtner, der eine grüne Rasenfläche anlegen wollte, ein Greuel. Im nächsten Kapitel finden Sie Tips, welche Rasentypen sich für verschiedene Nutzungszwecke und Wachstumsbedingungen am besten eignen (siehe Seite 47). Es empfiehlt sich, Rasen oder Graswege entsprechend der Breite des Rasenmähers anzulegen.

Muß im Vorgarten ein Kfz-Abstellplatz geschaffen werden, wirkt er am unauffälligsten, wenn man ihn nicht einfach rechteckig anlegt, sondern in einer phantasievollen Form gestaltet. Lassen Sie wenigstens auf einer Seite genügend Raum, um die Wagentüren öffnen zu können, und errichten Sie keine niedrigen Mauern, an denen eine Tür beim Öffnen anstoßen könnte. Pflanzungen lassen das Gesamtbild weicher wirken und einen begrenzten Sichtschutz entstehen. Ein Blickfang, der ein Stück vom Auto entfernt aufgestellt wird, lenkt das Auge in eine andere Richtung. Auch ein hübscher überdachter Eingang mit einem Paar schön bepflanzter Kübel zieht die Aufmerksamkeit vom Auto ab. Am wichtigsten ist, daß Vorgärten einladend wirken und nicht einfach als Parkfläche dienen.

Ergänzen Sie Ihre Liste durch weitere Punkte, bis Sie sicher sind, daß sie wirklich komplett ist. So wird die Gestaltung nicht durch spätere Ergänzungen beeinträchtigt. Denken Sie in diesem Stadium immer auch an die spätere Pflege des Gartens, damit Sie sich nicht für eine zu arbeitsintensive Lösung entscheiden. Steingärten oder Teiche mit Fischen und Pflanzen müssen beispielsweise regelmäßig von erfahrener Hand gepflegt werden. Die Art der verwendeten Pflanzen hat erheblichen Einfluß auf die erforderliche Pflege: Ein Garten mit vorwiegend schwachwüchsigen Sträuchern wie Orangenblume *(Choisya ternata)* ›Sundance‹, Strauchveronika *(Hebe albicans)* ›Red Edge‹ und *Skimmia japonica* benötigt am wenigsten Pflege, ein Garten mit Sommerblumen am meisten. Versuchen Sie aufgrund Ihrer Erfahrung und dem Studium von Büchern die später erforderlichen Pflegemaßnahmen einzuschätzen (siehe auch Seite 94).

Eine Wunschliste erstellen

Es empfiehlt sich, die Liste der Notwendigkeiten durch eine Liste mit all den Dingen zu ergänzen, welche man gerne in seinem Garten haben würde, und die auch Ideen enthält, die man in anderen Gärten oder in Büchern gesehen hat. Denken Sie in Ruhe über Ihre Wünsche nach, bis Sie sie schließlich auf die Dinge reduziert haben, die Ihnen wirklich wichtig sind. Diese Liste kann ein Wasserelement beinhalten, eine Pergola, eine Laube, eine Statue, Pflanzgefäße, eine Sitzbank oder eine Ecke für Tiere wie auch bestimmte Pflanzen oder Pflanzengruppen. Bevor Sie eine Skizze anfertigen, versuchen Sie Ihre Ideen zu ordnen, damit der Garten nicht zu einem großen Durcheinander gerät. Es ist wichtig, daß Sie eine Vorstellung von Stil, Größe und Form jedes Elements oder Blickfangs haben. Vielleicht besitzen Sie bereits eine Sitzbank oder eine Statue und kennen daher ihre Größe. Ich mache in Entwürfen oft die Angabe »Statue« und weiß, daß sie eine bestimmte Größe haben oder aus einem bestimmten Material sein muß, um die richtige Atmosphäre zu schaffen. Dann beginnt der vergnügliche Teil, denn ich kann mich in Gartencentern umschauen und Kataloge studieren, um das richtige Stück zu finden. Kaufen Sie jedoch nichts allein aufgrund von Abbildungen, da diese irreführend sein können.

Die Kostenfrage

***Philadelphus coronarius* ›Aureus‹** (Gelber Pfeifenstrauch)

Die Griechen benannten den Pfeifenstrauch nach Ptolemaios II. Philadelphos, einem ägyptischen König. Carl von Linné nahm an, daß die Heimat der Art *Philadelphus coronarius* das italienische Verona sei, wahrscheinlicher aber ist, daß sie aus dem Nahen Osten stammt, wo aus ihren biegsamen Zweigen, die mit nach Zitrusfrüchten duftenden Blüten besetzt sind, Kränze geflochten wurden.

Bevor man sich für einen Entwurf entscheidet, sollte man die Kosten für die verschiedenen Elemente prüfen. Suchen Sie Gartencenter und Baustoffhandlungen auf, um sich über die Preise für verschiedene Materialien zu informieren. Allgemein können Sie davon ausgehen, daß gebaute Elemente wie Wege, Mauern und befestigte Flächen den größten Kostenfaktor bilden, während Pflanzungen und Rasen viel weniger kosten. Als Anhaltspunkt: Das Verhältnis beträgt etwa 75 : 25. Es ist fast unmöglich, durchschnittliche Gesamtkosten für eine Gartenneuanlage anzugeben, da jede Situation anders ist, aber um sich ein Bild machen zu können, vergleichen Sie vielleicht die Kosten für ein neues Familienauto oder eine neue Küche mit den Kosten für einen kleinen Garten. Es ist jedoch stets möglich, die Arbeiten in mehreren Etappen auszuführen, um die Kosten über einen längeren Zeitraum zu verteilen.

Bestimmte Arbeiten werden preiswerter, wenn man sie gleichzeitig ausführt und die erforderlichen Geräte ohnehin vor Ort sind. Gebaute Elemente wie etwa Terrassen, Mauern oder Schuppen brauchen beispielsweise solide Fundamente, damit sie haltbar sind. Deshalb muß man den Boden in der notwendigen Tiefe auskoffern und anschließend einen Unterbau aus Splitt oder Beton schaffen, auf dem Ziegel oder Platten verlegt werden. Das fertige Fundament läßt eine trockene, ebene Fläche entstehen, und wer momentan nur über begrenzte Mittel verfügt, kann mit dem Belag bis zu einem besseren Zeitpunkt warten. In meinem Garten etwa war die wichtigste Arbeitsphase die Neugestaltung und die Pflasterung der Terrasse, da sie täglich benutzt wurde. Logischerweise mußte sie deshalb, zusammen mit einer zur Tür führenden Treppe und einem kleinen Hochbeet neben der Garagenwand, zuerst gebaut werden, während das Befestigen anderer Flächen im Garten auf später verschoben wurde.

Kosten niedrig halten

Man kann Arbeitskosten sparen, indem man die Terrasse und die Wege entsprechend der Größe des gewählten Belagmaterials gestaltet, was teure Schneidearbeiten und Verfugungen überflüssig macht. Setzen Sie aber nicht Einheit und Gesamtkonzept der Gestaltung dadurch aufs Spiel, daß Sie Kompromisse eingehen, um die Kosten zu senken. Der Preis für Oberflächenmaterialien ist sehr unterschiedlich und bei Gras und Bepflanzung am niedrigsten. Ein Belag aus Rinde oder Kies ist teurer, und am meisten kosten Pflaster. Bei den Pflastermaterialien stehen Naturstein, Tonziegel und Pflastersteine an der Spitze der Kostenpyramide.

Höhenunterschiede können beträchtliche Kosten verursachen, da Stützmauern viel Material erfordern. Je höher eine Mauer ist, desto breiter muß die Konstruktion aus Stabilitätsgründen sein, und desto höher sind die Kosten. Stützmauern aus Holz sind allgemein etwas preiswerter als Ziegelmauern, müssen aber in das Gesamtkonzept passen. Am preiswertesten sind mit Gras oder anderen Pflanzen bewachsene Böschungen, die dort angelegt werden können, wo es der Platz zuläßt. Falls es notwendig ist, das Bodenniveau über die Basis eines Holzzaunes hinaus anzuheben, können zum Abstützen preiswertere Betonsockel verwendet werden, da sie in der Erde verschwinden.

Neben den Kosten für Oberflächenmaterialien muß man deren praktische Nutzung sorgfältig bedenken. Ist ein Garten Treffpunkt der Geselligkeit, empfiehlt sich ein solider Belag. Eine Familie mit kleinen Kindern braucht möglicherweise eine Rasenfläche zum Spielen und außerdem eine befestigte Terrasse. Um optimale Pflanzflächen zu schaffen, bietet sich Kies an – ein harter Belag, in den dennoch ausgezeichnet Pflanzen einbezogen werden können (siehe Seite 44 f.).

Eine gründliche Vorbereitung des Bodens ist wichtig und vor jeder Pflanzung unverzichtbar. Wer wenig Zeit hat, kann zwar eine Firma damit beauftragen, doch bei geringem Etat spart man Geld, wenn man diese Arbeit selbst ausführt. Da die Bodenvorbereitung sehr wichtig ist, darf sie auf keinen Fall nachlässig erfolgen (siehe Seite 88). Auch durch eine etappenweise Bepflanzung können die Kosten verteilt werden – sie entsprechen selbst in einem kleinen Garten möglicherweise dem Preis eines neuen Wollteppichs für ein großes Zimmer. Durch das Pflanzen eines großen Baumes oder Strauches kann ein Garten sofort eine gewisse Reife und Reiz erhalten, doch große Gehölze, die lange in einem anderen Garten oder einer Gärtnerei herangezogen wurden, sind meistens sehr teuer. Möglicherweise reicht die Einbeziehung von ein oder zwei großen Solitärgehölzen aus, um einem Garten von Anfang an Struktur zu verleihen. Gut eignen sich hier in Form geschnittene Exemplare, die selbst in Pflanzgefäßen Blickfänge bilden.

Professionelle Hilfe

Beauftragung eines professionellen Gartengestalters oder einer Firma

- Geben Sie Ihre Wünsche stets detailliert an.
- Sorgen Sie dafür, daß alle Vereinbarungen schriftlich festgehalten werden.
- Legen Sie die Termine für Arbeitsbeginn und -ende fest.
- Versichern Sie sich der Vertragsklausel, daß das Grundstück nach Abschluß der Arbeiten sauber und ordentlich verlassen werden muß.
- Vereinbaren Sie mit dem Hauptvertragspartner, daß er für die Ausführung aller Arbeiten, die er an Subunternehmer vergibt, verantwortlich ist.
- Prüfen Sie, ob Ihr Vertragspartner ausreichend versichert ist.

Wenn Sie es sich nicht zutrauen, Ihren Garten selbst anzulegen oder umzugestalten, überlegen Sie, ob Sie vielleicht einen Fachmann hinzuziehen. Schon ein Gespräch mit einem erfahrenen Gartengestalter kann eventuell ausreichen, um Ihnen weiterzuhelfen. Andernfalls wird der Gestalter eine Bestandsaufnahme des Gartens machen und einen genauen maßstabgetreuen Plan vom Grundstück anfertigen, in dem alle wesentlichen Elemente und Faktoren, wie Bodentyp und Himmelsrichtung, vermerkt sind. Diese Informationen dienen dazu, einen neuen Entwurf für Ihren Garten zu machen, der die Lage von Terrasse, Wegen, Rasen, Blumenbeeten, Bäumen und weiteren baulichen Elementen zeigt. In diesem Stadium kann noch über Änderungen gesprochen werden.

Die Anfertigung genauer Bepflanzungspläne und Detailzeichnungen für bauliche Elemente sowie die Überwachung der Arbeiten durch die ausführenden Firmen werden gesondert berechnet. Möglicherweise möchten Sie aber mit Hilfe der neuen Pläne Ihren Garten selbst anlegen oder direkt eine gute Gartenbaufirma beauftragen. Die meisten professionellen Gartengestalter können Firmen empfehlen und auf Wunsch auch die Arbeiten einschließlich der Bepflanzung überwachen. Eine weitere Möglichkeit ist, daß Sie selbst einen Entwurf für die Anlage und die Bepflanzung machen und eine Gartenbaufirma mit der Ausführung beauftragen. Die Firmen sind gewöhnlich auch bereit, nur im Bedarfsfall zu kommen, falls Sie beim Errichten baulicher Elemente, bei der Bodenvorbereitung, der Bepflanzung oder beim Versetzen vorhandener Pflanzen Hilfe brauchen. Doch auch diejenigen, die einen eigenen Entwurf machen, möchten vielleicht dennoch beim Erstellen eines Pflanzplans einen Gartengestalter zu Rate ziehen.

Die Suche nach einem Gestalter ist eine mühevolle Aufgabe. Wie findet man wirklich den richtigen für sein Vorhaben? Mein Rat: Entscheiden Sie sich für einen Gestalter mit einer guten Ausbildung und etwas Erfahrung, vergewissern Sie sich also, daß er nicht zum erstenmal einen Garten anlegt. Ebenso wichtig ist es, einen Gestalter zu wählen, der kreativ arbeitet und in der Lage ist, Ihre Wünsche umzusetzen und schließlich einen durchführbaren Entwurf vorzulegen. Verbesserungen im Garten können ebensoviel Zeit und Geld kosten wie eine gründliche Renovierung des Hauses. Deshalb sollte man sicher sein, daß sie fachkundig ausgeführt werden und die beauftragten Firmen darüber hinaus auch auf Ihr Privatleben Rücksicht nehmen.

Wenn Ihnen niemand persönlich empfohlen wurde, können Sie Ihren Gartengestalter oder die ausführenden Firmen vielleicht über einen der Berufsverbände finden, die hohe Qualitätsanforderungen an ihre Mitglieder stellen. Oder Sie erkundigen sich in einem guten Gartencenter vor Ort. Vereinbaren Sie ein Treffen mit der entsprechenden Person, bevor Sie weitere Schritte unternehmen. Sie sollten mit demjenigen, mit dem Sie zusammenarbeiten, möglichst übereinstimmen, um sicherzugehen, daß er Ihre Ideen oder Ihren Entwurf einfühlsam umsetzt. Anschließend sehen Sie sich Gärten an, die bereits von dem Gestalter oder der Firma angelegt wurden. Wenigstens einer sollte einige Jahre alt sein, damit Sie die Solidität der Arbeit und die Qualität der Materialien beurteilen können. Sind die Fugen von Mauern oder Pflastern regelmäßig? Wurden Ziegel sauber aufgesetzt oder unachtsam mit Mörtel beschmiert? Sind befestigte Flächen eben und so verlegt, daß keine Regenwasserpfützen entstehen? Hat der Teich offensichtlich undichte Stellen?

Etwas schwerer ist die Qualität der Pflanzen zu beurteilen, sofern es sich nicht um Neupflanzungen handelt, denn im Laufe einer Wachstumsperiode entwickeln und verändern sie sich, und der Gesundheitszustand und die Form der Pflanzen spiegeln das Maß der späteren Pflege wider. Ungesunde, kümmernde Pflanzen leiden oder litten vielleicht unter Schädlingen und Krankheiten. Besuchen Sie die Gärtnerei, aus der der Gestalter oder die Firma Pflanzen bezieht: Wenn sie aus einer guten Gärtnerei stammen, kann man sicher sein, daß es sich um Exemplare guter Qualität handelt.

Die Honorare professioneller Gestalter spiegeln im allgemeinen deren Erfahrung und Wissen wider. Denken Sie daran, daß ein wenig erfahrener Gestalter vielleicht schlechter mit regionalen Problemen oder ausführenden Firmen umgehen kann. Auch bei den Firmenangeboten sollte man sich nicht notwendigerweise für das preiswerteste entscheiden. Zwischen der Qualität der Arbeit und den Kosten besteht immer ein Zusammenhang, und dem Endergebnis ist sein Preis anzusehen. Versuchen Sie ein Qualitätsniveau zu finden, das Ihren Ansprüchen und Ihrem Budget gerecht wird, und im Zweifelsfall sollten Sie die Arbeit lieber in Phasen durchführen, um eine wirklich gute Firma auswählen zu können.

Grundregeln der Gestaltung

Um einen kleinen Garten optimal zu gestalten, ist es nützlich, einige Grundregeln zu kennen, denn dies stellt sicher, daß auch kleinste Änderungen am Entwurf, etwa die Umgestaltung einer Rabatte oder das Hinzufügen einer Statue, das Gesamtbild verschönern. Ziel einer guten Gestaltung ist es, die Sinne zu erfreuen. Die Schlichtheit eines einheitlichen, klaren Entwurfs läßt eine entspannte Atmosphäre entstehen, während ein Durcheinander aus gegensätzlichen Linien und Mustern mit vielen verschiedenen Schmuckelementen verwirrend wirkt und keinerlei Zusammenhalt hat. Das Verständnis dieser Grundregeln ist Voraussetzung dafür, daß Sie aus Ihrem kleinen Garten einen anmutigen, ausgewogenen Bereich machen können, der in Einklang mit seiner Umgebung steht.

Harmonie

Wenn Sie für Ihren Garten einen Gestaltungsstil entwickeln, sollten Sie versuchen, eine Kontinuität sowohl mit dem Haus als auch mit der Umgebung zu erreichen. Pflanzen und Materialien sollten aufeinander abgestimmt werden, damit ein harmonisches Gesamtbild entsteht. So wirkt etwa eine Gestaltung, die eine stark mediterrane Note hat und Pflanzen wie Neuseeländer Flachs oder Palmlilien und einen farbigen Mosaikbelag beinhaltet, neben einem schwarzweißen Landhäuschen ziemlich deplaziert. Dagegen sorgt ein Material, das bereits beim Bau des Hauses verwendet wurde, für Kontinuität, und ein schwarzweißes Gartenhäuschen oder ein weißgestrichenes Spalier mit altmodischen Rosen paßt hier viel besser als ein mediterraner Stil. Sowohl Ziegel als auch Stein sind ideale Materialien, um Haus und Garten optisch miteinander zu verbinden. Lassen Sie sich nicht von einem Baustoffhändler ins Bockshorn jagen, der behauptet, es seien keine passenden Produkte im Angebot: Eine entschlossene Suche in örtlichen Steinbrüchen, bei Spezialisten und bei Ziegelanbietern wird stets von Erfolg gekrönt sein. Die Einheit der Gestaltung wird im allgemeinen dadurch gewährleistet, daß man auf Schlichtheit achtet und den Garten nicht übergestaltet, indem man zu viele Blickfänge und andere Elemente verwendet, die zusammen nur verwirren.

Um auf kleinem Raum Harmonie zu erreichen, wählt man für Oberflächen und bauliche Elemente wie Grenzmauern zwei oder höchstens drei Materialien. Wenn zum Beispiel Ziegelmauern vorhanden sind, entscheidet man sich vielleicht für ein Natursteinpflaster, in das Ziegel einbezogen werden. Die Wahl des Bodenbelags hat Auswirkungen auf die Gestaltung des gesamten Gartens. Gerade, präzise Linien, wie man sie bei Stein- und Betonplatten findet, legen eine formale Gestaltung nahe, während rauhe Oberflächen, wie etwa Kies und Rinde, einen zwangloseren, fließenden Eindruck erwecken.

Muster, die durch Form und Anordnung von Pflasterelementen entstehen, können die Atmosphäre eines Gartens ebenfalls beeinflussen. So bekommt etwa ein kleiner, sonniger Hof, der mit weißgetünchten Wänden umgeben ist, eine exquisite Note, wenn polierte oder glatte Pflasterelemente in einem regelmäßigen Muster verlegt werden. Ziegelmauern und eine gekieste Fläche, die von Trittsteinen durchzogen wird, lassen eine zwanglosere Atmosphäre entstehen. Gärten im japanischen Stil eignen sich gut für kleine Räume, und die ihnen eigene Harmonie sorgt für ein reizvolles Gesamtbild (siehe Seite 39). Eine schlichte Kombination von immergrünen Pflanzen mit Ziegeln, Kies und eventuell einem Wasserelement hat eine ungemein friedliche Ausstrahlung.

Oberflächen aus Naturmaterialien fügen sich hier zu einer formalen, klaren Gestaltung zusammen. Es besteht ein Gleichgewicht zwischen den offenen Rasen- und Wasserflächen und Strukturelementen aus begrünten Bogen, Säulen, Bäumen und Spaliersträuchern.

Größenverhältnisse

Ein Garten muß maßstäblich mit seiner Umgebung in Einklang stehen, und die Proportionen wollen auf jeder Ebene wohldurchdacht sein, damit sichergestellt ist, daß die ausgewählten Pflanzen und Elemente dem Raum angemessen sind. Man muß sich den zweidimensionalen Entwurf dreidimensional vorstellen, entweder vor dem geistigen Auge oder indem man ein Foto von einer existierenden Aussicht mit der neuen Gestaltung übermalt. Mit einer perspektivischen Zeichnung kann man verschiedene Gestaltungseffekte erzeugen, und wenn man mit verschiedenen Möglichkeiten spielt, wie Blickfänge und andere Elemente plaziert werden könnten, erkennt man gewöhnlich instinktiv, welche Anordnung am ausgewogensten und proportioniertesten wirkt. So sieht beispielsweise ein Kübel, der unmittelbar vor der Terrassentür aufgestellt wird, in einem kleinen Garten vom Haus aus betrachtet sehr groß aus. Stellt man ihn dagegen in der Mitte des Gartens auf einer tiefer liegenden befestigten Fläche auf, wirkt er beträchtlich kleiner. Und eine Pergola sieht stets besser aus, wenn Höhe und Breite etwa gleich sind.

Auch die endgültige Größe, die Pflanzen erreichen, muß im Verhältnis zum ganzen Garten gesehen werden. Eine große, skulpturale Pflanze kann für sich überwältigend sein, wirkt aber deplaziert, wenn sie nicht in Einklang mit der übrigen Gestaltung steht. Um die Eignung von Pflanzen beurteilen zu können, muß man wissen, wie groß sie in fünf, zehn oder 20 Jahren sein werden. Die Laubmasse eines hohen Baumes kann im kleinen Garten völlig unverhältnismäßig wirken, da sie alles andere optisch schrumpfen läßt und verdeckt. Bezüglich der Größenverhältnisse gibt es keine unumstößlichen Regeln, und jede Situation muß individuell behandelt werden. Um sich ein klareres Bild zu machen, kann man in den betreffenden Bereichen einen langen Stab in den Boden stecken, der ein vertikales Element darstellt. Stellen Sie sich vor, es würde sich um den Baum oder das Element handeln, das Sie vorgesehen haben, und begutachten Sie aus verschiedenen Blickwinkeln die Wirkung.

Rabatten, Wege und Stufen sollen möglichst breit angelegt werden, aber in ihren Proportionen zum Haus passen. Wenn es die Situation erlaubt, bemißt man die Auftritte großzügig (sie müssen aber mindestens 45 Zentimeter tief sein) und macht die Setzstufen niedrig (vorzugsweise zehn bis 15 Zentimeter hoch), damit sie ein gemütliches Schlendern erlauben. Zu flache Stufen können jedoch gefährlich sein, vor allem für Menschen mit geringer Sehkraft. Bei leichtem Gefälle ist eine Reihe großzügiger Geländestufen, von denen jede ihren eigenen Charakter hat, eine bessere Lösung (siehe Abbildung Seite 21).

Auch die Größe von Pflasterelementen hat Einfluß auf das Gesamtbild. Sehr kleine Einheiten wirken möglicherweise unruhig, sehr große Platten können auf kleiner Fläche überwältigend erscheinen und sie noch kleiner machen. Eine Auffahrt vor einem Ziegelhaus, für die kleinformatige Ton- oder Betonplatten verwendet wurden, kann übertrieben und hektisch wirken. Verwendet man jedoch ein eher großformatiges Pflaster und bezieht man zum Haus passende Ziegel ein, entsteht ein harmonischer Gesamteindruck.

Weißgetünchte Mauern und das prägnante Muster des Pflasters verleihen diesem Garten eine zeitgemäße Atmosphäre. Das Kopfsteinpflaster aus Granit bietet sich für ein rundes Muster an, während die Platten ein klares Gitter entstehen lassen. Die großen Blätter von *Gunnera manicata* unterstreichen zusammen mit Buchsbaum und Bambus den modernen Gestaltungsstil.

Formen und Ausgewogenheit

Unterschiedliche Formen können entweder den Eindruck von Bewegung oder aber von Ruhe entstehen lassen. Kreise und Sechsecke etwa wirken beruhigend auf das Auge, so daß man innehält und entspannt. Lange, schlanke Formen, wie etwa ein schmaler Weg, vermitteln dagegen ein starkes Gefühl von Bewegung. Dazwischen befinden sich ovale und rechteckige Formen, die einen neutraleren Charakter und daher eine weniger große Wirkung haben. Benutzen Sie die Elemente Ihrer Gartengestaltung – Rabatten, Bäume und Sträucher, aber auch Sitzgelegenheiten und Pflanzgefäße –, um gutproportionierte, ausgewogene Formen entstehen zu lassen, die ein Gegengewicht zu den freien Flächen – Rasen, offene Wasserflächen und befestigte oder ebene Flächen – bilden. Um Bewegung in die Gestaltung zu bringen, schaffen Sie Blickfänge, die durch Wege und offene Flächen miteinander verbunden werden. Dies mag übertrieben klingen, doch selbst auf einem kleinen Grundstück gibt es offene Flächen, die man durch hohe Pflanzen, Bogen und Spaliere trennen kann. So wird beispielsweise das Auge von der an das Haus angrenzenden Terrasse durch einen Bogen zu einer offenen Fläche geführt, die einen Mittelpunkt hat. Von ihm aus erhascht man vielleicht einen Blick auf einen weiteren »Raum«, der zum Erforschen einlädt.

Auch die vertikalen Elemente im Garten leisten ihren Beitrag zur Gesamtform und zur Ausgewogenheit. Pflanzen sind anfangs möglicherweise zu klein, um ihre Funktion zu erfüllen, doch mit zunehmender Größe wird von selbst ein ausgewogenes Bild entstehen. Pflanzungen, die sich oberhalb der Augenhöhe befinden, werden zu einem beeindruckenden Element, das die Aufmerksamkeit auf sich lenkt. So läßt beispielsweise eine dunkle, säulenförmige immergrüne Pflanze oder eine formierte Hecke prägnante vertikale und horizontale Linien entstehen, und die Schatten, die sie wirft, unterstreichen die auffällige Wirkung noch. Markante Formen wie diese können wie Skulpturen eingesetzt werden; möglicherweise wiederholen sich in ihnen die Formen von Pfeilern oder einer Balustrade. Hohe Pflanzen neben einem Weg lassen diesen schmaler erscheinen; ein Grasstreifen macht ihn dagegen breiter. Die Verwendung sich wiederholender Formen und Farben in Pflanzgruppen verleiht der Gestaltung ebenfalls Ausgewogenheit. Versuchen Sie, ein Gleichgewicht zwischen sich gegenüberliegenden Grundstücksgrenzen zu schaffen: Eine solide Wand, der eine offene Seite gegenüberliegt, wirkt seltsam. Wenn Sie den offenen Charakter bewahren wollen, verwenden Sie als Begrenzung ein weicheres Material wie etwa einen Zaun; einen geschlossenen Eindruck erreichen Sie durch zwei Mauern oder solide Zäune.

Bei der Gestaltung dieses Gartens ist das Nebengebäude auf gelungene Weise einbezogen worden. Eine Wasserrinne verbindet den Hauptgarten mit dem kleinen Innenhof und dem dahinterliegenden Haus, während die runden Wasserflächen für ein Gleichgewicht zwischen den beiden Bereichen sorgen. Geißblatt *(Lonicera japonica henryi)* und Glyzine *(Wisteria floribunda)* ›Macrobotrys‹, die an den Wänden des Nebengebäudes wachsen, lassen dieses weicher wirken. Funkie *(Hosta)* ›Thomas Hogg‹ bildet mit ihrem panaschierten Laub eine reizvolle Ergänzung.

Die Komponenten innerhalb des Gartens können Einfluß darauf nehmen, wie man den Garten wahrnimmt – markante Elemente, wie eine imposante Statue, fesseln den Blick; weichere Elemente, wie etwa ein freigestalteter Teich, und zartere Farben, wie Blau, führen das Auge dagegen weiter durch den Garten. Ein offener Ausblick wirkt weniger beeindruckend, als wenn das Auge behutsam durch einen Bogen oder einen Weg entlang zu einem Tor gelenkt wird. Bei einer häßlichen oder langweiligen Aussicht versucht man, die Aufmerksamkeit ins Innere des Gartens zu lenken, indem man eine solide Begrenzung schafft und Blickfänge sorgfältig plaziert.

Die Grundstücksform manipulieren

Kein Garten gleicht dem anderen, doch viele von uns müssen sich mit konventionell geformten Grundstücken auseinandersetzen, die vielleicht lang und schmal, rechteckig oder quadratisch sind. Manche Grundstücke sind eben, andere haben ein Gefälle oder wurden in einen Hang geschnitten. Die Grundstücksgrenze beeinflußt unsere Wahrnehmung der Gartenform, doch eine geschickte Gestaltung und das Kaschieren des Zauns durch Pflanzen kann das Auge täuschen. Was die Gartenform betrifft, gibt es keine definitiven Gestaltungsregeln, dennoch eignen sich für bestimmte Grundrisse manche Vorgehensweisen besser als andere (siehe Pläne Seite 30 bis 35).

Aufteilung des Gartens

Wenn Sie alle Informationen über Ihr Grundstück zusammengetragen und auf einem Plan (siehe Seite 20) festgehalten haben, überlegen Sie, wie Sie den Garten nutzen möchten. Bringen Sie alle praktischen Elemente und Ihre Wünsche zu Papier, um auf der Grundlage der vorhandenen Strukturen einen neuen Garten zu schaffen. Wenn Sie beabsichtigen, irgendwann das Haus zu erweitern oder einen Wintergarten anzubauen, empfehle ich Ihnen, dies im Plan zu vermerken, bevor Sie den Garten neu aufteilen, denn bei einer kleinen Fläche kann ein neuer Wintergarten die Gestaltung aus dem Gleichgewicht bringen. Selbst wenn die Anbauten erst in einigen Jahren durchgeführt werden sollten, wird das Endergebnis eine gute Gestaltung und kein Kompromiß sein.

Nachdem Sie die verschiedenen Bereiche des Gartens und ihre praktische Nutzung festgelegt haben (siehe unten), beginnen Sie nun, Formen zu zeichnen und Muster zu entwerfen, um sie zu verbinden. Wichtigstes Ziel ist es, die Möglichkeiten des Gartens optimal zu nutzen, wobei Schlichtheit stets zum harmonischsten Ergebnis führt. Die Verwendung ineinandergreifender Formen gibt der Gestaltung Einheit und verbindet die verschiedenen Elemente. Muster mit Schwüngen und lange, schmale, gerade Formen lassen Bewegung entstehen. Verwenden Sie für kleine Flächen keine weitschweifenden Schlangenlinien, da sie völlig unmaßstäblich sind. Auch sollten Sie auf Muster verzichten, die ungeschickte, schlecht nutzbare Ecken entstehen lassen. Versuchen Sie alle existierenden Elemente des Gartens so einzubeziehen, daß sie ein integraler Bestandteil der neuen Gestaltung werden.

Wenn alle Formen verbunden und Sie mit dem Ergebnis zufrieden sind, können Sie die Gestaltung nun genauer ausarbeiten und Details hinzufügen. Sie können jetzt Belagmaterialien passend zu Ihrer Gestaltung auswählen und den Grundriß ausmessen und korrigieren, so daß die Maße durch die Größe der Pflastersteine oder -platten teilbar sind. Sie können Zäune, Stufen, strukturierende Pflanzungen und andere Elemente auf dem Plan ergänzen, der in diesem Stadium zu einem detaillierten Arbeitsplan wird.

Den Entwurf testen

Wenn der Entwurf fertig ist, sollten Sie ihn mit Pflöcken auf dem Gelände markieren, um sicherzustellen, daß er sich wirklich umsetzen läßt; darüber hinaus dient dies als Hilfe, sich das Ergebnis besser vorzustellen. Sie können einen Schlauch oder eine farbige Schnur auf den Boden legen, um geschwungene Wege oder Rasenkanten zu kennzeichnen, mit einem langen Stab den vorgesehenen Standort eines Baumes markieren und einen vorhandenen Kübel oder eine Statue an den neu zugewiesenen Platz stellen, um langsam ein Bild entstehen zu lassen. Einige alte Ziegel können den Weg andeuten und Ihnen einen Eindruck vermitteln, wie er später einmal aussehen wird. Lassen Sie die abgesteckten Formen eine Zeitlang auf sich wirken, und korrigieren Sie alle Bereiche, die noch nicht ganz stimmig sind. Auf diese Weise kommen Sie zu einer einheitlichen Gestaltung, mit der Sie arbeiten können, ob Sie nun den Garten in einem Zug oder über mehrere Jahre hinweg anlegen.

Entwicklung des Entwurfs

Am einfachsten kann man einen Entwurf zeichnen, indem man ein Stück dickes Transparentpapier über den Originalplan legt und mit Bleistift die Flächen markiert, die für Terrasse, Schuppen, Rasen und so weiter geeignet sein könnten. Die meisten Elemente haben einen logischen Platz im Garten; im Zweifelsfall läßt man sie aber zunächst beiseite, bis man sich ein klareres Bild machen kann. Das Ziel in diesem frühen Stadium ist, eine optisch befriedigende Aufteilung der kleinen Fläche zu erreichen.

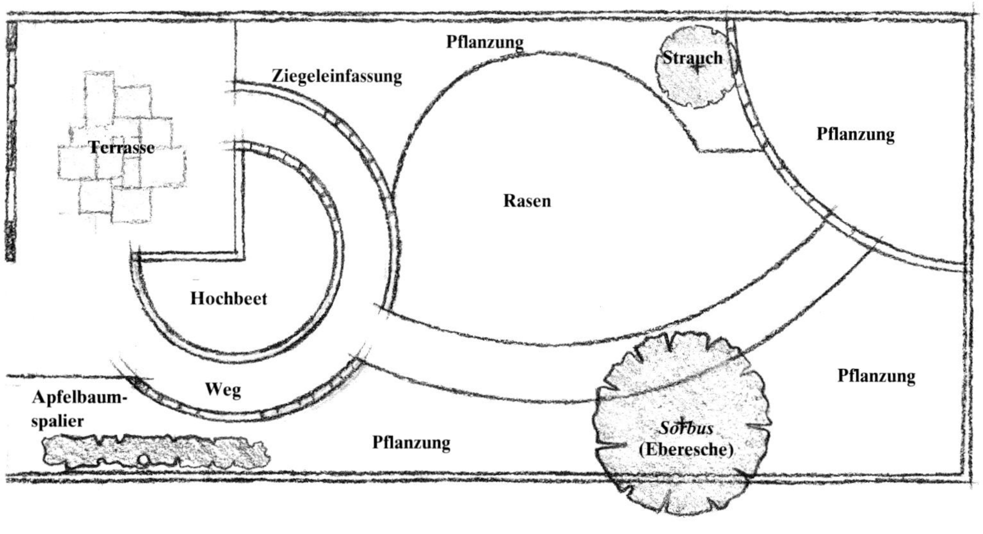

Der lange, schmale Garten

Der Plan zeigt einen Garten von 15,5 Meter Länge und 4,5 Meter Breite. Auf den Zeichnungen gegenüber sieht man die Bepflanzungen der Bereiche A und B während des Hochsommers.

Wie man bei der Gestaltung eines langen, schmalen Grundstücks vorgeht, hängt davon ab, ob man die Form kaschieren oder betonen möchte. In einem langen, schmalen Garten ist es leicht, Bewegung zu erzeugen, da die Form das Auge unweigerlich weiterlenkt. Der Gestalter kann dies verstärken, indem er eine Reihe von »Räumen« entstehen läßt, die durch gut plazierte Blickfänge verbunden werden – der Betrachter wird so von einem Bereich in den nächsten gelockt. Die Blickfänge dürfen sich aber auf keinen Fall Konkurrenz machen, weil die Gestaltung sonst zu unruhig wird und das Auge verwirrt. Indem man die Zugänge der einzelnen »Räume« außermittig plaziert, dehnt man optisch die Aussicht, denn es entstehen Bereiche unterschiedlicher Breite, und der Garten wird scheinbar länger. Befestigte und bepflanzte Flächen unterschiedlicher Breite haben ebenfalls Einfluß darauf, wie die Gesamtbreite des Gartens wahrgenommen wird. Ganzjährig belaubte Sträucher bilden zwischen den »Räumen« permanente Strukturelemente; so wirken etwa rund formierte immergrüne Pflanzen als Trennelement, ohne zu hoch zu sein.

Möglicherweise ist es besser, die lineare Form zu betonen. Der traditionelle Weg, der in der Mitte zwischen Rasen und Rabatten hindurchführt, ist allerdings nicht besonders phantasievoll – auch ein außermittig verlaufender Weg betont die Länge. Breitere Bereiche mit einer Bank oder einem anderen Element gestalten den Weg reizvoller, und zwanglose Pflanzungen lockern die Ränder befestigter Flächen auf. Die Länge kann überdies betont werden, indem man Ziegelpflaster in einem längs verlaufenden Muster verlegt. Das Tempo wird verlangsamt, wenn man Quermuster einbezieht oder das Belagmaterial wechselt.

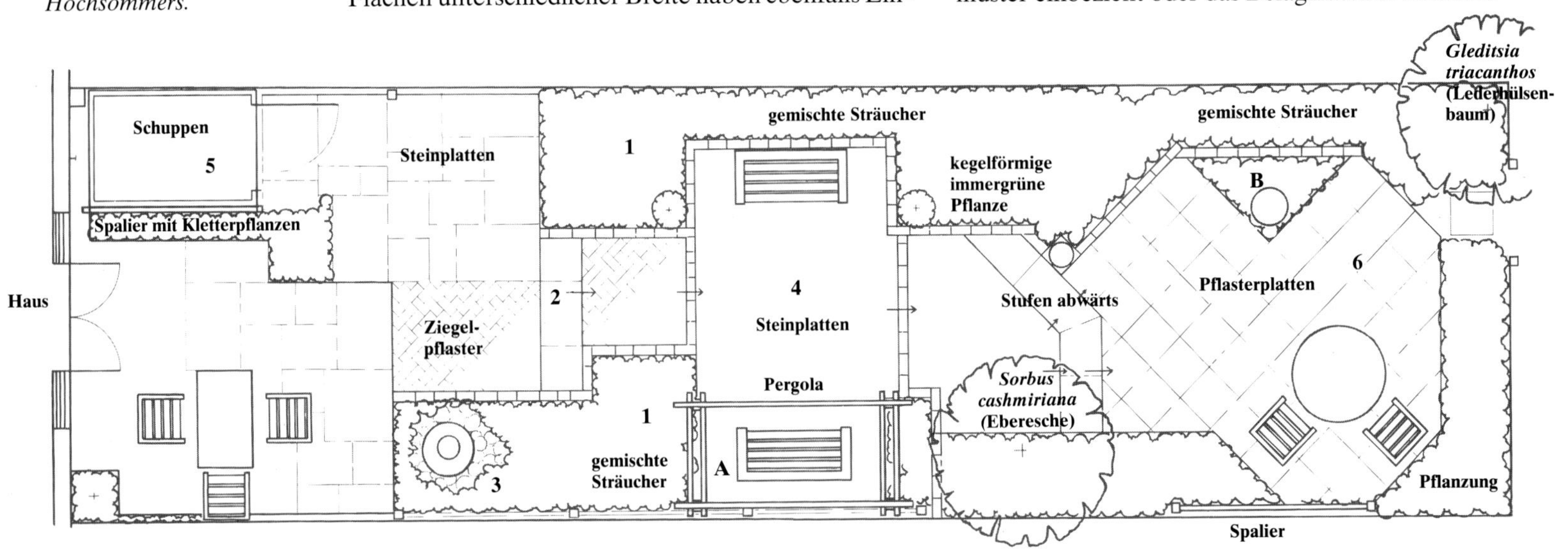

1 Spaliere, Mauern, Hecken oder auch hohe Pflanzen können das Grundstück in Bereiche oder »Räume« unterteilen, von denen jeder seinen eigenen Charakter besitzt – man sollte jedoch keine zu kleinen, beengten schaffen, die nicht zum Haus und dem übrigen Garten passen.

2 Einige niedrige Pflanzungen, die quer angelegt werden, oder eine oder zwei Stufen zu einer tiefer liegenden Fläche unterbrechen die Blickrichtung und lassen einen geschlossenen Bereich entstehen.

3 Durch das Einbeziehen eines Wasserelements als Mittelpunkt des ersten »Raumes« wird das Auge gefesselt und das Schritttempo verlangsamt, bevor man in den nächsten Bereich geht. Weitere Blickfänge oder Details im angrenzenden »Raum« verleihen diesem seinen eigenen Charakter.

4 Ein »Raum« oder Sitzbereich von nur viereinhalb Meter Breite und drei Meter Länge kann zwei gegenüberliegende Bänke beherbergen, die sich an die Sträucher schmiegen. So plazierte Bänke lassen ein schmales Grundstück breiter erscheinen (siehe auch Bepflanzungsplan).

5 Möglicherweise ist es in einem langen, schmalen Stadtgarten, der von den Fenstern der oberen Stockwerke aus stets einsehbar ist, schwierig, unentbehrliche Elemente wie einen Schuppen zu verstecken. Eine Lösung ist, daß man den Schuppen neben der Terrassentür am Haus plaziert, wo man ihn von den Fenstern der oberen Stockwerke aus weniger sieht als am hinteren Ende des Gartens.

6 Der sonnigste Teil dieses Gartens liegt am hinteren Ende, und daher findet sich im letzten »Raum« ein heller, geräumiger Sitzbereich. Das markante Muster des diagonal verlegten Ziegelpflasters läßt ihn breiter erscheinen.

In diesem Stadtgarten ist unter einer Pergola ein lauschiger Platz entstanden. Durch seine Westlage erhält er Abendsonne, während eine gegenüberliegende Bank morgens Sonne bekommt. Der Duft der Kletterpflanzen ist an Sommerabenden am intensivsten (A).

VON LINKS *Asplenium scolopendrium* ›Crispum‹ und *Hedera helix* ssp. *helix* ›Heise‹, *Dryopteris wallichiana, Miscanthus sinensis* var. *purpurascens, Rosa* ›Parade‹, *Lonicera japonica* ›Halliana‹, *Hedera helix* ssp. *helix* ›Heise‹ und *Phlox paniculata* ›Blue Ice‹, *Helianthemum* ›Cerise Queen‹.

Mit dieser Pflanzung auf zwei Ebenen wird der vorhandene Platz optimal genutzt. Das immergrüne Heiligenkraut *(Santolina chamaecyparissus)* bildet einen zurückhaltenden dauerhaften Hintergrund für das mit Sommerblumen bepflanzte Gefäß. Im Winter kann man das Arrangement durch winterblühende blaßrosa Schneeheide (*Erica carnea* ›Springwood Pink‹) ersetzen und den dahinter wachsenden Salbei durch die frühe gefüllt blühende tiefrosa Tulpen-Sorte ›Electra‹ (B).

VON LINKS *Philadelphus* ›Belle Etoile‹, *Salvia* × *sylvestris* ›May Night‹, *Lavandula angustifolia* ›Hidcote‹, *Hemerocallis;* im Pflanzgefäß: *Cordyline australis* ›Purpurea‹, *Diascia megathura, Verbena* ›Sissinghurst‹, *Veronica gentianoides* ›Variegata‹, *Helichrysum petiolare;* um das Pflanzgefäß: *Santolina chamaecyparissus* var. *nana.*

Der quadratische oder rechteckige Garten

Ein Quadrat wirkt an sich statisch, und in einem sehr kleinen quadratischen Garten ist es schwierig, spannungsreiche Bewegung entstehen zu lassen und gleichzeitig ein Gleichgewicht zwischen freien Flächen – etwa der Terrasse, dem Rasen oder einem stehenden Gewässer – und einer Masse – wie Gartengebäuden und Konstruktionen, aber auch Pflanzen, die für Höhe sorgen – herzustellen. Eine gewisse Bewegung kann erzeugt werden, wenn man das Auge ermuntert, von einem Bereich oder Blickfang zum nächsten zu gleiten, indem man eine auf geschwungenen Formen basierende Gestaltung wählt. In einem kleinen Garten empfiehlt es sich jedoch, einen klaren Weg zu schaffen, etwa mit Trittsteinen, die durch Pflanzungen oder Gras führen. Der Charakter der Pflanzungen kann sich dann etwas verändern, und eine besonders schöne Pflanze läßt einen Blickfang auf dem Weg entstehen.

Auf einem quadratischen Grundstück gibt es möglicherweise auch keine Aussicht. Dieses Problem kann gestalterisch beispielsweise dadurch gelöst werden, daß man den Eindruck von Abgeschlossenheit noch verstärkt und eine stille, friedliche Oase schafft. Man muß nicht an der quadratischen Form festhalten, sondern kann beispielsweise in der Mitte eine runde Rasen- oder Pflasterfläche entstehen lassen und sie mit üppiger Bepflanzung umgeben. Hat das Pflaster ein klares Muster, zieht es die Aufmerksamkeit nach innen, vor allem, wenn es durch eine Bepflanzung mit architektonischem Charakter ergänzt wird. Ein sehr kleines Quadrat bietet sich oft für eine formale statische Gestaltung an, etwa für einen geometrischen Kräutergarten: Niedrige geschnittene Hecken, Ziegelwege, sich wiederholende Pflanzungen und formale Dekorationen passen gut zu einem traditionellen Haus.

Einem rechteckigen Grundstück, das etwa halb so breit wie lang ist, wohnt mehr Bewegung inne als einem Quadrat. Ein rechteckiger Garten kann auf die gleiche Weise gestaltet werden wie ein langer, schmaler (siehe Seite 30) oder ein quadratischer Garten. Diese Form ist für Familien gut geeignet, da sie sich leicht in zwei oder drei getrennte Bereiche aufteilen läßt. Drei »Räume«, die behutsam verbunden wurden, bieten die größten Möglichkeiten für die tägliche Nutzung und verbergen die Form des Grundstücks vollkommen. Eine diagonale Gestaltung läßt einen Garten länger und breiter wirken. Diagonale Linien führen optisch nach außen, wodurch die Breite optimal genutzt wird und ein Eindruck von Offenheit entsteht.

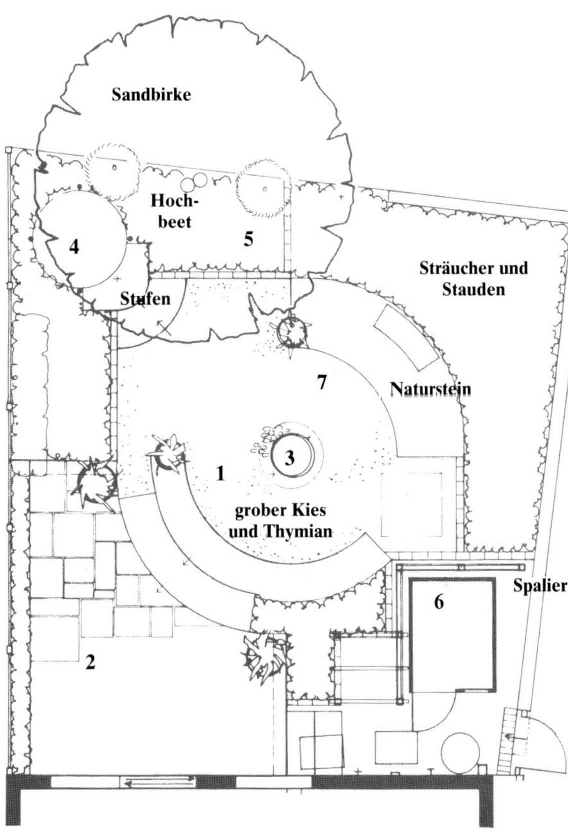

Dieser fast quadratische Garten ist von einem Zaun umgeben. Er hat eine Länge von 9,5 Metern und eine Breite von 7 Metern beim Haus und 8 Metern am hinteren Ende.

1 Geschwungene Formen umgeben eine zentrale Fläche und lassen den Eindruck von Bewegung entstehen. Eine leichte Höhendifferenz wird durch breite, flache Stufen überbrückt. In diesem Teil verlangsamt man unwillkürlich die Geschwindigkeit, wodurch eine entspannte Atmosphäre erreicht wird.

2 Die Terrassentüren des Hauses führen zu einem mit Steinpflaster versehenen Bereich, der ausreichend Platz für einen Tisch und vier Stühle bietet. Dahinter liegt eine schmale Rabatte. Im Sommer kann es auf dieser Terrasse manchmal zu heiß zum Sitzen werden.

3 Eine zentrale Wasserfläche, die mit Kopfsteinpflaster eingefaßt ist, bildet einen Mittelpunkt und lenkt den Blick nach innen, was den Eindruck einer abgeschlossenen Oase noch verstärkt.

4 Stufen führen zu einem Bereich mit einem im Fischgrätmuster verlegten Ziegelpflaster, der abends Sonne erhält, sonst aber von einer Birke überschattet wird. Eine filigrane schmiedeeiserne Kuppel auf vier Pfeilern läßt einen kleinen Blickfang entstehen.

5 Dieser Garten liegt an einem Hang und am linken Rand 45 Zentimeter höher als am rechten. Die links und am hinteren Ende geschaffenen Hochbeete haben Ziegelstützmauern und tragen dazu bei, ein optisches Gegengewicht zur Höhe des Hauses herzustellen.

6 Schuppen und Stellplatz für die Mülltonnen liegen vertieft und werden durch ein Spalier verborgen, an dem Kletterpflanzen wachsen.

7 Eine befestigte Fläche mit weicheren Rändern, etwa aus Kies, fügt sich harmonisch in ihre Umgebung ein. Pflanzen, die im Kies wachsen und sich über die Ränder der Beete legen, lassen eine lockere, ruhige Atmosphäre entstehen.

Der Ziegelweg führt um eine ovale Rasenfläche im mittleren »Raum« dieses Gartens. Die geschwungenen Formen tragen dazu bei, ein Gegengewicht zum geraden Umriß des rechteckigen Grundstücks entstehen zu lassen. *Rosa* ›Compassion‹ und immergrüner Efeu wachsen an einer Holzwand, die den Gartenschuppen vollkommen verbirgt. Wenn die Sommerblüten verwelkt sind, sorgt immergrünes Laub im Winter für Reiz.

VORNE, VON LINKS *Santolina chamaecyparissus, Choisya ternata, Weigela florida* ›Aureovariegata‹, *Salvia* ›Rose Queen‹, *Hebe* ›Midsummer Beauty‹, *Campanula portenschlagiana;* am Zaun, von links: *Lonicera japonica* ›Halliana‹, *Ilex aquifolium* ›Argentea Marginata‹, *Hedera colchica* ›Dentata Variegata‹, *Rosa* ›Compassion‹.

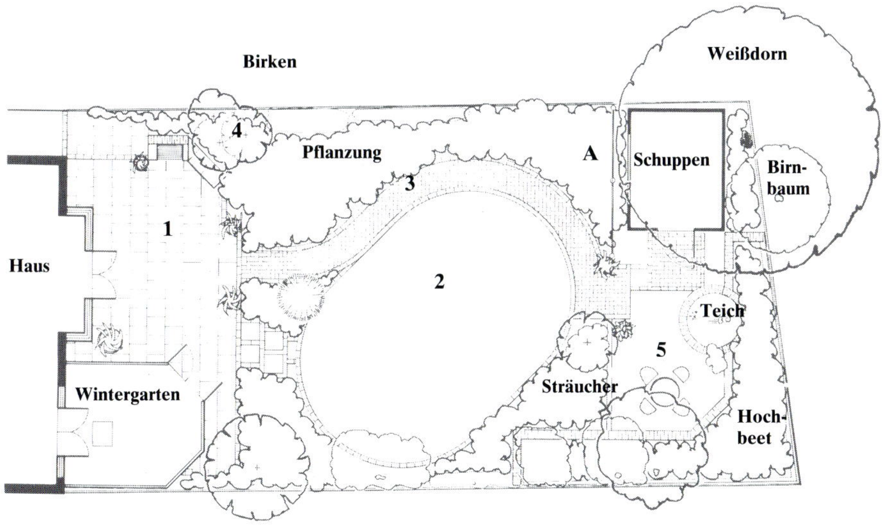

Dieser Garten, der 16,5 Meter lang und 9,5 Meter breit ist, wurde für eine Familie gestaltet.

Die Sommerbepflanzung der mit A markierten Fläche ist auf der Abbildung oben zu sehen.

1 Eine Terrasse am Haus mit Grill, Tisch und einer Bank bietet reichlich Platz für Geselligkeit. Der angrenzende Rasen ist durch eine niedrige Pflanzung von der Terrasse getrennt.

2 Eine mit Ziegeln eingefaßte ovale Rasenfläche, die als Spielbereich vorgesehen ist, liegt diagonal in der Mitte des Gartens und läßt einen Eindruck von Geräumigkeit entstehen.

3 Der mit Ziegeln gepflasterte Weg, der um den Rasen führt, lenkt den Blick in den hinteren »Raum«.

4 Eine Gruppe aus drei Birken (*Betula pendula* ›Dalecarlica‹, *B. pendula* ›Purpurea‹ und *B. jacquemontii*), die in 60 Zentimeter Abstand gepflanzt wurden, damit sie nicht zu groß werden, bildet einen weichen Hintergrund für den Grillbereich und verdeckt zudem die Sicht auf Nachbargrundstücke oder von dort aus in Richtung Haus.

5 Am Ende des Gartens erhält eine kleinere gepflasterte Fläche mit einem Hochbeet im Hintergrund Abendsonne. Ein Zierteich dient als Blickfang.

Der kurze, breite Garten

In einem Garten, in dem zwischen Haus und hinterer Grundstücksgrenze nur wenig Abstand ist, sollte die Gestaltung darauf abzielen, den Blick zu den seitlichen Grenzen zu lenken, um den Eindruck von Enge zu mildern. Ein schmales Beet mit einer dichten, weichen Bepflanzung vor der Mauer oder dem Zaun, die im Blickfeld liegen, verbirgt die physische Barriere und trägt dazu bei, den Abstand größer erscheinen zu lassen.

Hier ist es wichtig, vorwiegend immergrüne Pflanzen zu wählen, die keine markanten Formen haben. Auf hohe Pflanzen im Vordergrund des Blickfelds sollte verzichtet werden, da sie den Bereich optisch erdrücken und verkleinern. Die Blütenfarben sollten zart sein (Blautöne eignen sich besonders gut), um den Eindruck von Distanz zu verstärken. Mit fächerförmig erzogenen Sträuchern am Zaun oder an der Mauer nutzt man die Pflanzfläche optimal. Ein niedrig angebrachter Blickfang, wie etwa ein Vogelbad, lenkt den Blick des Beobachters nach unten, während ein entfernt plazierter das Auge ermuntert, seitwärts zu schweifen.

Wenn man das Glück hat, ein kleines Grundstück mit einer hübschen Aussicht zu besitzen, kann man alle Probleme dadurch lösen, daß man durch Gestaltung und Bepflanzung den Blick über die Grundstücksgrenze hinaus lenkt und somit die Aussicht in den Garten einbezieht. Darüber hinaus bieten Bogen eine schöne Möglichkeit, Aussichten oder Gartenelemente einzurahmen.

Dieser ländliche Garten, der von Natursteinmauern umgeben ist, hat eine Breite von 17 Metern; an seiner längsten Stelle mißt er jedoch nur 4,5 Meter. Die Abbildungen gegenüber zeigen die Sommerbepflanzungen für den Teich und eine Ecke des Gartens (2).

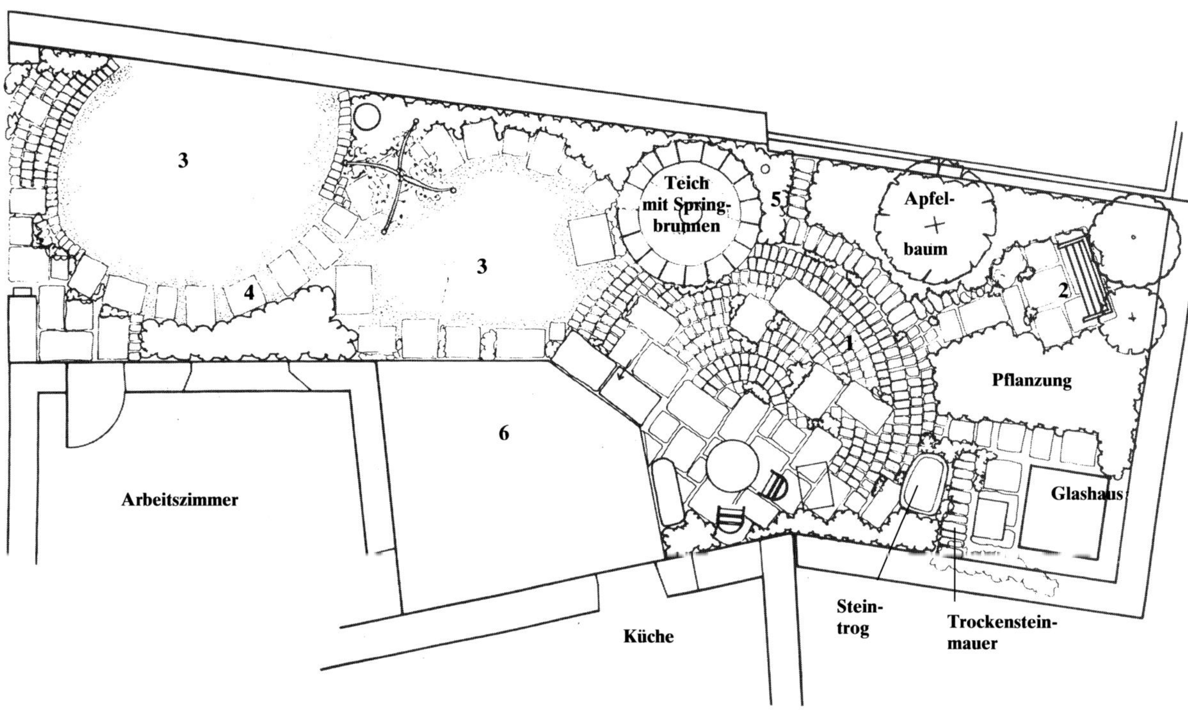

1 Die halbrunde Form der Terrasse und das Verlegemuster des Kopfsteinpflasters lassen den mittleren Bereich größer wirken und lenken den Blick in die rechte Ecke des Gartens.

2 Die geschickt plazierte Bank in der Ecke läßt einen Blickfang entstehen und ermuntert das Auge, zur Seite zu wandern. Der Weg, der von der Bank zur Terrasse führt, verstärkt diese Tendenz. Die Bank liegt teilweise hinter Sträuchern wie Schneeball und Berberitze verborgen, wodurch die Grundstücksgrenze halb verdeckt ist.

3 Die beiden runden Rasenflächen bilden »Hohlräume« und tragen dazu bei, daß der Garten an seiner schmalsten Stelle, an der zwischen Haus und Mauer nur drei Meter liegen, breiter wirkt.

4 Der Plattenweg führt von der Terrasse zu der Laube und um die andere Rasenfläche herum, wodurch die geringe Länge optimal genutzt wird. Die Platten und das Kopfsteinpflaster aus Granit, die um die Laube und an einer Seite des hinteren Rasens verwendet wurden, wiederholen die Materialien der Terrasse.

5 Eine hochwachsende Rose (*Rosa* ›New Dawn‹) an einer Säule verhindert die Einsicht von Nachbarhäusern aus.

6 Der Wintergarten, der gleichzeitig mit dem Garten geplant wurde, hat schräge Wände. Durch diesen Trick wird der Blick auf den Teich mit dem Springbrunnen gelenkt.

Die in der Ecke des kurzen, breiten Gartens schräg aufgestellte Bank erhält Abendsonne. Blickt man von hier auf den Garten, läßt seine Gestaltung ihn breiter erscheinen, als er ist. Vom Haus aus gesehen, bildet die Bank einen Blickfang.

VON LINKS, IM UHRZEIGERSINN *Sisyrinchium striatum, Dicentra eximia, Paeonia lactiflora* ›Sarah Bernhardt‹, *Viburnum × bodnantense* ›Dawn‹ mit *Clematis* ›Bees' Jubilee‹, *Berberis thunbergii* ›Rose Glow‹, *Lavatera* ›Barnsley‹, *Lavandula stoechas, Penstemon rostriflorus* ›Ruby‹, *Hebe* ›Great Orme‹, *S. striatum.*

Der ebenerdig gelegene Teich mit einer Statue in der Mitte lenkt den Blick nach unten, fort von der nahen Mauer, die nur drei Meter von Haus und Wintergarten entfernt ist. Die zwanglose Bepflanzung bietet sich für einen Garten an, in dem regionaler Naturstein verwendet wurde.

VON VORNE, IM UHRZEIGERSINN *Thymus × citriodorus* ›Bertram Anderson‹, *Polystichum setiferum, Foeniculum vulgare* ›Bronze‹, *Geum rivale, Hosta undulata* var. *undulata, P. setiferum, Bergenia* ›Abendglut‹, *Hedera cristata, Rosa* ›New Dawn‹, *Acer palmatum* ›Dissectum Atropurpureum‹, *B.* ›Abendglut‹, *T. × citriodorus* ›Silver Posie‹; im Teich: *Iris pseudacorus* ›Variegata‹.

Die Gestaltung kleiner Gärten

Die Palette der Materialien für die Anlage und Verschönerung von kleinen Gärten als auch das Spektrum an möglichen Stilen ist ebenso breit und vielfältig wie für große Gärten. Damit eine Gestaltung gelingt, muß ein ausgewogenes Gesamtbild geschaffen werden, das in Harmonie mit dem Haus und der Umgebung steht. Solange diese Voraussetzung erfüllt wird, ist sowohl eine formale als auch eine freie Gestaltung und Bepflanzung möglich. Auf sehr kleinem Raum können sogar die Oberflächenbeläge und Grundstücksgrenzen zu einem wichtigen Teil des Gartens werden, vorausgesetzt, sie sind besonders auffallend gestaltet.

Die für diesen kleinen Stadtgarten gewählten Materialien tragen zu seinem harmonischen Gesamteindruck bei und werden zugleich den praktischen Anforderungen gerecht. Die Spaliere auf den Mauern sorgen für zusätzlichen Schutz, und die Laube spendet einem kleinen Sitzbereich Schatten. Das Pflaster ermöglicht es, zu allen Jahreszeiten trockenen Fußes durch den Garten zu gehen. Vorwiegend immergrüne Sträucher, darunter Orangenblume *(Choisya ternata)* ›Sundance‹, Stechpalme *(Ilex)*, Feige *(Ficus)* und Buchsbaum *(Buxus)*, bilden zusammen mit Kletterpflanzen einen hübschen Hintergrund für die Sommerblumen.

Eine Frage des Stils

Pflanzen für einen sonnigen Hinterhof

Acanthus
Choisya ternata
Cistus
Drimys winteri
Eucalyptus
Jasminum polyanthum
Lavandula
Olearia stellulata
Pittosporum tobira
Rosmarinus officinalis
Santolina chamaecyparissus
Solanum jasminoides ›Album‹
Yucca
Zantedeschia aethiopica

Sträucher für einen formalen Garten

Buxus sempervirens
Choisya ternata ›Sundance‹
Hebe albicans ›Red Edge‹
H. ochracea ›James Stirling‹
H. odora
Lonicera nitida
Pyracantha
Rhododendron (Azaleen)
Rh. yakushimanum (mit seinen Hybriden)
Skimmia japonica ›Rubella‹
Viburnum davidii
V. plicatum ›Mariesii‹

Der Stil eines Gartens wird in starkem Maße durch die verwendeten Materialien und die Auswahl der Pflanzen geprägt. Es ist wichtig, daß die Gestaltung sowohl der besonderen Gartensituation und den praktischen Erfordernissen des Grundstücks als auch Ihren Bedürfnissen und Ihrer Lebensweise gerecht wird. Bei der Auswahl der Materialien sollten Sie nicht nur regionale Bauweisen berücksichtigen, auch die Pflanzen sollten für die regionalen Wachstumsbedingungen und den Bodentyp geeignet sein.

Muß eine Entscheidung gemeinsam getroffen werden, ist es wichtig, sich zuvor auf einen Stil zu einigen. Oft bevorzugt der eine eine formale und der andere eine freie Gestaltung. In solchen Fällen ist ein strukturierter formaler Entwurf, der durch die Bepflanzung aufgelockert wird, eine Lösungsmöglichkeit. Eine lockere Pflanzung aus Stauden und einigen Sträuchern mit einer Einfassung aus einer niedrigen geschnittenen Hecke sorgt nicht nur für schöne Strukturen im Winter und prächtige Farben im Sommer, sondern stellt auch einen reizvollen Kompromiß zwischen strenger Formalität und freier Gestaltung dar. Und sie bietet eine akzeptable Lösung für die meisten Häuser, ob alt oder neu.

Viele Gärten haben keinen bestimmten Stil, nach dem man sich richten oder der als Ausgangsbasis dienen kann, und daher gibt es bei der Gestaltung keine Beschränkungen. Bei Neubauten kann das gesamte Grundstück völlig charakterlos sein und nicht einmal einen Baum aufweisen. Hier ist es möglich, in Einklang mit dem Haus und der Inneneinrichtung einen persönlichen Stil zu entwickeln. Beispielsweise kann man die Materialien für die Grundstückseinfriedung und das Pflaster auf ein im Haus verwendetes Material abstimmen oder mit dem Farbthema eines Pflanzbereichs nahe beim Haus das des Wohnzimmers fortführen.

Um einen Anfang zu finden, ist es sinnvoll, sich mit verschiedenen Gestaltungsstilen zu befassen, indem man private, öffentliche oder historische Gärten besucht. Es ist nicht notwendig, sich an einen bestimmten Stil zu halten, aber ähnlich wie bei der Einrichtung eines Zimmers muß der Stil dem Garten eine Einheitlichkeit verleihen, um ein gefälliges Bild entstehen zu lassen, das sich in seine Umgebung harmonisch einfügt. Es gibt sehr unterschiedliche Stileinflüsse aus der Vergangenheit. Sie reichen von symmetrischen Anlagen, die für große architektonische Gärten typisch waren, bis zur wogenden Zwanglosigkeit ländlicher Hausgärten. Das Wesentliche dieser charakteristischen Stile kann herausgearbeitet und bei der Gestaltung moderner kleiner Gärten umgesetzt werden. Die Gartengestaltung fremder Länder hat neue Stile und Ideen in unser Repertoire einfließen lassen. So eignen sich viele Elemente japanischer Gärten gut für kleine Flächen und brauchen zudem gewöhnlich wenig Pflege. Bei diesem Stil würde eine Kiesfläche den Rasen ersetzen, die Bepflanzung recht spärlich sein und die Einbeziehung von Wasser Bewegung und Leben in die ruhige, statische Umgebung bringen. Viele der Pflanzen, die sich am besten für eine japanische Gartengestaltung eignen, haben markante oder architektonische Formen. Einige, wie die Hartriegel-Art *Cornus controversa* oder Sorten und Hybriden des Fächerahorns *(Acer palmatum)*, bilden reizvolle Astgerüste aus. Passende immergrüne Pflanzen sorgen ganzjährig für Hintergrund und Struktur: Formen von Bambus, Kamelie *(Camellia)*, Duftblüte *(Osmanthus)*, Lorbeerrose *(Kalmia)*, Glanzmispel *(Photinia)* wie auch Lorbeerbaum *(Laurus)* und kleine oder in Form geschnittene Nadelgehölze – sie sind alle für kleine Flächen geeignet. Im Frühjahr oder Frühsommer bilden blühende sommergrüne Sträucher und Bäume ein Gegengewicht zu den immergrünen Pflanzen und sorgen in verschiedenen Jahreszeiten für Reiz, wie etwa *Prunus*, Zierquitte *(Choenomeles)*, Prachtglocke *(Enkianthus)*, Flieder *(Syringa)*, Hortensie *(Hydrangea)*, Schneeball *(Viburnum)*, Forsythie *(Forsythia)* und Spierstrauch *(Spiraea)*.

OBEN LINKS In diesem im japanischen Stil angelegten Garten umschließen passende Pflanzen – Bambus, Efeu, Farne und Wein – den Raum. Steine unterschiedlicher Größe lassen auf dem Boden ein interessantes Muster entstehen.

OBEN Dieser Garten, der im persischen Stil gestaltet wurde, besitzt einen klaren formalen Charakter. Gestutzte Buchsbaumhecken rahmen die Beete ein, und im Vordergrund betont *Minuartia verna* die geschwungene Ziegelkante. In den hinteren Beeten wachsen miteinander harmonierende Pflanzen wie *Lonicera nitida* ›Baggesen's Gold‹ und *Euonymus fortunei* ›Emerald 'n Gold‹.

Ein kleiner, von Mauern umgebener, sonniger Hinterhof bietet genügend Möglichkeiten, einen Garten mit maurischem Charakter zu gestalten. Die von den Mauern abgestrahlte Wärme schafft ein geschütztes Mikroklima, das vor allem im Winter größeren Schutz bietet und die Verwendung von Pflanzen erlaubt, die gewöhnlich in mediterranem Klima wachsen. Um den Stil eines persischen oder maurischen Gartens nachzuempfinden, kann man als Gegengewicht zu üppigen Pflanzungen einen Wasserlauf durch eine gepflasterte Fläche führen: Eine Kombination von warmen Terrakottafliesen und Kieseln sorgt für eine exotische Note. Der sonnendurchflutete Garten strahlt Wärme aus, die durch die Verwendung kräftiger Blütenfarben und immergrünen Laubs (siehe Liste Seite 38) noch betont wird.

Der formale Garten

Eine rein formale Gestaltung ist symmetrisch oder spiegelbildlich. Gerade Linien, Balustraden, Statuen, kunstvolle Teiche, lange Aussichten oder Durchblicke und geschnittene Hecken – all dies ist typisch für einen formalen Garten. Das Gesamtbild ist klar und ordentlich, die Konturen sind regelmäßig, und die Pflanzen wachsen in genau umrissenen Bereichen.

Das Wort Aussicht beschwört Bilder weiter, hügeliger Landschaften herauf, doch auch eine bescheidene Aussicht kann eine kleine Fläche geräumiger erscheinen lassen. In einem winzigen, mauerumgebenen Hinterhof kann sich an der Wand am Ende des Gartens ein *trompe-l'œil* befinden, das eine weite Landschaft zeigt und von einem formalen, efeubewachsenen Spalier eingerahmt wird. Undramatischer wirken reflektierte Aussichten, die durch angebrachte Spiegel entstehen, in denen sich kleine Szenen spiegeln. Hier wird der Eindruck erweckt, als würden sich diese über die gesamte Länge des Gartens fortsetzen oder wiederholen. So können sich etwa ein schmaler, rechteckiger Teich, der längs durch den Garten verläuft, und zwei symmetrisch aufgestellte klassische Statuen in einem Spiegel, der an der hinteren Wand angebracht ist, spiegeln.

Die Auswahl passender Materialien für Bodenflächen und die Einfriedung unterstreicht eine formale Gestaltung und verbindet gleichzeitig das Haus optisch mit dem Garten. Quadratische oder rechteckige Pflasterplatten aus vielfältigen Materialien sind geeignet, sofern sie in einem regelmäßigen Muster verlegt werden. Ziegel passen sehr gut in eine formale Umgebung, da die durch die Fugen entstehenden Muster präzise Formen bilden. Kies ist sowohl für formale als auch freigestaltete Gärten geeignet (siehe Seite 44). Ein trostlos wirkender Grenzzaun kann durch ein Spalier in formalem Stil, an dem man Sträucher wie etwa Feuerdorn *(Pyracantha)* fächerförmig erzieht, verschönert werden. Die klaren Linien von sauber verfugten Mauern aus behauenem Naturstein haben eine klassische Wirkung und passen in jeden kleinen formalen Garten.

Um den formalen Charakter zu vervollständigen, ist es wichtig, einige Pflanzen einzubeziehen, die eine strenge architektonische Form haben und leicht in Ordnung zu halten sind oder von Natur aus eine ordentliche Form haben (siehe Liste Seite 38). Sich wiederholende Pflanzungen geben jeder Gestaltung Zusammenhalt, doch in einem formalen Garten kommt einer symmetrischen Anordnung noch größere Bedeutung zu. Ein in der Mitte liegender Rasen oder eine Terrasse kann auf beiden Seiten von symmetrischen Rabatten eingerahmt werden. Sich wiederholende Pflanzengruppen in den Rabatten betonen Gleichgewicht und Kontinuität. Eine niedrige, gestutzte Hecke um ein Beet bewahrt die formale Genauigkeit, wenn die innenliegende Pflanzung zwangloser und lockerer ist. Niedrige Hecken sind auch als strukturierende Elemente für den Winter wertvoll. In Form geschnittene Gehölze sind typisch für eine formale Gestaltung mit Pflanzen.

Der freigestaltete Garten

Auch freigestaltete Gärten brauchen Struktur und Einheitlichkeit, doch sie sind nicht streng symmetrisch, sondern erhalten ihre Harmonie durch das sorgsame Nebeneinandersetzen der wichtigen Elemente. Freigestaltete Formen sind meist unregelmäßig und oft fließend, und es überwiegen zufällige Muster. Die Ränder einer Terrasse müssen nicht so exakt sein, und Kies oder Pflanzen können mit Pflasterplatten oder einem Ziegelweg verschmelzen.

Rechteckige oder quadratische Stadtgrundstücke können durch eine fließende Gestaltung, beispielsweise mit Schwüngen, aufgelockert werden. Schwünge sollten immer mutig und selbstbewußt wirken; eine geschwungene Linie muß irgendwo hinführen und entweder das Auge zu einem Blickfang lenken oder die Elemente innerhalb des Gartens miteinander verbinden. Für einen gewundenen Weg in einem kleinen Garten werden am besten kleinformatige Beläge, wie etwa Ziegel, Kies oder Granitsteinpflaster, verwendet, um teure Schneidearbeiten zu umgehen und unansehnliche Fugen, die den Fluß unterbrechen würden, zu vermeiden. Ziegel und Pflastersteine sind klein genug, um geschwungene Ränder entstehen zu lassen, selbst dort, wo für den Hauptpflasterbereich größere Platten benutzt worden sind.

Latten- und Palisadenzäune wirken ungezwungen und bilden eine niedrige, offene Begrenzung, die für kleine Vorgärten in ländlichen und städtischen Situationen gleichermaßen geeignet ist. Natursteinmauern passen gut in ländliche Gärten, wo sie mit den regionalen Baumaterialien und der Umgebung harmonieren. Eine willkürliche Bepflanzung der Ritzen einer Trockensteinmauer wie auch Pflanzen, die sich dort selbst ausgesät haben, verleihen der zwanglosen Gestaltung Charme und Vielfalt.

In einem Stadtgarten, und mag er auch noch so klein sein, läßt sich ein zwangloser Charakter durch die üppige Begrünung der Grundstücksgrenze erreichen, wo man hohe Sträucher wie *Photinia × fraseri* ›Birmingham‹, *Amelanchier canadensis* und *Ilex-aquifolium*-Cultivare, aber auch Bodendecker, etwa *Ajuga reptans, Cotoneaster microphyllus* und *Viola tricolor,* pflanzt. Die Verwendung großblättriger Sträucher in unmittelbarer Nähe des Hauses und kleinblättrigerer Stauden und Sträucher im Hintergrund und zu beiden Seiten eines schmalen, gewundenen Weges hat die Wirkung, daß der Garten keine klar erkennbare Tiefe mehr hat. Üppige Pflanzen geben jedem Stadtgarten einen zwanglosen Charakter. So läßt etwa ein mit Wein bewachsener Bogen, der in einen Innenhof führt, den Zugang freundlicher erscheinen und ein angenehmes Gefühl von Intimität entstehen.

PFLANZEN FÜR MODERNE GÄRTEN

Cordyline australis
Festuca cinerea ›Blauglut‹
Hedera helix ssp. *helix*
Ilex aquifolium ›Pyramidalis‹
Juniperus chinensis ›Gold Coast‹
Mahonia × media ›Charity‹
Miscanthus sinensis ›Zebrinus‹
Phormium ›Dazzler‹
Pinus mugo ›Mops‹
Rheum ›Ace of Hearts‹
Sasa veitchii
Sinarundinaria nitida
Thamnocalamus spathaceus
Vinca minor
Yucca

PFLANZEN FÜR FREIGESTALTETE GÄRTEN

Berberis thunbergii ›Rose Glow‹
Dianthus ›Doris‹
D. ›Mrs. Sinkins‹
Digitalis
Eranthis hyemalis
Geranium ›Johnson's Blue‹
Hosta
Lavandula
Narcissus (kleinwüchsige Arten und Sorten)
Perovskia ›Blue Spire‹
Philadelphus ›Manteau d'Hermine‹
Spiraea japonica ›Gold Flame‹

LINKS In Sand verlegte Ziegel eignen sich gut für freigestaltete Gärten. In den Pflasterfugen wachsender Thymian und *Saponaria ocymoides,* Katzenminze *(Nepeta),* Immergrün *(Vinca minor)* und *Sedum spectabile,* die sich über die Mauern legen, unterstreichen den zwanglosen Eindruck.

RECHTS Durch die Verwendung künstlicher Materialien ist dieses Dach in einen modernen Raum im Freien verwandelt worden. Das Metallspalier nimmt dem Wind die Kraft und schützt den Kriechwacholder *(Juniperus horizontalis)* und andere Pflanzen. Die in Kübeln wachsenden Gräser gedeihen auch an exponierten Standorten und in verschmutzter Luft.

Der moderne Garten

Eine kleine abgeschlossene Fläche ohne einen speziellen Stil, der berücksichtigt werden müßte, erlaubt eine moderne Gartengestaltung. Hier kann man mit künstlichen und modernen Materialien experimentieren. Pflanzen werden in abstrakterer, weniger naturalistischer Weise verwendet. Sie werden aufgrund ihrer markanten Formen ausgewählt und in auffälligen Gruppen gepflanzt, um hervorzustechen, statt eine homogene Gemeinschaft zu bilden.

Metall, Beton, Schiefer, Marmor, Mosaik, Fliesen und Holz sind aufregende Materialien für die Gestaltung. Sie finden sich auch in der modernen Architektur wieder und harmonieren zudem gut mit heutigen Inneneinrichtungen. So kann als Bodenbelag für eine Terrasse beispielsweise ein verzinkter Metallrost verwendet werden, der in Spalierelementen aus Metall seine Entsprechung findet. Diese können Sie nach eigenem Entwurf von einem Schmied oder Metallspezialisten anfertigen lassen und möglicherweise selbst montieren. Es ist jedoch notwendig, sich dabei von einem Fachmann beraten zu lassen, um sicherzugehen, daß das Metall für den Außenbereich geeignet und gut befestigt ist. Die Kosten sind sehr unterschiedlich, je nachdem, welches Metall verwendet wird und wie es behandelt wurde; Edelstahl ist beispielsweise relativ teuer.

Wasser kann durch Rinnen aus durchsichtigem Acrylglas in ein Edelstahlbecken fließen, in dem bunte Glasmurmeln die Kiesel ersetzen. Weitere Möglichkeiten der Einbeziehung von Wasser sind miteinander verbundene glasierte Keramikschalen oder ein Springbrunnen auf glänzenden Edelstahlrohren. Alle diese Ideen müssen von einem Handwerker, der sich auf Acrylglas oder Edelstahl als Werkstoff spezialisiert hat, ausgeführt werden. Möglicherweise kann Ihnen hier eine Gartengestaltungsfirma einen Tip geben.

Eine sparsame Bepflanzung aus einer begrenzten Zahl von Arten mit einer typischen Form oder einem besonderen Charakter (siehe Liste Seite 40) kann im Boden wachsen oder in Pflanzgefäßen, die einen integralen Bestandteil der Gestaltung bilden. Gräser, Neuseeländer Flachs *(Phormium),* Palmlilie *(Yucca)* und Pflanzen mit klaren architektonischen Formen bringen modernes Design vorteilhaft zur Geltung, und ihre skulpturalen Silhouetten haben in kleinen Gärten eine dramatische Wirkung. Eine andere kreative Vorgehensweise besteht darin, sich ein Thema zu suchen und dieses dann auf eine moderne Art zu interpretieren; ein schönes Beispiel ist das Thema Sonne und Mond. Dafür wird eine kreisförmige Rasenfläche – sie stellt die Sonne dar – mit hellen Ziegeln eingefaßt, während ein dunkleres Material das Pflaster für eine halbmondförmige Terrasse bildet. Die Farben gehen von Dunkel nach Hell: Im »Mondgarten« finden sich Pflanzen mit dunklen Grüntönen und gedeckten Blütenfarben, die sich mit grauem und silberfarbenem Laub vermischen. Der »Sonnengarten« zeigt hellere Grüntöne und leuchtende Blütenfarben (siehe Listen rechts).

Farbige gummierte Platten, wie sie oft für Spielplätze verwendet werden, sind eine großartige Alternative zu traditionellen Pflastermaterialien, und eine Einfassung etwa aus Ziegeln verbindet dieses moderne Material mit dem Haus. Es kann auf einem vorhandenen soliden Unterbau oder einer Terrasse verlegt werden und ist sehr gut für einen Garten geeignet, in dem kleine Kinder spielen.

Betonmauern wirken neutral und modern. Sie können weiß oder in einer beliebigen anderen Farbe gestrichen werden und stellen so einen reizvollen Hintergrund dar, der gut mit den interessanten Texturen und Oberflächen von Waschbetonplatten harmoniert. Sechseckige Pflasterelemente oder kleine Quadrate, die zwischen Achtecke gesetzt werden, können ein Muster entstehen lassen, das den Bodenbelag in einer angrenzenden Küche oder in einem Wintergarten fortführt.

Pflanzen für das Gestaltungsthema Sonne und Mond

Laub und Blüten für starken Schatten

Cimicifuga simplex ›Brunette‹
Garrya elliptica
Geranium phaeum
Liriope muscari
Mahonia aquifolium
Ophiopogon planiscapus ›Nigrescens‹
Osmanthus delavayi
Rosa glauca
Taxus baccata ›Fastigiata‹

Silberfarbenes Laub

Anthemis punctata ssp. *cupaniana*
Artemisia ›Powis Castle‹
Brachyglottis ›Sunshine‹
Eryngium × zabelii ›Violetta‹
Phormium tenax ›Variegatum‹
Pyrus salicifolia ›Pendula‹

Blätter und Blüten in Gelb- und Goldtönen

Acer shirasawanum ›Aureum‹
Achillea ›Moonshine‹
Choisya ternata ›Sundance‹
Clematis tangutica
Coreopsis verticillata ›Moonbeam‹
Narcissus (gelbblühende Arten)
Taxus baccata ›Aurea‹

Bodenbeläge

Kies, Gras und Betonplatten lassen in diesem kleinen Stadtgarten ein harmonisches Gesamtbild entstehen. Jeder »Raum« hat seinen eigenen Charakter und ist durch eine unterschiedliche Oberflächengestaltung leicht zu erkennen, aber es wurde auch für Kontinuität gesorgt. Die Ziegel des Hochbeets in der hinteren Ecke stellen eine Verbindung zu den Setzstufen im angrenzenden »Raum« her. Kübelpflanzen wie Petunien, Fuchsien und *Agapanthus* lassen die Stufen weicher wirken.

In kleinen Gärten werden Flächen meist stärker beansprucht als in größeren Gärten, und dem müssen die Belagmaterialien Rechnung tragen. Da beispielsweise in einem kleinen Garten weniger Rasenfläche vorhanden ist und sie daher größerer Belastung ausgesetzt wird, ist Gras möglicherweise nicht die beste Lösung. Befestigte Flächen sind gewöhnlich erheblich praktischer und können das ganze Jahr über genutzt werden, ohne Schaden zu nehmen. Als eines der Hauptelemente eines kleinen Gartens liegt die befestigte Fläche ständig im Blickfeld. Sie muß daher strapazierfähig, eben und leicht zu kehren sein, nach Regen rasch trocknen und außerdem das Haus und seine Umgebung ergänzen.

Wenn ein Garten sehr klein ist, aber dennoch regelmäßig genutzt wird, ist es eventuell am sinnvollsten, ihn ganz zu pflastern und nur einige Aussparungen für Pflanzen zu planen. Das Pflaster kann relativ dezent sein, denn andere Elemente können für Reiz oder Blickfänge sorgen. Durch die Kombination von Materialien können Strukturvariationen geschaffen werden, indem man beispielsweise zwischen Betonplatten Ziegel verlegt oder in Pflanzbereichen Kies als Mulch verwendet (siehe Seite 44). Es gibt eine breite Palette an Bodenbelägen für kleine Gärten, und durch die gemeinsame Verwendung von zwei verschiedenen Arten entstehen hübsche Effekte. So können etwa helle Natursteinplatten durch dazwischenliegende Ziegel hervorgehoben werden, wobei die Ziegel möglicherweise eine Verbindung zu einem baulichen Element im Garten, wie den Ziegelpfeilern einer Pergola, herstellen. Die meisten Belagmaterialien eignen sich auch für Vorgärten und sind stabil genug, um dem Gewicht eines Autos standzuhalten, sofern ein ausreichender Unterbau vorhanden ist; im allgemeinen sollte er mindestens acht Zentimeter tief sein, bei Benutzung mit Fahrzeugen doppelt so tief. Die Fundamentstärke ist ebenfalls vom Untergrund abhängig. Sie muß stets individuell berechnet werden.

Auf eingefriedeten Flächen, die häufig im Schatten liegen und aufgrund mangelnder Luftzirkulation schlecht abtrocknen, entwickeln sich auf Bodenbelägen häufig Algen. Wenn ein Garten schattig ist, verlegt man Pflaster mit einem Gefälle von einem bis eineinhalb Zentimeter pro Meter vom Haus weg, damit Wasser möglichst gut ablaufen kann, und meidet unebene oder strukturierte Platten, in denen sich Feuchtigkeit festsetzt. Eine gewisse »Patina« kann reizvoll aussehen, starker Algenbelag läßt die Fläche jedoch rutschig und gefährlich werden. Durch regelmäßige Reinigung mit einem handelsüblichen Mittel kann man dies verhindern.

Ziegel, Fliesen und Pflastersteine

Kleinformatige Pflaster sind sehr vielseitig und eignen sich gut für kleinere Gärten. Aus Gründen der Einheitlichkeit wählt man ein Material, das zum Haus oder zur Einfriedung paßt. Für einen Weg, eine Terrasse oder eine Treppe eignen sich kleinformatige Pflaster besonders gut. Sie lassen interessante Muster entstehen und machen die Anlage von Biegungen und Schwüngen leichter. Verlegt man normale Ziegel hochkant nebeneinander, kann ein Bogen mit einem Radius von etwa 1,4 Metern geschaffen werden, ohne daß Ziegel gespalten werden müssen. Hochkant verlegte halbe Ziegel ergeben einen Bogen mit einem Radius von etwa 70 Zentimetern. Ziegel können mit Fäustel und Spatenmeißel gespalten werden; für Kanten, die stabil sein müssen, sollte man jedoch immer ganze Ziegel (auf einem Betonunterbau) verwenden.

RECHTS Ziegel können flach, wie hier, aber auch hochkant verlegt werden, um unterschiedliche Muster entstehen zu lassen. Sie sind ein idealer Belag für geschwungene Wege. In einem Kräuterbeet zwischen Pflasterplatten wachsen Rosmarin, Lavendel, Thymian und Schnittlauch – sie alle gedeihen prächtig in dieser sonnigen Lage.

UNTEN RECHTS Terrakottafliesen können als Belag im Garten verwendet werden, sofern sie frostbeständig sind. Die Farben dieser Fliesen sind mit der Zeit weicher geworden, und sie harmonieren gut mit der zwanglosen Pflanzung.

Die hohen Temperaturen, die bei der Herstellung einiger Tonfliesen und frostbeständiger Ziegel erreicht werden, lassen die Unreinheiten im Ton verbrennen, wodurch Narben und Farbvariationen entstehen. Jeder Ziegel erhält dadurch einen eigenen Charakter, was Ziegelflächen im Garten eine gewisse Individualität verleiht. Die Muster, in denen die Ziegel verlegt werden, können dazu dienen, die Form des Gartens zu betonen oder von ihr abzulenken. Quer verlegte Ziegel verkürzen den Garten optisch, während längs verlegte Ziegel eine Fläche schmal und lang erscheinen lassen. Ein Blockparkett- oder Fischgrätverband wirkt statisch und eignet sich gut für einen Sitzbereich.

Terrakottafliesen können einem Garten eine mediterrane oder sogar mexikanische Note verleihen. Sie müssen aber frostbeständig und vom Hersteller für die Verwendung im Außenbereich empfohlen sein. Natursteinfliesen, etwa aus Schiefer, haben eine natürliche Schönheit und unterstreichen die Qualität eines anspruchsvollen Gartens. Sie sind in einer breiten Palette an Farbtönen erhältlich, die von Grün über Grau bis zu Braunrosa reicht. Quadratische oder rechteckige Fliesen eignen sich für kleine Gärten am besten, Sechs- oder Achtecke lassen die befestigte Fläche zu unruhig wirken. Die Preise sind unterschiedlich, wobei Natursteinfliesen am teuersten sind. Die preiswertesten kosten etwa soviel wie hochwertige Ziegel.

Ich empfehle, Ziegel und Fliesen in einem durchgehenden zweieinhalb Zentimeter dicken Bett aus nassem Mörtel zu verlegen und sie mit nassem Mörtel zu verfugen, damit eine ordentliche, pflegeleichte Oberfläche entsteht. Lücken in den Fugen, die vielleicht mit Kies, Sand oder Erde gefüllt sind, mildern jedoch die harte Wirkung einer gepflasterten Terrasse und erlauben es, Pflanzen in den Ritzen zu ziehen. Dies ist allerdings später mit mehr Pflege verbunden, da sich auch Unkraut und Moos rasch in den offenen Fugen ansiedeln. Pflastersteine können in einem Sandbett verlegt werden; in die Fugen kehrt man am besten eine feinkörnige Sand-Zement-Mischung ein.

Heute sieht man in Vorgärten oft Pflastersteine aus Ton, die passend zu Ziegeln hergestellt werden. Sie sehen ähnlich aus wie Ziegel – manche jedoch härter und regelmäßiger –, können aber nur als Bodenbelag verwendet werden und nicht für Mauern. Sie sind strapazierfähig und frostbeständig und haben etwa den gleichen Preis wie Ziegel.

Viola tricolor
(Wildes Stiefmütterchen)

Das anmutige Wilde Stiefmütterchen, auch Acker- oder Feldstiefmütterchen, ist eine wunderhübsche kleine Wildblume, die in allen Ecken und Ritzen wächst, wo sie sich selbst aussamt. Der Name Stiefmütterchen entstand durch die unterschiedlich geformten und gefärbten Blätter. Das untere Blütenblatt ist die »Stiefmutter«, die beiden danebenliegenden, meist ähnlich gefärbten Blütenblätter sind die »Töchter«, und die beiden oberen, die meist eine andere Farbe haben, stellen die »Stieftöchter« dar.

Naturstein

Mit all seinen Farbvarianten und der Eigenschaft, mit zunehmendem Alter an Reiz zu gewinnen, besitzt Stein zweifellos eine natürliche Schönheit und bietet sich von selbst für die Verwendung im Außenbereich an. Seine Schlichtheit gewährleistet, daß er nie unruhig oder unproportioniert wirkt. Große Stücke aus Naturstein sind immer ein passendes Belagmaterial, so klein ein Garten auch sein mag. Verzichten Sie nicht auf Naturstein, wenn er Ihnen wirklich gefällt – gewiß gehört er zu den teuersten Materialien, doch in einem kleinen Garten braucht man keine großen Mengen, und die Summe, die Sie vielleicht sparen, wenn Sie ein preiswerteres Material kaufen, ist im Vergleich zu den Gesamtkosten gering. Die Kosten für das Verlegen sind bei Naturstein unterschiedlicher Dicke etwas höher.

Wenn Ihr Haus und seine Umgebung einen typischen regionalen Charakter haben, sollten Sie zunächst Produkte aus regionalem Gestein prüfen. Harmonie ist auf kleinem Raum wichtig, und Gebäude aus Naturmaterialien finden durch Pflaster, Mauern und andere Elemente aus Naturstein eine schöne Ergänzung. Ob direkt aus dem Steinbruch oder gebraucht, ob polygonal oder rechteckig, stets können Steinplatten mit ihren charakteristischen großzügigen Formen einem kleinen Hof oder einer Terrasse den Eindruck von Geräumigkeit verleihen, und wenn Sie die Maße eines Gestaltungselements der Fenster (zum Beispiel eines Sprossenfensters) oder der Türfüllung wiederholen, ist auch Kontinuität gewährleistet. Gesägter Naturstein ist ein schönes, ebenmäßiges, wenn auch teures Material, das in formale und freigestaltete Gärten gleichermaßen paßt. Seine Vielseitigkeit ermöglicht Kontinuität in der Gestaltung, da er sich nicht nur für Pflaster eignet, sondern auch für Mauern, Stufen und sogar Bänke oder Arbeitsplatten für Grillplätze. Sein größter Nachteil ist, daß er bei Nässe rutschig wird, wenn sich auf seiner Oberfläche Algen entwickelt haben. Dies kann jedoch durch regelmäßige Reinigung verhindert werden.

Es ist möglich, Stein zu schneiden, um ihm eine bestimmte Form zu geben oder ihn in eine sehr kleine Fläche einzupassen, aber das ist teuer, und zudem kann dadurch die ursprüngliche Wirkung zunichte gemacht werden. Bei einer kleineren Fläche bietet es sich von selbst an, gebrochene Stücke in einem Polygonalverband zu verlegen. Allzu oft wird dies schlecht gemacht, und dann sieht das Pflaster unförmig und häßlich aus, aber das muß nicht sein: Beim Verlegen sind große Zwischenräume und Fugen zu vermeiden, weil andernfalls die Versuchung besteht, sie mit großen Mengen Mörtel zu füllen. Eine ebene Fuge von höchstens einem bis eineinhalb Zentimeter Breite ist absolut unauffällig.

Schiefer und Marmor sind teuer, sehen jedoch glatt und ebenmäßig aus und sind daher gut geeignet, um in kleinen formalen oder modernen Gärten durch eine Verwendung im Innen- und Außenbereich für Kontinuität zu sorgen. Schiefer, insbesondere grüner Schiefer, bildet einen neutralen Hintergrund für Pflanzen und sieht vor allem naß sehr reizvoll aus. Die dünnen, leichten Schieferstücke eignen sich hervorragend für Dachgärten. Obwohl leicht, sind sie sehr strapazierfähig, wenn man sie sorgfältig auf einem soliden Unterbau verlegt. Dieser muß Ihrem Dachgarten entsprechend von einem Architekten oder Statiker berechnet werden. Marmor verleiht einem Außenraum eine eher mediterrane Atmosphäre und bringt, in Maßen verwendet, einen sonnigen Bereich schön zur Geltung. Regelmäßige Reinigung ist notwendig, damit er nicht rutschig wird.

Kies

Kies wirkt, je nach Verwendung, sowohl in formalen als auch in freigestalteten Gärten passend. Eine schöne Ziegeleinfassung um eine Kiesfläche verstärkt die Strenge eines formalen Gartens, ein gewundener Kiesweg paßt dagegen aufgrund seiner unstrukturierten, unregelmäßigen Form besser zu einer freien Gestaltung. Kies (rund) und Splitt (kantig) sind preiswerter als ein fester Belag, doch in allen Fällen ist der gleiche Unterbau (siehe Seite 42) notwendig. Kies wird lose in einer nicht mehr als zwei-

RECHTS Kies stellt eine Verbindung zwischen befestigten Flächen her und ist pflegeleicht. Zudem können in ihm Pflanzen wachsen, für die man ein Loch in den Kies und die darunterliegende Erde gräbt. Nachdem auf die übliche Weise gepflanzt wurde, füllt man Erde auf und bedeckt sie mit einer dünnen Schicht Kies.

UNTEN LINKS Naturstein bildet einen perfekten Untergrund für Pflanzgefäße. Die rechteckigen Platten haben unterschiedliche Größen und werden mit ein bis eineinhalb Zentimeter breiten Fugen verlegt. Fortlaufende Linien sollte man dabei möglichst vermeiden. Man kann zum Verfugen nassen Mörtel verwenden, damit keine Unkräuter wachsen, oder aber eine Mischung aus Sand und Erde in die Fugen kehren, um die Ansiedlung von Pflanzen zu fördern.

einhalb Zentimeter dicken Schicht verteilt, unter der sich eine »Bindeschicht« aus Feinsand befindet, die das grobe Material mit dem Unterbau verbindet.

Kies ist in einer großen Vielfalt von Farben, Formen und Größen erhältlich. Die Färbung ist bei Trockenheit und Nässe unterschiedlich – bei feuchtem Kies sind die Farben gewöhnlich kräftiger. Mit seinen interessanten Texturen und Farben kann er beispielsweise einen Gartenbereich, der nicht regelmäßig benutzt wird, aufheitern. Ein Problem in einem kleinen Garten ist jedoch, daß Kies nicht an einem Platz bleibt. Kinder werfen ihn gern umher, und feinerer Kies gerät leicht in Schuhe. Auf einer kleinen Parkfläche wird Kies von den Autorädern herumgewirbelt, und hier hält ein fester Belag der Beanspruchung weit besser stand. Auf abfallendem Gelände sollte man auf Kies verzichten. Um eine Kiesfläche sauberzuhalten, muß man durch regelmäßiges Harken Abfälle entfernen. Gelegentlich wird es auch notwendig sein, etwas frischen Kies zu verteilen.

Um für Strukturvariationen zu sorgen, kann man runde oder flachere Flußkiesel von zwei bis zehn Zentimeter Größe einbeziehen. Sie müssen in ein Mörtelbett gesetzt werden (siehe unten), um eine strapazierfähige Oberfläche zu bilden. Da diese sehr uneben und unbequem zu begehen ist, empfiehlt sie sich für Stellen, an denen man die häufige Benutzung durch Personen verhindern will. Als Detail in einem Hof oder gepflasterten Bereich sorgen Flußkiesel für Reiz und Struktur, doch zum Aufstellen von Tischen und Stühlen eignen sie sich nicht. Als loser Belag passen sie gut zu Wasser, und einzelne Steine bilden ungewöhnliche Elemente in Pflanzungen.

Steinplatten verlegen

Beim Verlegen von Steinplatten unterschiedlicher Größe nimmt man stets einen höheren Anteil an größeren Platten. Die Platten setzt man in ein durchgehendes Mörtelbett, unter dem sich ein Unterbau befindet (siehe Seite 42). Der Mörtel wird abschnittweise aufgebracht. Man beginnt in der hinteren Ecke der Fläche, um nicht über das fertig verlegte Pflaster laufen zu müssen, und achtet darauf, ein ausgewogenes Verhältnis zwischen großen und kleinen Elementen zu erreichen. Man plaziert größere Platten um kleinere, zentrale Elemente und versucht, Fugen zu vermeiden, die fortlaufende Linien bilden.

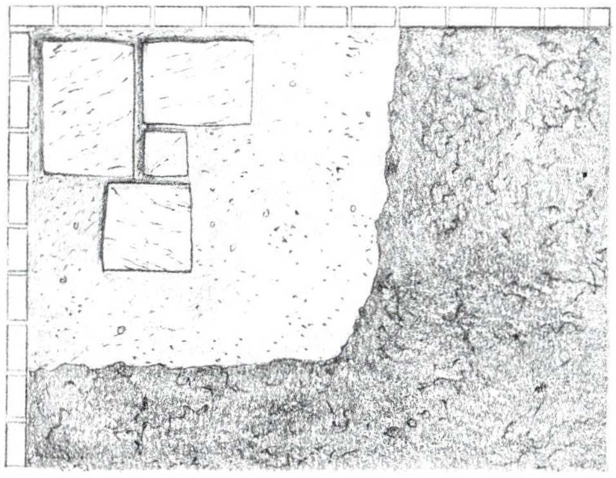

Mit einer großen Steinplatte in der hinteren Ecke beginnen und von dort aus weiterarbeiten.

Es sollte ein harmonisches Gleichgewicht zwischen kleinen und großen Elementen entstehen.

Beton- und Betonwerksteinplatten

Industriell hergestellte Produkte sind im allgemeinen preiswerter als natürliche Produkte und leichter erhältlich, doch in einem kleinen Garten sollten sie mit Vorsicht eingesetzt werden. Vor allem ältere Gebäude haben eine starke Affinität zu natürlichen Materialien, und hier müssen Industrieprodukte mit viel Fingerspitzengefühl verwendet werden. Einige Reproduktionen natürlicher Materialien haben keinerlei Ähnlichkeit mit dem Original und beleidigen bei ungeschickter Einbeziehung das Auge. Manche Betonplatten haben keine Struktur und sehen schnell langweilig aus, wenngleich einige der hochwertigeren Produkte (siehe unten) ein neutrales und zudem preisgünstiges Belagmaterial darstellen. Viele Betonprodukte sind farbig, und auch wenn es vielleicht eine gute Idee zu sein scheint, sie farblich auf die Einrichtung eines angrenzenden Raums im Haus abzustimmen, verblassen diese künstlichen Farben mit der Zeit und erfüllen dann nicht mehr ihren ursprünglich vorgesehenen Zweck.

Platten aus Betonwerkstein sind im allgemeinen reinen Betonplatten überlegen, da sie aus einer Mischung aus Beton und Naturstein bestehen. Der Zuschlag (Splitt oder Kies unterschiedlicher Farbe) macht es aber schwierig, sie zu schneiden und sauber zu verlegen. Der Auftritt einer geschwungenen Stufe erhält beispielsweise eine viel saubere Kante, wenn man für sie gesägten Naturstein verwendet. In einem Polygonalverband verlegte gebrochene Betonplatten mögen auf den ersten Blick ein preiswerter Belag sein. Das richtige Verlegen ist jedoch so zeitaufwendig, daß er letztlich ebenso viel kostet wie neue Pflasterplatten. Kleinformatige Betonpflastersteine sind möglicherweise eine bessere, genauso preiswerte Lösung. Sie harmonieren gut mit größeren Formaten und wirken ziemlich natürlich, beinahe wie Granitpflastersteine, da sie im Trommelverfahren hergestellt wurden, um die Kanten zu glätten und ihnen das neue Aussehen zu nehmen.

Holz und Rinde

Für Holz gibt es im Garten vielfältige Verwendungsmöglichkeiten. Ein Holzdeck wie auf dem Foto oben fügt sich gut in eine kleine Fläche ein, bildet ein interessantes Element und nutzt den Raum effektiv. Ein Deck erlaubt es, die Terrasse erhöht zu bauen, um die Vorteile der Sonne besser zu genießen, was bei einer kleinen Fläche, die von anderen Häusern umgeben wird, wichtig ist. Wenn der Zugang zum Garten und der Abtransport von Schutt schwierig sind, kann die Überbauung einer existierenden Terrasse einfacher sein als ein Neubeginn. Durch ihr relativ geringes Gewicht sind Decks besonders gut für Dachgärten geeignet, und da die Bohlen auf Traghölzern ruhen, die wiederum auf abschnittsweise angebrachten Gummistreifen sitzen, kann Wasser ungehindert abfließen, und das Holz fault nicht. Zudem können für Wartungsarbeiten einzelne Bohlen relativ leicht entfernt werden. Bausätze sind einfach zu montieren, und mit Holzschutzmittel behandeltes Weichholz hat eine große Haltbarkeit und ist preiswerter als Hartholz. Damit Pflanzen keinen Schaden nehmen, sollte man ein ungiftiges Mittel verwenden. Alle Anschnitte müssen während der Montage behandelt werden. Benutzen Sie verzinkte Nägel oder Edelstahlnägel, damit sich das Holz nicht verfärbt. Holzflächen können bei nassem Wetter sehr rutschig sein, daher ist regelmäßiges Säubern erforderlich.

Baumscheiben sind für Wege durch dichtbepflanzte Bereiche nützlich, wo Baumwurzeln Pflaster möglicherweise hochdrücken und sprengen würden oder kein Platz für einen Unterbau ist. Um sie herum verteilte Rinde vergrößert den »befestigten« Bereich und führt die rustikale Note fort. Ein Weg aus Rinde fügt sich gut in Pflanzungen ein, wo keine klaren Ränder notwendig sind, und bildet einen idealen, unauffälligen Zugang zu einem Lager- oder Kompostbereich.

Holzdecks werden auf Rahmenhölzern montiert, die ihrerseits auf einem Unterbau aus Splitt sitzen, der eine gerade, stabile Fläche bildet und eine gute Drainage sicherstellt. Dieses Deck betont die Länge des kleinen Raums. Schmale Fugen zwischen den Bohlen erlauben eine Ausdehnung des Holzes. Eine jährliche Reinigung mit einem handelsüblichen Algenvernichter reduziert die Entwicklung von Algen, die die Oberfläche rutschig machen, auf ein Minimum.

Rasen

RECHTS Hier haben Bubiköpfchen *(Soleirolia soleirolii)* eine dekorative Grünfläche entstehen lassen. Die Pflanzen brauchen feuchte Erde, um zu gedeihen.

Alternativen zum Rasen

Für Grünflächen, die nicht zu stark beansprucht werden, gibt es mehrere Alternativen zu Gras. Römische Kamille *(Chamaemelum nobile)* ist weniger strapazierfähig als normaler Rasen und nicht für spielende Kinder geeignet, bildet aber einen hübschen sattgrünen Teppich, der nicht so regelmäßig gepflegt werden muß wie Gras. Sie gedeiht an sonnigen, gut drainierten Plätzen und benötigt etwa ein Jahr, um anzuwachsen; während dieser Zeit muß Unkraut entfernt werden. Man kauft kleine Pflanzen, die man mit etwa zehn Zentimeter Abstand pflanzt. *Chamaemelum nobile* ›Treneague‹ ist die beste Sorte für Rasen. Auf die gleiche Weise pflanzt man Feldthymian *(Thymus serpyllum* mit allen seinen Sorten). Auch er braucht einen sonnigen Platz und gut drainierten Boden.

Ein Rasen ist ein typischer Bestandteil des Ziergartens und wird deshalb in viele konventionelle Gestaltungen einbezogen, so klein das Grundstück auch sein mag. Eine Grasfläche fügt einem Garten einen zusätzlichen Aspekt hinzu, da sie beruhigend wirkt. In einem kleinen Garten hat ein Rasen aber unweigerlich auch Nachteile, denn er ist beispielsweise starker Beanspruchung ausgesetzt und leidet unter dem Schatten, den umliegende Bäume, Einfriedungen und Gebäude werfen. Damit er schön bleibt, braucht er eine gute Pflege. Viele Menschen nehmen dies jedoch in Kauf, um die Freuden einer Grasfläche genießen zu können.

Da der Rasen in kleinen Gärten zweifellos klein sein muß, braucht er eine einfache Form ohne komplizierte Ecken, die mit einem Rasenmäher nicht zu erreichen sind. Kanten müssen während der Wachstumsperiode wöchentlich geschnitten werden, damit der Garten ordentlich bleibt. Um sich diese Arbeit möglichst einfach zu gestalten, faßt man den Rasen mit Ziegeln oder Pflastersteinen ein. Sie sollen eben mit dem Gras abschließen, so daß man mit dem Rasenmäher darübergehen und so die Kanten schneiden kann. Die Einfassung muß auf einem Betonunterbau verlegt sein, damit die Wurzeln sie nicht langsam verschieben. Die Form des Rasens kann ein integraler Bestandteil der Gartengestaltung sein. In einem rechteckigen Garten läßt sich beispielsweise eine geschwungene Mähkante aus Ziegeln einbeziehen. Sie trennt den Rasen von den Rabatten ab, aber verstärkt gleichzeitig den Eindruck von Geräumigkeit (siehe Seite 33). Wenn eine Mähkante breit genug ist, kann sie auch als Weg dienen.

In einem kleinen Garten wird die Rasenfläche nicht nur stark genutzt, sondern auch Hitze oder Schatten machen der Grasnarbe zu schaffen. Wenn Teile des Rasens die meiste Zeit des Tages im Schatten liegen, sind sie oft permanent feucht, was die Entwicklung von Moos fördert. Ein Rasen, auf den tagein, tagaus die Sonne brennt, trocknet aus und wird braun. Durch die Verwendung der richtigen Saatmischung bekommt ein Rasen gute Startbedingungen, aber nur langfristige Pflege hält Moos in Schach und läßt eine schöne Grasnarbe entstehen (siehe Seite 92 f.).

Auswahl der richtigen Gräser

Bei der Auswahl von Saatmischung oder Grasnarbe müssen die Himmelsrichtung, die vorhandene Menge an Sonne und Schatten und die vorgesehene Nutzung des Rasens berücksichtigt werden. Wenn Sie einen

Fertigrasen verlegen, sollten Sie sich vor dem Kauf Musterstücke ansehen und den Anteil von groben und feinen Gräsern taxieren. Die Hauptsorten, die sich in Saatmischungen finden, lassen sich grob in hochwertige Grasarten für Zierrasen und Arten für Gebrauchsrasen einteilen. Hochwertige Grasarten sind fein und ergeben, sofern der Boden gut vorbereitet wurde und die richtige Pflege erfolgt, einen erstklassigen Rasen. Diese Gräser sind gewöhnlich schwachwüchsiger, halten starker Beanspruchung nicht stand und müssen regelmäßig gepflegt werden. Sie vertragen es aber, wenn man sie kurz abmäht. Zu den Grasarten für Gebrauchsrasen gehören Deutsches Weidelgras *(Lolium perenne)*, Lieschgras *(Phleum)* und Rispengras *(Poa)*. Dies sind härtere, gröbere Grasarten, die in Verbindung mit feineren Gräsern benutzt werden, um eine dicke, dichte Grasnarbe zu schaffen. Weidelgras ist strapazierfähig, wächst rasch, verträgt schweren Boden und ist winterhart. Wenn ein Rasen stark beansprucht wird, sollte er etwa 40 Prozent Weidelgras, 55 Prozent Schafschwingel *(Festuca ovina)* und 5 Prozent Straußgras *(Agrostis)* enthalten. Ein Rasen, der mittelstarker Belastung ausgesetzt ist, sollte aus 25 Prozent Rispengras, 65 Prozent Schafschwingel und 10 Prozent Straußgras bestehen. Bei einem reinen Zierrasen enthält der Fertigrasen oder die Saatmischung nur feinere Gräser wie die *Festuca*-Arten Horstrotschwingel und ausläufertreibenden Rotschwingel sowie Hundsstraußgras *(Agrostis canina)*. Diese Mischung eignet sich auch gut für schattige Bereiche, braucht aber die richtige Pflege, zu der Düngen, Lüften und Aerifizieren gehören (siehe Seite 92 f.).

Einen Rasen anlegen

Eine sorgfältige Bodenvorbereitung ist unerläßlich, wie gut die Saatmischung auch sein mag. Wenn Sie ein neues Haus beziehen, besteht vielleicht der Rasen, den Sie vorfinden, aus wenig mehr als Unterboden, der durch schwere Baumaschinen auch noch verdichtet wurde. Mit etwas Glück befinden sich über ihm fünf Zentimeter Mutterboden und ein schlecht verlegter Fertigrasen. Sollte für Sie der Zeitpunkt ungünstig sein, in einen neuen Rasen zu investieren, können Sie nur mit einem rigorosen Pflegeprogramm versuchen, das Vorhandene zu verbessern, zumindest als Zwischenlösung. Ist jedoch die Grasqualität schlecht, so lohnt sich die Mühe nicht, und Sie sparen am falschen Ende, denn irgendwann werden Sie vermutlich doch neu beginnen müssen.

Wenn Sie einen Rasen neu anlegen möchten, müssen Sie zuerst den gesamten Bauschutt und Müll entfernen. Dann graben Sie den Boden in eineinhalb bis zwei Spatenstich Tiefe um und arbeiten gleichzeitig etwas gut verrottete organische Substanz, handelsübliche Komposterde oder Gartenkompost, und, sofern die Drainage verbessert werden muß, groben Sand ein. Sollte die Mutterbodenschicht sehr dünn sein, müssen Sie sie auf mindestens 15 Zentimeter Dicke ergänzen. Ausdauernde Unkräuter, wie etwa Quecke, sind vollständig zu entfernen. Anschließend müssen Sie den Boden festtreten oder walzen und glätten, um sicherzustellen, daß der Rasenmäher höhere Stellen nicht abrasiert oder in Mulden langes Gras stehenläßt.

Fertigrasen oder Aussaat?

Die Entscheidung zwischen Fertigrasen oder Aussaat hängt von mehreren Faktoren ab. Fertigrasen ist teurer, aber auf einer kleinen Fläche lohnt es sich vielleicht, etwas mehr auszugeben, weil man sofort eine Grünfläche hat, auch wenn man sechs Wochen warten muß, bevor ein neu verlegter Fertigrasen trittfest ist. Fertigrasen kann vom Herbst bis in den Winter verlegt werden. Dies muß aber am Tag des Kaufs geschehen, und wenn danach eine Trockenperiode folgt, muß man sorgfältig wässern, sonst können zwischen den Soden Risse entstehen. Obwohl bei Fertigrasen saubere, gerade Kanten einfach zu erhalten sind, ist es hier schwieriger als bei einer Aussaat, eine saubere Fläche zu schaffen.

Das Anlegen eines Rasens durch Aussaat (siehe unten) ist preiswerter und einfacher, auch wenn die Vorbereitung eines ebenen, unkrautfreien Saatbettes viel Zeit in Anspruch nimmt. Ein gesäter Rasen hat eine längere Entwicklungszeit, da die Gräser zuerst keimen, wachsen und sich ausbreiten müssen – ein im Frühjahr eingesäter Rasen kann nicht vor dem Spätsommer genutzt werden. Unkrautsämlinge müssen rigoros vernichtet werden, um zu verhindern, daß sie mit dem Gras um Licht, Wasser und Nährstoffe konkurrieren, und Katzen und Vögel sind fernzuhalten, bis der Rasen gut wächst. Eine Aussaat muß im Frühjahr oder Frühherbst erfolgen, am besten, wenn es zwar so warm ist, daß das Gras wächst, aber weder zu naß noch zu trocken. Möchten Sie einen Rasen, der besonderen Anforderungen gerecht wird, dann können Sie nur eine Saatmischung wählen, da es Fertigrasen meist nur in einer Standardausführung gibt.

Einen Rasen einsäen

Wenn der vorbereitete Boden relativ trocken ist, stellt man mit dem Rechen eine feine Krume her. Dann tritt man die Erde behutsam fest oder drückt sie mit dem Rücken des Rechens an. Man recht noch einmal, um Steine und andere Fremdkörper zu entfernen, und drückt die Erde wieder fest. Wenn keine organische Substanz eingearbeitet wurde, wird sieben bis zehn Tage vor der Aussaat mit dem Rechen ein geeigneter Dünger eingearbeitet. Dann sät man, während man über die Fläche geht, zunächst eine Hälfte der Samen breitwürfig aus, anschließend im rechten Winkel dazu die andere Hälfte. Nach der Aussaat recht man das Saatbett leicht.

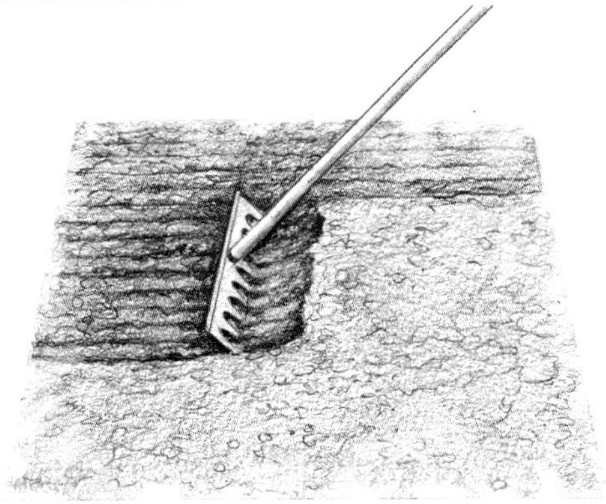

Die Erde mehrmals rechen und andrücken, bis das Saatbett eben und fest, aber nicht verdichtet ist. Alle lockeren Stellen festklopfen.

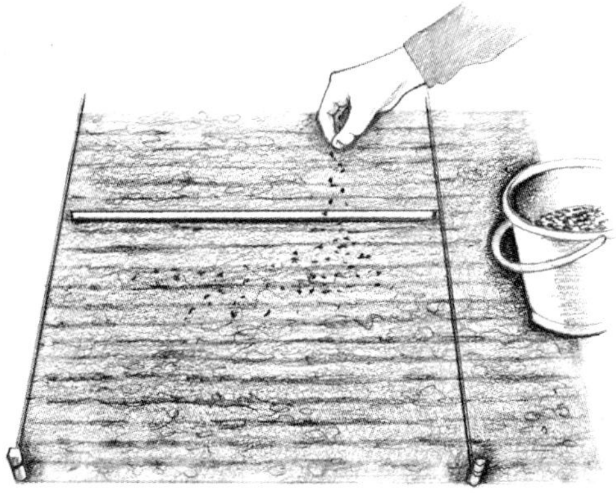

Für eine gleichmäßige Aussaat unterteilt man die Fläche in regelmäßige Abschnitte. Die Samenmenge ist der Gebrauchsanweisung zu entnehmen.

Grundstücksgrenzen

Es gibt viele Möglichkeiten, mit Grundstücksgrenzen zu verfahren, dabei sollte jedoch bei der Gestaltung des eigenen Gartens stets auf die der Nachbargärten Rücksicht genommen werden. Schon ein weißer Farbanstrich oder ein normales Spalier kann eine Wand hübscher machen, sofern dies mit der Gesamtgestaltung des Gartens harmoniert. Auf einer Mauer befestigte Spaliere geben zusätzlichen Schutz.

Die Grenzen eines kleinen Gartens bedürfen besonderer Sorgfalt. Eine dezente Einfriedung wie eine niedrige Mauer oder eine offene Grenze bezieht die Aussicht auf die Umgebung in den Garten ein und läßt den Raum größer erscheinen. Wenn ein Grundstück an andere kleine Gärten angrenzt, ist ein offener Zaun, wie etwa aus Pfosten und Riegeln, eine einfache, preiswerte Lösung. Ein schmiedeeiserner Zaun markiert eine Grundstücksgrenze in der Stadt, ohne auf dem kleinen Raum erdrückend zu wirken. Gemeinsame Grenzen oder Grenzen, die im Blickfeld von Vorbeigehenden liegen, müssen sich in die Umgebung einfügen. Auf begrenztem Raum ist es unklug, sich die Nachbarn zum Feind zu machen, indem man gemeinsame Grenzen willkürlich gestaltet. Das verwendete Material sollte mit dem Haus harmonieren, um ein einheitliches Bild entstehen zu lassen. Zudem müssen bei der Auswahl praktische Aspekte wie Kosten, Haltbarkeit und notwendige Pflege berücksichtigt werden – entscheiden Sie sich nicht für einen minderwertigen Ersatz, nur weil er preiswert ist. Vielleicht muß die Grenze kinder- oder tiersicher sein oder ein gewisses Maß an Privatsphäre gewährleisten; in diesem Fall wird man sich für eine solide Grenze wie eine Mauer oder einen geschlossenen Holzzaun entscheiden, sofern dies nicht der Bebauungsplan verbietet. Geeignete Materialien verschönern die Grenze Ihres Gartens, lassen senkrechte Pflanzflächen entstehen und verhindern, daß die Einfriedung zu einem Schandfleck wird.

Mauern

Mauern betonen den Eindruck von Geschlossenheit und können aus Ziegeln, Naturstein oder Beton errichtet werden. Als Ersatz für Naturstein ist Beton nicht besonders gut geeignet, doch die lichtreflektierenden Eigenschaften einer weißgestrichenen Betonsteinwand oder verputzten Wand haben für ein dunkles Tiefparterre oder einen dunklen Garten eventuell unschätzbaren Wert. Farbanstriche können sogar auf die Inneneinrichtung im Haus abgestimmt werden, doch denken Sie daran, daß gestrichene Wände regelmäßige Pflege brauchen. Ziehen Sie deshalb Kletterpflanzen an Spalieren aus Holz oder Kunststoff, die mit Haken an der Wand befestigt sind und leicht entfernt werden können (siehe Seite 98). Das Errichten von Mauern ist teurer als die meisten anderen Arten von Einfriedungen. Eine Ziegelmauer kostet unter Umständen doppelt soviel wie eine Betonmauer und ein Vielfaches von einem vorgefertigten Zaun. Die erforderliche Pflege ist aber minimal, und eine lange Lebensdauer ist gewährleistet. Mit den Jahren werden Mauern durch die natürliche Alterung noch reizvoller. Damit sie wirklich stabil sind, brauchen sie ein ausreichendes Betonfundament: Je höher eine Mauer, desto breiter und tiefer muß ihr Fundament sein. Eine Grenzmauer von 1,5 bis 1,8 Meter Höhe sorgt für Ungestörtheit im Garten, ohne jedoch zu viel Schatten zu werfen. Bei jeder Mauer über 90 Zentimeter Höhe sollte man für die Dimensionierung des Fundamentes und für den Bau der Mauer selbst einen Fachmann zu Rate ziehen.

Sowohl Grenzmauern als auch Mauern innerhalb des Gartens dienen möglicherweise gleichzeitig als Stützmauern. In diesem Fall müssen sie noch stabiler konstruiert werden, um das Gewicht der Erde zu halten, und hier ist fachliche Beratung unerläßlich. Wenn Sie die Mauer nicht selbst errichten, vergewissern Sie sich bei soliden Beton- oder Ziegelstützmauern, daß die Rückseite wasserdicht ist und Wasserdurchlässe für die Drainage vorhanden sind, die mit einem groben, lockeren Material wie etwa Kies hinterfüllt wurden. Niedrige Stützmauern (40 bis 45 Zentimeter) eignen sich gut als Sitzgelegenheiten und sind dort sinnvoll, wo der Platz begrenzt ist. Eine breitere Mauerkrone, eine Holzabdeckung oder auch hübsche Kissen machen den Sitzplatz bequemer und betonen die Verbindung zwischen Innen- und Außenraum.

In einem rundum eingefriedeten Garten gehört vermutlich mindestens eine der Grenzen nicht Ihnen. Dabei kann es sich um einen Zaun, ein Nachbarhaus oder eine Garagenwand handeln. Oft ist sie häßlich und muß durch Pflanzen versteckt werden. Holen Sie jedoch stets die Erlaubnis des Nachbarn ein, bevor Sie Klettergerüste an seinem Besitz befestigen.

Ziegel

Ziegel eignen sich besonders gut für städtische und ländliche Gegenden, in denen Ziegelbauten dominieren. Da sie aus einem Naturstoff (Ton) hergestellt werden, haben sie weiche Farben und harmonieren mit anderen natürlichen Materialien und Pflanzen. Klinker haben eine glatte, glänzende Oberfläche und passen am besten in moderne Gärten. Normale Ziegel haben eine gröbere, unregelmäßigere Oberflächenbeschaffenheit und sind aufgrund der hohen Brenntemperaturen im Ofen manchmal sogar leicht verzogen – zum Schrecken aller Maurer. Ich finde Ziegel besonders hübsch, denn sie verleihen der Mauer eine rustikale Note, die wunderbar zu älteren Häusern paßt. Prüfen Sie bei Ziegeln stets, ob sie frostbeständig sind, ob sie also auch halten, wenn sie naß sind und wiederholt frieren und auftauen.

Eine Feuchtigkeitssperrschicht empfiehlt sich, um zu verhindern, daß Bodenfeuchte eindringt. Eine Abdeckung schützt das Mauerwerk vor Regen, und wenn man für sie Pflasterplatten, Fliesen oder Schiefer verwendet, kann man eine optische Verbindung zu einem Weg oder der Terrasse herstellen. Ausblühungen oder weiße Ablagerungen auf neuen Mauern sind nicht schlimm und werden mit der Zeit verschwinden. Durchbrochene Mauern bieten einen guten Schutz, wirken aufgrund ihrer Bauweise jedoch weniger dominant, und abgesehen davon, daß sie preiswerter sind, eignen sie sich auch hervorragend als Pflanzenstützen.

Clematis florida ›Sieboldii‹ und *Actinidia kolomikta* lassen vor der Ziegelmauer eine anmutige Komposition entstehen. Sie eignen sich gut für einen kleinen Raum, wo wegstehende Kletterpflanzen keinen Platz haben. Verwenden Sie *Clematis* zusammen mit Pflanzen, die zur gleichen Zeit geschnitten werden müssen, damit man sie gemeinsam zurückschneiden kann.

Stein

Stein ist ein sehr langlebiges Material, das je nach Region eine unterschiedliche Färbung hat. Kaum weniger vielfältig sind die Konstruktionsmethoden und Oberflächengestaltungen mit Stein: von geschichteten Trockenmauern über mit Mörtel errichtete Bruchsteinmauern bis zu Mauern aus gesägten Natursteinquadern und Betonwerkstein. Sofern Steinmauern nicht zu hoch sind, wirken sie nicht erdrückend. Eine Trockenmauer mit Aussparungen für Pflanzen kann die Kulturfläche vergrößern. Die sauberen Linien von Stein, der nach dem Brechen gesägt oder poliert wurde, eignen sich für kleine Gärten, die modern gestaltet werden oder in städtischen Gebieten liegen. Gebrochener Stein kann geschnitten für Pflaster verwendet werden.

Zäune

Da Zäune relativ preiswert sind, werden sie am häufigsten als Grundstückseinfriedung verwendet. Für kleine Gärten sind sie bestens geeignet, und weit mehr Gartenbesitzer errichten selber einen Zaun als eine Mauer. Zäune sind gewöhnlich als Einzelelemente erhältlich, die man an Pfosten mit höchstens zwei bis drei Meter Abstand montiert. Die Pfosten werden in Beton eingegossen oder mit Hilfe von handelsüblichen Befestigungssystemen fixiert. Am dauerhaftesten sind Betonpfosten. Neu sehen sie zwar häßlich aus, aber im Laufe der Jahre bekommen sie »Patina«, und Pflanzen lassen sie weicher aussehen. Besitzer eines Zaunes – und damit zuständig für Reparaturen oder eine Erneuerung – ist derjenige, in dessen Garten sich die Tragkonstruktion befindet. Wenn der Zaun eines Nachbarn in schlechtem Zustand ist, können Sie auf Ihrer Seite an den Zaun angrenzend ein Spalier errichten, um sicherzustellen, daß die Pflanzenstütze nicht während eines Sturms umgerissen wird.

Je solider Holz und Befestigung sind, desto länger wird der Zaun voraussichtlich halten. Verwenden Sie kesseldruckimprägniertes Holz, da unbehandeltes Weichholz eine sehr begrenzte Lebensdauer hat. Vorgefertigte Zaunfelder, die als standardisierte Fertigelemente erhältlich sind, bieten Schutz, sehen jedoch nicht sonderlich reizvoll aus und sind mitunter instabil. Mit ein wenig Phantasie und Geld können hier Verbesserungen vorgenommen werden. Das Orangebraun weithin erhältlicher vorgefertigter Zaunelemente ist ziemlich aufdringlich, wenn man sie aber in einer gedämpften Farbe, wie etwa Dunkelgrün, lasiert, fügt sich der Zaun in den Hintergrund ein. Lasiert man einen Zaun in einer kräftigen Farbe und ergänzt ihn durch gehobelte und geformte Pfosten mit dekorativen Abschlußkappen, macht man ihn zu einem Blickfang und betont die Bedeutung der Grundstücksgrenze.

Reizlose einfache Holz- oder Maschendrahtzäune können verschönert werden, indem man sie mit Efeu begrünt, der an ihnen emporwächst und eine Hecke entstehen läßt. Zuerst muß geprüft werden, ob der Zaun in Ordnung ist, dann pflanzt man im Abstand von 30 Zentimetern Efeu davor. Neue Triebe werden, während sie wachsen, am Zaun befestigt (siehe Seite 98). Hat der Efeu das obere Ende des Zaunes erreicht, stutzt man ihn zweimal pro Jahr, damit er ordentlich bleibt. Geeignete grünblättrige Sorten sind *Hedera helix* ssp. *helix* ›Digitata-Hesse‹ und ›Dragon Claw‹ sowie *H. hibernica.* Etwas ungewöhnlicheres Laub haben *H. helix* ssp. *helix* ›Glymii‹ mit ihren dunkelgrünen, glänzenden Blättern, die sich bei Kälte violett färben und die weißlichen Adern wunderhübsch hervortreten lassen, und *H. helix* ssp. *helix* ›Green Ripple‹ mit ihren leuchtendtiefgrünen, stark geteilten Blättern, auffälligen blaßgrünen Adern und einer kupferfarbenen Winterfärbung. Wenn man verschiedene Efeu-Arten und -Sorten verwendet, entsteht ein wandteppichartiger Effekt.

Zäune aus hochwertigem Weich- oder Hartholz können Sie von einem Fachmann vor Ort speziell für Ihren Garten anfertigen lassen. Mit farbloser Lasur behandelt, bewahren sie ihre natürliche Farbe und Struktur und lassen einen hübschen, dezenten Hintergrund entstehen. Solche Spezialanfertigungen können auf andere Gartenelemente abgestimmt

Ein Weidenflechtzaun ist relativ preiswert und hat immerhin eine Lebenserwartung von zehn bis 15 Jahren. Er wirkt natürlich und bietet einen weichen Hintergrund für Pflanzen. Die Rose, die großblättrige *Vitis coignetiae* und *Clematis* ›Nelly Moser‹ lassen sich leicht mit kunststoffummantelten Pflanzenbindern oder Gartenschnur an dem Zaun befestigen.

Ein geschlossener Zaun wirkt leichter und graziöser, wenn man ihn mit durchbrochenen Elementen kombiniert, obwohl dann keine absolute Ungestörtheit mehr gegeben ist. Das Aussehen eines Gartens kann völlig verändert werden, wenn man einen Grenzzaun farbig lasiert – eine innovativere Methode, Farbe im Garten einzusetzen. Das Blau dieses Zauns läßt die purpurnen Blütenköpfe von *Allium aflatunense* ›Purple Sensation‹ noch dunkler erscheinen und die rosablühende *Clematis montana* ›Elizabeth‹ in der Sonne leuchten.

werden und stellen dadurch eine Verbindung mit der Gesamtgestaltung her; beispielsweise kann ein geschwungenes Detail einer Laube in den Zaunfeldern wiederholt werden. Auch Produkte ausländischer Hersteller, die in größeren Gartencentern erhältlich sind, sollten in Betracht gezogen werden. Leichter und offener wirkt eine ungewöhnliche Konstruktion mit auf Lücke befestigten, waagrechten Brettern, auch wenn sie zunächst nur bedingt Schutz bietet. Hier können Licht und Luft frei zirkulieren, was für Pflanzen auf kleinen Flächen vorteilhaft ist, und wenn einmal üppiges Blattwerk den Zaun bedeckt, ist auch die Privatsphäre wiederhergestellt.

Zäune aus waagrechten Drähten, die oft von Bauträgern um Grundstücke gezogen werden, sind nicht aufdringlich, sehen aber dennoch häßlich aus. Bei einem geringen Budget schlage ich vor, am Zaun eine Rabatte anzulegen mit überwiegend immergrünen Sträuchern wie *Elaeagnus pungens* ›Maculata‹, der Schneeball-Art *Viburnum tinus,* Orangenblume *(Choisya ternata),* der Duftblüten-Art *Osmanthus* × *burkwoodii* und *Escallonia rubra* ›Crimson Spire‹.

Als Begrenzung zur Straße eignet sich in kleinen Vorgärten häufig ein Latten- oder Palisadenzaun von 1 bis 1,2 Meter Höhe am besten. Traditionell ist er weiß, manchmal auch schwarz gestrichen, doch in einem kleinen ländlichen Garten sieht ein Lattenzaun aus Naturholz am schönsten aus. Der offene Charakter eines schmiedeeisernen Zaunes, vielleicht in Kombination mit Mauerwerk, paßt ebenfalls gut zu kleinen Gärten; besonders empfehlenswert ist er für einen formalen Garten oder Stadtgarten. Solche Zäune wirken nicht dominant, zu reiche Verzierungen sollten jedoch vermieden werden, da sie auf kleinem Raum leicht unpassend und zu unruhig aussehen.

Spaliere

Spaliere sind besonders für kleine Gärten von großem Nutzen. Sie wirken leichter als ein solider Zaun oder eine massive Mauer, bilden auch im Winter einen gleichbleibenden Hintergrund und sind eine attraktive Stütze für senkrecht wachsende Pflanzen. Ein länglicher, schmaler Garten, der mit Spalieren eingefriedet ist, hat einen offenen leichten Charakter.

Die Spalierfelder müssen, wie bei jedem Zaun, sicher an Holzpfosten befestigt werden (siehe Seite 51). Wenn Kletterpflanzen an dem Spalier wachsen, erhält der Garten bald mehr Schutz. Eine andere Möglichkeit ist, Spaliere abwechselnd mit geschlossenen Holzzaunfeldern zu verwenden, um den offenen Charakter der Grenze zu erhalten und für zusätzlichen Reiz zu sorgen. Auf einer Mauer oder einem Zaun befestigte Spaliere bieten Abgeschiedenheit, verschönern gleichzeitig das Ambiente und ergänzen die Gartengestaltung. Wenn sie sicher befestigt sind, halten sie lange und können als Stütze für eine breite Palette von Pflanzen dienen, ohne Licht wegzunehmen.

Das Angebot an Spalieren ist breit, und eine umfangreiche Verwendung kann das Gesamtkonzept des Gartens beeinflussen. Ein Spalier mit kleinen rautenförmigen Feldern in einem gepflasterten oder gefliesten Hinterhof ruft Assoziationen an maurische Architektur hervor. Dagegen passen Spaliere mit quadratischen oder rechteckigen Feldern in eine Vielzahl kleiner Gärten. Spaliere sind nicht nur als äußere Begrenzung oder Trennelemente im Garten nützlich, sondern auch für Konstruktionen, wie etwa Bogen, geeignet (siehe Seite 54).

Spaliere um Dachgärten oder auf Balkonen schwächen den Wind ab und bieten einen gewissen Schutz. Sie sind in mancher Hinsicht einer soliden Barriere vorzuziehen, die an diesen exponierten Plätzen leicht umgerissen wird oder Wirbel erzeugt. Aufgrund ihres geringen Gewichts sind Spaliere für die Verwendung auf Dächern auch geeigneter als schwere Materialien, da möglicherweise die Nutzlast begrenzt ist. Ein Spalier mit kleinen Feldern bis Taillenhöhe ist eine sichere Barriere und bietet ausreichend Schutz. Eine Mittelleiste kann zusätzliche Stabilität geben. Wenn das Spalier oberhalb der Leiste offener ist, hat man eine bessere Sicht. Die Mittelleiste kann mit einer Schrammleiste im Haus verglichen werden, und in der Tat läßt sich mit dem Farbanstrich des Spaliers eine Verbindung zur Inneneinrichtung herstellen.

Wenn Dach oder Balkon nicht zu exponiert liegen, kann ein Glasfenster in die Gestaltung einbezogen werden. Sie können das Spalier selbst bauen oder es von einem Spezialhersteller nach individuellen Wünschen anfertigen lassen; ein Plan oder eine Skizze ist hier hilfreich.

Geeignete Kletterpflanzen und Sträucher für Spaliere auf exponierten Dachgärten und Balkons finden Sie auf Seite 54. Eine der größten Belastungen, denen immergrüne Pflanzen, vor allem im Winter, ausgesetzt sind, ist kalter Wind. Die Liste führt deshalb die Pflanzen auf, die ihn am besten vertragen. Natürlich variieren die Bedingungen regional, und so können mancherorts selbst an diesen Pflanzen Schäden auftreten.

Ein Metallspalier mit quadratischen Feldern gibt diesem Terrassengarten einen gewissen Schutz. Das Gesamtbild wird durch üppig blühende Strauchmargeriten *(Argyranthemum frutescens)* aufgelockert. Im mittleren Pflanzgefäß wächst Efeu an einem Metallgestell.

Spaliere im Garten

Spaliere unterteilen eine Fläche in kleinere Bereiche und erweitern das Konzept des Gartenraumes, ohne eine erdrückende solide Barriere zu bilden. Mit diesen Trennelementen kann man häßliche Aussichten oder Dinge verstecken oder einem Gartenteil etwas Faszinierendes und Geheimnisvolles verleihen. An Wänden verschönern Spaliere reizloses Mauerwerk und unterstreichen den Eindruck von Geschlossenheit. Die einfachen Linien von industriell hergestelltem Spalier lassen, wenn sie symmetrisch aufgestellt werden, sofort den Eindruck von Formalität entstehen. Nach Maß angefertigte Elemente können dagegen entsprechend dem Baustil des Hauses gestaltet werden. Je nach Verwendung können Spaliere zu einem architektonischen Element der Gesamtgestaltung werden oder nur einen dezenten Hintergrund bilden. Ein weißer oder heller Anstrich hebt Spaliere hervor und lenkt den Blick auf sie; in einer gedämpften Farbe gestrichene Spaliere bleiben im Hintergrund. Doch unabhängig von der Gestaltung ist es äußerst wichtig, daß sich das Spalier größenmäßig in die Gartensituation einfügt. Ein grandioses Design aus dominierenden, weißgestrichenen Elementen kann auf kleinem Raum seine Umgebung schrumpfen lassen, hingegen ist ein passendes formales weißes Spalier in einem kleinen klassischen Garten sehr wirkungsvoll. Pflanzenstützen aus Spalier in Form von Obelisken oder Säulen sind im kleinen Garten als Blickfänge nützlich, müssen aber zu einem frühen Zeitpunkt in die Gestaltung einbezogen werden.

Leichtere Spaliere eignen sich für Wände, da diese ihnen Stabilität verleihen. Die Spaliere müssen stets mit Abstandhaltern montiert werden, damit Luft hinter den Pflanzen zirkulieren kann und interessante Schatten erzeugt werden – die entstehenden Hell-Dunkel-Effekte beleben selbst eine langweilige Betonwand. Obwohl die meisten Blütenpflanzen mehr Licht brauchen, um optimal zu gedeihen, wachsen *Clematis montana, Hydrangea anomala* ssp. *petiolaris* und *Jasminum nudiflorum* an einem Spalier in einem schattigen Tiefparterre gewöhnlich recht gut.

Mit Spalieren können auch *trompe-l'œil*-Effekte erzielt werden. Ein flaches Feld mit sich verjüngenden Formen täuscht das Auge, indem es eine Distanz suggeriert, die es nicht gibt. Durch den geschaffenen Fluchtpunkt führt man den Blick vom Horizont weg, verändert die Perspektive und mildert so die Wirkung umliegender Gebäude, die vielleicht zu groß sind, um kaschiert werden zu können. Damit diese Illusion entsteht, muß der Hintergrund des *trompe-l'œils* farblich mit dem Spalier kontrastieren, das man entweder durch einen Spiegel oder eine vor ihm aufgestellte Statue oder große Vase ergänzt. Der Spiegel wird leicht gekippt, damit der Betrachter nicht sein Spiegelbild sieht; die Reflexionen im Spiegel haben lediglich die Funktion eines Gemäldes. Ebenso muß die Größe der Statue oder Vase sorgfältig auf den Fluchtpunkt abgestimmt sein, damit der gewünschte Effekt entsteht. Auffällige waagrechte Linien am Mauerwerk hinter dem *trompe-l'œil* lenken von der Illusion ab, dagegen können rundum wachsende Pflanzen diesen Blickfang einrahmen und betonen.

Pflanzen für exponierte Lagen

Immergrüne Pflanzen
Berberis
Cotoneaster (hohe Arten)
Cryptomeria japonica
Elaeagnus pungens ›Maculata‹
Hedera helix ssp. *helix* ›Buttercup‹, ›Glacier‹, ›Goldheart‹ und ›Luzii‹
Ilex aquifolium
Pyracantha
Viburnum tinus

Sommergrüne Pflanzen
Berberis thunbergii
Choenomeles speciosa
Fallopia baldschuanicum
Forsythia ›Lynwood‹
Hydrangea anomala ssp. *petiolaris*
Jasminum nudiflorum
Philadelphus
Potentilla

Pergola und Bogen aus Spalier

Schmale Durchgänge oder Tiefparterres werden durch Bogen oder Pergolen aus Spalier aufgewertet. Sie bilden leichte, graziöse Elemente, die passend lasiert oder in einer hellen Farbe gestrichen werden können. Eine oben geschlossene Konstruktion kann bogenförmig sein oder Querbalken haben, die auf kastenförmigen »Pfosten« aus Spalier befestigt sind. Das entstehende Wechselspiel aus Licht und Schatten macht einen langweiligen Bereich im Garten fröhlicher. Noch schöner wird er durch Pflanzen, sofern Platz und Licht ihre Kultur erlauben.

Die Querbalken der Pergola werden von »Pfosten« aus Spalier getragen, an denen Pflanzen klettern.

Ein Spalierbogen verleiht einem Durchgang Leichtigkeit. Schattenliebende Pflanzen können zusätzlich für Reiz sorgen.

Offene Grenzen

Mit der Einfriedung eines Gartens assoziiert man Besitz und Eigentum, doch in modernen Wohnsiedlungen verbietet vielleicht der Bebauungsplan das Errichten einer soliden, fortlaufenden Grenze im Vorgarten, und hier müssen andere Möglichkeiten gefunden werden. Ein kleiner Baum oder großer Strauch in der Ecke des Gartens markiert die äußerste Grenze des Grundstücks und bildet gleichzeitig einen reizvollen Blickfang. Felsenbirne *(Amelanchier canadensis)* und Eschenahorn *(Acer negundo)* ›Flamingo‹ etwa sind buschige mehrstämmige Sträucher, die das ganze Jahr über reizvoll aussehen; damit sie nicht zu groß werden, müssen sie einen Schnitt erhalten. Ein kleiner Baum wie *Acer davidii, Malus* ›Evereste‹ oder *Prunus* ›Pandora‹ hat eine andere Wirkung – er muß jedoch weit genug vom Haus entfernt gepflanzt werden, um Schäden durch die Wurzeln zu vermeiden. Auf sehr kleiner Fläche bildet ein als Hochstämmchen erzogener Strauch, wie *Viburnum × carlcephalum, Ligustrum delavayanum* oder *Elaeagnus pungens* ›Maculata‹, der mit einer Gruppe von bodendeckenden Sträuchern unterpflanzt ist, das ganze Jahr hindurch einen skulpturalen Grenzpunkt.

Eine Oberflächengestaltung, die sich von der des Nachbargrundstücks abhebt, macht einen Besitzwechsel deutlich. So können beispielsweise zwei angrenzende Rasenflächen durch eine Rabatte aus niedrigen Sträuchern, unter denen sich einige auffällige Pflanzen befinden, getrennt werden. Zwei identische Auffahrten aus Pflastersteinen lassen sich mit einem Streifen großer Flußkiesel trennen. Auf einer mit Flußkieseln gepflasterten Fläche ist das Laufen unangenehm, was Besucher davon abhält, die Grenze zu überschreiten, gleichzeitig entsteht aber eine reizvolle Strukturvariation.

Hecken

Hecken sind eine umweltfreundliche Form der Begrenzung, aber in einem kleinen Garten haben sie viele Nachteile. Vor allem nehmen sie unverhältnismäßig viel Platz ein und machen den Boden nährstoffarm, so daß andere Pflanzen in ihrer Nachbarschaft kümmern. Liguster ist besonders gierig und wuchsfreudig und sollte daher in kleinen Gärten besser nicht verwendet werden. Auch die Entsorgung des Schnittguts kann auf einer kleinen Fläche lästig sein. Vielleicht haben Sie jedoch eine Hecke übernommen, und auch wenn sie mehr Arbeit macht als ein Zaun, werden Sie diese vorhandene Begrenzung nicht leichtfertig herausreißen wollen. Regelmäßige Düngung gewährleistet die Gesundheit einer existierenden Hecke (siehe Seite 91) und ist vor allem dort nötig, wo sie mit anderen Sträuchern konkurriert. Bei einer vernachlässigten Hecke müssen Sie vielleicht Pflege- und Verbesserungsmaßnahmen durchführen (siehe Seite 97).

Auf dem Land sind Hecken oft die häufigste und geeignetste Begrenzung für ein Grundstück, und Pflanzen wie Weißdorn *(Crataegus),* Stechpalme *(Ilex),* Liguster *(Ligustrum)* oder Buche *(Fagus)* bilden solide Hecken, die gut mit ihrer Umgebung harmonieren. Um kompakt zu bleiben, müssen sie ein- oder zweimal im Jahr geschnitten werden. Eine 1 bis 1,2 Meter hohe Hecke sollte 60 bis 75 Zentimeter breit sein, eine 1,5 bis 1,8 Meter hohe Hecke 1 bis 1,2 Meter breit. Dornige Sträucher wie *Berberis × stenophylla, Pyracantha* ›Red Column‹ oder *Ilex aquifolium* eignen sich ausgezeichnet, um Einbrecher abzuschrecken, aber in einem kleinen Garten muß man vermutlich das Schnittgut in Tüten sammeln und zu einer Annahmestelle für Grünmüll bringen, eine Arbeit, die durch die Dornen sehr unangenehm ist. Für Stadtgärten und formale kleine Gärten eignen sich Eibe *(Taxus baccata),* Buchsbaum, grüne oder panaschierte Stechpalme *(Ilex), Elaeagnus pungens* ›Maculata‹, *Griselinia littoralis, Chamaecyparis lawsoniana* ›Green Hedger‹ und *Thuja plicata* ›Smaragd‹ sehr gut. Panaschierte Formen dieser Pflanzen lassen einen helleren Hintergrund entstehen.

Buchsbaum eignet sich auf begrenztem Raum ausgezeichnet als Heckenpflanze, da er langsam wächst, kleinblättrig ist und einen kompakten Wuchs hat. Für eine höhere Grenzhecke verwendet man *Buxus sempervirens,* für die niedrigen Hecken in diesem formalen Vorgarten wurde die Sorte ›Suffruticosa‹ gepflanzt. Beide Formen müssen zwei- oder dreimal im Jahr geschnitten werden und mit Wachstumsbeginn gegen Mitte des Frühjahrs einen stickstoffreichen Dünger erhalten.

Gestaltungselemente

OBEN Bei der Auswahl von Gartenmöbeln ist sowohl auf das Material und dessen Haltbarkeit als auch auf das Design zu achten: Alle Elemente sollten mit der Gartengestaltung harmonieren. Der Glastisch und die schmiedeeisernen Stühle haben klassischen Charakter und fügen sich gut in das Gesamtbild dieses Deckgartens ein.

RECHTS Die Plazierung einer Statue ist entscheidend für ihre Funktion innerhalb der Gestaltung. Hier läßt eine geschnittene Eibenhecke einen idealen Hintergrund für die kleine Steinfigur entstehen. Der an ihr hochrankende Efeu bindet sie noch stärker in ihre Umgebung ein.

Diejenigen Elemente, die den Hintergrund aus Pflanzen betonen, sind oft die Glanzpunkte des Gartens, aber es können auch einfach Dekorationen sein, die den Raum im Freien schmücken. Es wäre allerdings unklug, einen kleinen Raum zu überfrachten. Alle Elemente des Gartens – ob Spaliere, eine Mauer, Pflaster, ein Bogen, eine Sitzgelegenheit oder Wasser – müssen dazu beitragen, daß die Gestaltung proportioniert und harmonisch wirkt. Der Gartenentwurf sieht sicherlich Gestaltungselemente wie Pflanzgefäße, Sitzplätze und Statuen vor, und für viele ist es eine besondere Freude, diese Dinge im Laufe der Zeit zusammenzutragen. Sie bieten die Möglichkeit, dem Garten jene persönliche Note zu verleihen, die ihn einzigartig macht. Wenn Sie einen angelegten Garten übernommen oder einen Gartengestalter beschäftigt haben, ist es für Sie vielleicht noch wichtiger, sich selbst einzubringen. Die leichteren Objekte können ohne weiteres umgestellt werden, um während verschiedener Jahreszeiten immer wieder neue Effekte entstehen zu lassen. Für das Frühjahr kann man Pflanzgefäße mit Zwiebelblumen, vielleicht in Kombination mit Efeu, füllen, und wenn sie abgeblüht sind, können Töpfe mit einjährigen Sommerblumen sie ersetzen, während die Zwiebelblumen irgendwo unsichtbar in einer Gartenecke einziehen, etwa hinter den Mülltonnen oder einem dichten immergrünen Strauch.

Gartenmöbel

Da es in einem kleinen Garten oft an Lagerfläche fehlt, müssen die Möbel bei jedem Wetter draußen bleiben und deshalb haltbar und solide sein. Bei der Auswahl der Gartenmöbel muß man sowohl das Material und dessen Haltbarkeit als auch das Design berücksichtigen, weil auch diese Elemente in Einklang mit der Gesamtgestaltung des Gartens stehen sollten. Qualitativ hochwertige Möbel aus Kunststoff sind haltbar und oft relativ preiswert, aber leider läßt das Design manchmal zu wünschen übrig. Lassen Sie sich nicht durch hübsche Kissen zum Kauf von Möbeln verführen – denken Sie daran, daß Sie viele Monate die nackten Stühle ansehen müssen. Möbel aus Hartholz verlieren rasch ihr neues Aussehen, und so fügt sich eine Gartenbank, auch wenn sie groß und schwer ist, problemlos in manchen kleinen Garten ein. Naturholz braucht wenig Pflege, doch ist es kein Fehler, wenn man es mit einem imprägnierenden Öl behandelt; farbig lasiertes oder gestrichenes Holz erfordert eine erheblich regelmäßigere Pflege. Nach Regen dauert es eine Weile, bis Holz wieder trocken ist, Materialien wie Kunststoff und Schmiedeeisen können dagegen rasch abgewischt werden.

In leuchtenden Farben gestrichene Holzmöbel passen gut in modern gestaltete Gärten und sorgen sogar für eine fröhliche Note. Der Anstrich einer Bank kann auf das Haus abgestimmt werden und die Farbe eines Decks oder einer Laube wiederholen. Benachbarte Pflanzungen sollten die Komposition ergänzen und betonen. Weiß lenkt stets den Blick auf sich und heitert dunkle, schattige Ecken auf. Besonders wirkungsvoll sieht es zwischen dunklem, tiefgrünem Laub und einzelnen weißen Blütenständen aus. Schwarz und Grün sind neutraler und fügen sich gut in ihre Umgebung ein. Dunkelgrün verleiht dem Garten eine anspruchsvolle Note. Die Schlichtheit eines dunkelgrünen schmiedeeisernen Tisches auf einer mit Steinplatten oder mit Ziegeln gepflasterten Terrasse erfordert keinen weiteren Schmuck. Für zarte Farben bieten sich freie Gestaltungen von selbst an. Eine blaugraue Laube, die mit zitronengelben Rosen und azurblauem *Ceanothus* bewachsen ist, verleiht jedem kleinen Garten Reiz. Und vergessen Sie nicht, daß Kissen auf einer niedrigen Mauer oder breiten Stufe bei gutem Wetter weitere Sitzmöglichkeiten bieten.

STRÄUCHER UND KLETTERPFLANZEN FÜR PFLANZGEFÄSSE

Acer negundo ›Flamingo‹
Camellia
Choisya
Clematis (Arten, Sorten und großblumige Hybriden wie ›Hagley Hybrid‹, ›Haku-ookan‹, ›Beauty of Worchester‹, ›H F Young‹ und ›Dawn‹)
Elaeagnus × *ebbingei* ›Limelight‹
Euonymus fortunei ›Emerald 'n Gold‹, ›Harlequin‹ und ›Silver Queen‹
E. japonica ›Albomarginatus‹
Fatsia japonica
Hedera helix ssp. *helix*
Laurus nobilis
Lavandula angustifolia ›Hidcote‹
L. × *intermedia* Dutch-Gruppe
Leucothoë ›Scarletta‹
Osmanthus × *burkwoodii*
Phormium
Photinia × *fraseri* ›Red Robin‹
Pleioblastus auricomus (syn. *Arundinaria viridistriata*)
Rosmarinus officinalis
Vinca minor ›Variegata‹

Pflanzgefäße

In einem kleinen Garten sind die verfügbaren Pflanzflächen nun einmal begrenzt, insbesondere dann, wenn große Bereiche gepflastert wurden. Pflanzgefäße stellen eine Möglichkeit dar, mehr Pflanzen zu ziehen und den Garten in den verschiedenen Jahreszeiten durch Farbe zu verschönern. Die lebensfeindliche Erde um die Betonfundamente einer Mauer oder eines Gebäudes macht die Kultur von Pflanzen direkt im Boden oft unmöglich. Doch ein großer bepflanzter Kübel, der mindestens 60 Zentimeter Durchmesser und 45 Zentimeter Höhe haben sollte, kann hier für Grün sorgen. Manche Sträucher eignen sich für die Kultur in Pflanzgefäßen besser als andere (siehe Liste links), und auf einer kleinen Fläche muß ein Strauch zu jeder Jahreszeit einen Beitrag leisten. Da kleine Töpfe und Ampeln häufiger gewässert und gedüngt werden müssen, sollte man auf sie verzichten, wenn man oft unterwegs ist. An exponierten Plätzen dürfen nur Töpfe aufgestellt werden, die so groß sind, daß das Pflanzenarrangement auch bei Sturm nicht umgerissen werden kann. Pflanzen in Gefäßen haben weniger Schutz als Pflanzen, die im Boden wachsen, und daher kann Frost irreparable Schäden an den Wurzeln anrichten. Aus diesem Grund muß man die Pflanzen vor Einsetzen des kalten, windigen Winterwetters schützen, indem man den Topf mit Sackleinen oder Noppenfolie umgibt.

Die ausgewählten Pflanzgefäße sollten aus dem gleichen Material wie das Pflaster bestehen oder es zumindest ergänzen. Die breite Palette an Ton- und Steingefäßen paßt zu fast allen Pflastern und Mauern. Wenn die reizvollen Nuancen honigfarbener Tongefäße zusammen mit zartfarbenen Ziegeln, hellem Holz oder Tonfliesen verwendet werden, bringen sie einen warmen Ton in den Garten, vor allem in Kombination mit Pflanzen in zartem Apricot, hellem Lila und blassem Rosa oder selbst in einem hellen Gelb. Diese weicheren Farben finden sich aber leider oft bei Gefäßen, die mit niedrigeren Temperaturen gebrannt und daher nicht frostbeständig sind. Prüfen Sie deshalb zuerst die Haltbarkeit des Gefäßes, bevor Sie es kaufen und mit teuren Pflanzen füllen.

Imposante Steinvasen passen gut in einen kleinen Garten und können zum Beispiel auf einen Sockel gestellt werden, um eine klassische Eingangstür einzurahmen, oder zwei identische Blickfänge in einer formalen Gestaltung bilden. Alte Tröge aus Stein eignen sich hervorragend für alpine Pflanzen und können auf begrenzter Fläche in einer sonnigen Ecke den Wunsch nach einem kleinen Steingarten befriedigen. Pflanzgefäße bei der Eingangstür sehen stets einladend aus,

müssen aber das ganze Jahr über in Topzustand gehalten werden. Leider ist es heute notwendig, Gefäße oder Dekorationen im Vorgarten zu fixieren oder so schwere Gegenstände zu wählen, daß sie nicht weggetragen werden können.

Skulpturen und Statuen

Eine halb versteckte Statue oder ein anderes Schmuckelement hat einen Überraschungseffekt, der einem Gartenbereich einen typischen Charakter verleiht. Auch in diesem Fall muß sich das Objekt in die Gesamtgestaltung einfügen, ob es sich um eine Figur oder eine Sonnenuhr handelt. Gleichzeitig sollte es natürlich Ihren persönlichen Geschmack widerspiegeln. Eine klassische Statue kann selbst in einem kleinen Garten aufgestellt werden, vorausgesetzt, er ist in formalem Stil gehalten. Für einen modernen Garten kann ein Bildhauer mit der Anfertigung eines individuellen Stückes beauftragt werden – geeignete Materialien sind hier Bronze, Blei und Ton. Leere Gefäße, wie etwa eine große griechische Vase oder ein Ölkrug, sind als Dekorationen für den Garten wunderschön und brauchen keine Pflege. Eine hübsche Alternative zu Skulpturen sind große, geschickt plazierte Natursteine, deren natürliche Farben bei Nässe besonders gut zur Geltung kommen.

Gartenkonstruktionen

In einem kleinen geschützten Garten und vor allem auch auf Dächern kann es im Sommer durch die sengende Sonne zu heiß werden, um sich im Freien aufzuhalten. Hier spendet eine Laube, eine Pergola oder ein Gartenpavillon Schatten und mildert dadurch sowohl die Hitze als auch das grelle Licht. Eine Pergola oder waagrechte Balken können Innen- und Außenräume miteinander verbinden und gleichzeitig eine solide Stütze für Pflanzen bilden. Die waagrechten Balken sollten sich, wenn möglich, in gleicher Höhe mit dem Dachgesims oder der Oberkante der Fensterrahmen befinden. Wenn die Sicht aus den Fenstern durch Balken behindert wird, kann sie häßlich und reizlos sein, zudem sollte man nicht vergessen, daß ein Laubdach vor dem Fenster dem Innenraum Licht wegnimmt. Sie müssen auch Auswirkungen auf die Sicherheit bedenken, da durch Konstruktionen die Fenster des oberen Stockwerks leichter erreichbar werden. Versuchen Sie bei der Plazierung der senkrechten Pfosten die Aussicht zu berücksichtigen und einen Stil zu wählen, der zum angrenzenden Gebäude paßt. Schwarzgestrichene Gerüststangen sind robust und trotzdem unaufdringlich und tragen problemlos Holzbalken, dagegen wirken Ziegelpfosten auf kleinem Raum gewöhnlich zu dominant. Durch eine Mischung von sommergrünen und immergrünen Pflanzen kann die Konstruktion das ganze Jahr begrünt werden. So sorgt zum Beispiel eine raschwüchsige Kletterpflanze wie die Weinreben-Sorte *Vitis vinifera* ›Purpurea‹ oder *Jasminum officinale* für sofortigen Schutz, während langsamere Arten wie *Trachelospermum jasminoides* oder *Clematis armandii* noch anwachsen.

Eine Metallaube mit einem runden Dach hat zierliche Proportionen und sieht in einem kleinen Garten wirkungsvoll aus – vielleicht läßt sich eine Statue oder eine schmiedeeiserne Bank mit Sitzkissen in ihr aufstellen. Wenn Ihre Laube nach Ihrem Entwurf aus solidem galvanisiertem Stahl angefertigt und mit einer Korrosionsschutzfarbe gestrichen wurde, ist sie haltbar und einzigartig. Aber natürlich sind auch industriell vorgefertigte Produkte erhältlich. Geißblatt-Sorten wie *Lonicera periclymenum* ›Belgica‹ und *L. japonica* ›Halliana‹ begrünen die Konstruktion schnell, und ihre Blüten verströmen vom Früh- bis zum Spätsommer einen himmlischen Duft. Kletterrosen sind ebenfalls eine gute Wahl, sofern es sich um krankheits- und schädlingsresistente Formen handelt (siehe Seite 100). Ein Bogen oder eine Laube mit offenen Seiten, die einen Weg überspannt, verlangsamt unwillkürlich den Schritt.

LINKS Diese speziell angefertigte Holzlaube mit ihren zierlichen Proportionen schmückt die Ecke eines Gartens, der nach einem Entwurf der Autorin gestaltet wurde. Die unbepflanzte kretische Vase läßt vom Haus aus gesehen einen äußerst wirkungsvollen Blickfang entstehen, und die Bank wurde so plaziert, daß sie Abendsonne erhält. An dem Dach aus Spalier wachsen *Clematis montana* und duftender *Jasminum officinale,* der seine Blüten später öffnen wird.

RECHTS Für diese Hochbeete wurden, passend zu der Grenzmauer, Ziegel verwendet. In kleinen Gärten sollte man auf hohe Mauern möglichst verzichten – empfehlenswerter ist eine Anzahl kleinerer Hochbeete, die terrassenförmige Pflanzungen erlauben. Blüten und Laub von frühlingsblühenden Tulpen *(Tulipa), Euphorbia* und Silberling *(Lunaria)* mildern die harten Konturen der Hochbeete.

Je offener eine Gartenkonstruktion ist, desto weniger dominant wirkt sie.

Vertikale Akzente

Aufrecht wachsende Pflanzen und vertikale Elemente können eingesetzt werden, um einem kleinen Garten sofort Höhe zu geben. Zudem kann man sie nutzen, um beispielsweise die Biegung einer Auffahrt zu betonen oder eine formale Anlage einzurahmen. Sie stellen nützliche Gestaltungsmittel dar, doch ein kleiner Garten sollte nicht mehr als ein oder zwei von ihnen aufweisen. Obelisken oder Säulen aus Holz oder filigranerem Metall können als freistehende Elemente oder als integraler Bestandteil eines großen Gefäßes Kletterpflanzen als Stütze dienen. Die schwereren Holzkonstruktionen wirken in einem formalen Garten besser, vor allem, wenn sie symmetrisch aufgestellt werden. Efeu ist eine großartige Pflanze für Säulen, Lauben und Pergolen und läßt selbst im Schatten einen senkrechten Schutz entstehen. *Hedera helix* ssp. *helix* ›Buttercup‹, der mit *Vitis vinifera* ›Purpurea‹ an einer Pergola wächst, sieht im Herbst

herrlich aus, wenn die strahlenden orangefarbenen Blätter des Weins zwischen dem gelbpanaschierten Efeu leuchten. Im Winter behält der Efeu seine Blätter und heitert auch den ödesten Garten auf.

In Form geschnittene oder als Bäumchen erzogene Sträucher mit 1,2 Meter hohen Stämmen sorgen auf begrenzter Pflanzfläche für Höhe und sind zudem ideale Pflanzen für Töpfe. *Euonymus fortunei* ›Emerald Gaiety‹, *Laurus nobilis,* Stechpalme *(Ilex), Salix integra* und *Cupressus arizonica* werden in dieser Form angeboten und bewahren durch jährlichen Schnitt die gewünschte Form und Größe. Buchsbaum *(Buxus sempervirens)* kann zwei- bis dreimal im Jahr geschnitten werden und eignet sich sehr gut für einen Formschnitt. Kleine formierte Pflanzen sind ungemein nützlich für die Gestaltung begrenzter Flächen und sorgen in jedem Garten für Struktur. Pyramiden und Spiralen bilden einen Kontrast zu den runden Formen. Im Handel sind bereits formierte Pflanzen erhältlich, doch ein begeisterter Gärtner kann mit einer kleinen Pflanze beginnen und sie im Laufe der Zeit zu der gewünschten Größe und Form erziehen. Pflanzenstützen aus Spalier, etwa Obelisken, Dreifüße oder Säulen, sind geeignete Blickfänge in kleinen Gärten, müssen aber zu einem frühen Zeitpunkt in die Gartengestaltung einbezogen werden.

Hochbeete

Eine Höhendifferenz im Garten bietet die Möglichkeit, ein Hochbeet anzulegen, indem man die obere und die untere Ebene durch eine Stützmauer trennt, die gleichzeitig die Front einer erhöht liegenden Pflanzfläche bildet. Als Bestandteil der Gartengestaltung kann dieses Element eine bestimmte Form betonen, zum Beispiel kann die Linie einer geschwungenen Mauer in einer Kante eines geschwungenen Rasens oder gepflasterten Bereichs fortgeführt werden. Oder man läßt durch ein L-förmiges Beet die höhere Pflanzebene in die tiefer liegende Terrasse hineinragen. Drei bis fünf Ziegelreihen sind bereits hoch genug, um interessant zu wirken, ohne die Gestaltung zu dominieren, und lassen darüber hinaus eine niedrige Mauer entstehen, die als Sitzgelegenheit dienen kann. Auch von erdgeschossigen Fenstern aus wirkt sie nicht erdrückend, was auf kleinem Raum wichtig ist.

Wo ein größeres natürliches Gefälle vorhanden ist, muß die Stützmauer oder das Hochbeet möglicherweise erheblich höher sein, vielleicht bis zu einem Meter. Hier können Hängepflanzen in das Hochbeet gesetzt werden, die über die Mauer herabhängen (siehe Liste rechts). Immergrüne Pflanzen, die auf der unteren Ebene vor der Mauer wachsen, tragen ebenfalls dazu bei, die Konstruktion weicher erscheinen zu lassen. Durch eine Reihe von Hochbeeten wird ein vollkommen flacher Garten interessanter. In diesem Fall sind natürlich rundum Stützmauern erforderlich. Ein Grenzzaun ist als Rückseite für ein Hochbeet ungeeignet, da er dem Gewicht der Erde nicht standhält und ohnehin durch die Feuchtigkeit der Erde schnell faulen und zusammenbrechen würde.

Hochbeete können aus Ziegeln, Stein oder Holz konstruiert werden. Da die im Innern befindliche Erde ein beträchtliches Gewicht hat, müssen die Mauern eine ihrer Höhe angemessene Stärke erhalten und auf einem soliden Fundament errichtet werden. Wenn eine Mauer mehr als einen Meter hoch werden soll, empfiehlt es sich, einen Fachmann zu Rate zu ziehen. Die Innenseite einer Ziegel- oder Holzmauer sollte durch eine wasserdichte Schicht geschützt werden, damit sie nicht von der ständigen Feuchtigkeit durchdrungen wird, die sie verfärben und zerstören kann. Wasserdurchlässe sind ebenfalls erforderlich, um überschüssiges Wasser abzuleiten. Natursteinmauern sind auch ohne Mörtel zu errichten, so daß in den Spalten Pflanzen wachsen können, die die Mauer weicher erscheinen lassen.

Pflanzen für den Rand eines Hochbeets

Aubrieta
Cotoneaster horizontalis ›Variegatus‹
C. radicans ›Eichholz‹
Genista lydia
Hedera helix ssp. *helix* ›Fleur de Lis‹, ›Eva‹, ›Parsley Crested‹, ›Pin Oak‹ und ›Hamilton‹
Helianthemum
Jasminum nudiflorum
Juniperus horizontalis ›Bar Harbor‹
J. sabina ›Tamariscifolia‹
Lavandula
Rosa ›Nozomi‹
Rosmarinus × *lavandulaceus* (syn. *prostratus*)

Pflanzen für Säulen

Clematis (großblumige Hybriden)
Eccremocarpus scaber
Lathyrus odoratus
Lonicera × *tellmanniana*
Rosa ›New Dawn‹
Trachelospermum jasminoides

Pflanzen für Pergolen

Clematis montana (mit Sorten)
Jasminum officinale
Lonicera japonica ›Halliana‹
Rosa ›Felicité et Perpetué‹
Solanum jasminoides ›Album‹
Wisteria

Wasserelemente

Wasserpflanzen für einen kleinen Teich

Damit ein ökologisches Gleichgewicht entsteht, sollten von jeder Gruppe Pflanzen einbezogen werden. Berechnen Sie jedoch zunächst die Größe der Wasseroberfläche.

Gruppe 1
Sauerstoffbildende Pflanzen sind für Tiere im Teich wichtig. Pro Quadratmeter Wasseroberfläche ein Bündel einsetzen.
Lagarosiphon major
Myriophyllum spicatum
Ranunculus aquatilis

Gruppe 2
Schwimmpflanzen unterdrücken Algenwuchs. Nach Möglichkeit sollte die Hälfte bis zwei Drittel der Wasseroberfläche mit Blättern bedeckt sein.
Aponogeton distachyos
Azolla caroliniana
kleine Wasserlilien

Gruppe 3
Uferzonenpflanzen sorgen für schöne Blüten und Blätter. Sie werden in Pflanzgefäßen unter Wasser auf einen 25 Zentimeter tiefen und 25 Zentimeter breiten Ufersockel gesetzt; Ziegel können auch als Unterlage dienen.
Acorus calamus ›Variegatus‹
Caltha palustris
Iris laevigata ›Dorothy‹
I. pseudacorus ›Variegata‹
Pontederia cordata
Sagittaria sagittifolia
Typha minima

Das friedliche Geräusch fließenden Wassers und die Lebendigkeit, die ein Wasserelement in den Garten bringt, lassen es auf meiner Wunschliste ganz oben stehen. Wasserpflanzen sind im Frühjahr und Sommer am schönsten, doch selbst an einem milden Wintertag kann die Pumpe in Betrieb genommen werden, sich Leben im Teich regen und vom Wasser reflektiertes Sonnenlicht den Garten aufheitern.

Eine offene Wasserfläche braucht, so klein sie auch sein mag, regelmäßige Pflege. Dazu gehört, daß man Wasserpflanzen teilt, Fallaub entfernt, ein ökologisches Gleichgewicht aufrechterhält, Algenwuchs verhindert, der das Wasser grün werden läßt, und bei Bedarf den Teich komplett reinigt (siehe Seite 100). Daher empfiehlt sich für einen Gärtner, der wenig Zeit hat, ein Teich nicht. Aber oft gibt es auf kleinem Raum eine Stelle, wo ein Blickfang erforderlich und sich bewegendes Wasser vielleicht am passendsten für die Gesamtgestaltung des Gartens wäre. Auf einen Teich oder ein Wasserbecken sollte jedoch verzichtet werden, wenn es in der Familie kleine Kinder gibt, da ein Kind bereits in fünf Zentimeter tiefem Wasser ertrinken kann.

Die Einbeziehung eines Wasserelements erhöht die Kosten für die Anlage eines Gartens erheblich, da ein Elektriker notwendig ist und zusätzliche Leitungen gelegt und eine Pumpe, Abdichtungsmaterial und Wasserpflanzen angeschafft werden müssen. Bei der Anlage vieler Teiche, vor allem wenn sie erhöht oder vertieft liegen, ist fachmännische Hilfe erforderlich. Im Handel sind jedoch starre Fertigbecken oder Teichfolien erhältlich, die auch der Laie einbauen kann. Ganz wichtig sind ebene Ränder, damit der Teich nicht an einem Ende halb leer und am anderen voll ist. Pumpen, Brunnen, Filter und alle anderen Dinge für die Anlage eines Wassergartens sind in Gartencentern erhältlich, für elektrische Anschlüsse ist jedoch der Fachmann zuständig. Ein Stromanschluß sollte schon bei der Anlage des Gartens bis zu der Stelle verlegt werden, die für das Wasserelement vorgesehen ist. Daher ist es sinnvoll, sich bereits im Planungsstadium für oder gegen ein Wasserelement zu entscheiden; dies spart nicht nur spätere aufwendige Arbeiten, sondern auch Kosten.

Das einfachste Wasserelement besteht aus einem Holzfaß von etwa 60 Zentimeter Durchmesser, das in den Boden eingelassen und nach Einfüllen des Wassers zum Beispiel mit *Iris laevigata* ›Variegata‹, *Nymphaea pygmaea* ›Alba‹ und dem sauerstoffbildenden *Lagarosiphon major* bepflanzt wird. Um diesen Miniaturteich noch reizvoller zu gestalten, kann direkt unter der Wasseroberfläche eine kleine Pumpe plaziert werden, die ein blubberndes Geräusch entstehen läßt. Bald werden sich auch Frösche einstellen, die Schnecken im Garten vertilgen.

Am wenigsten Pflege brauchen Wasserelemente mit einem unterirdischen Reservoir, das aus einem starren Kunststoffkübel besteht, wie man ihn im Bauhandel bekommt. Sie haben den zusätzlichen Vorteil, daß sie absolut kindersicher sind, da es keine zugänglichen tiefen Wasserbecken gibt. Der Speicher, der das herabfallende Wasser auffängt, enthält eine Unterwasserpumpe, die das Wasser zur Düse zurücktransportiert. Das Reservoir wird mit einem Metallgitter abgedeckt, das wiederum unter einer durchlässigen Schicht, etwa aus Flußkieseln oder Kies, verborgen wird. Dem Wasser zugefügtes Algizid verhindert Algenwuchs, zudem sollte man darauf achten, daß keine Blätter oder anderer Schmutz in das Reservoir gelangen. Bei Hitze muß Wasser nachgefüllt werden (man kann auch ein automatisches Nachfüllsystem installieren). Im Winter muß der Teich eventuell gesäubert werden.

Wasserelemente mit Reservoirs bringen das sanfte Geräusch fließenden Wassers in den Garten und lenken vom ständigen Verkehrslärm, der von draußen eindringt, ab. Eine griechische Vase (siehe rechts) läßt einen reizvollen Blickfang entstehen, wenn das Wasser über die gerillten bauchigen Wände plätschert. Auf ähnliche Weise kann ein waagrecht liegender Mühlstein verwendet werden. Das leise Geräusch des aus der Mitte sprudelnden Wassers wird hier durch konzentrische Wellen ergänzt, die über die Oberfläche des Steins gleiten. Weitere Variationen dieses Themas sind Findlinge oder Felsen, in die ein Loch gebohrt wurde, oder einfach ein Wasserstrahl, der auf Flußkiesel fällt.

Eine Wand im Garten ist ein idealer Platz für eine Schmuckplatte aus Bronze oder Terrakotta. Zum Auffangen des Wassers kann man ein Becken an der Wand montieren oder einen kleinen, vielleicht halbmondförmigen Teich bauen, der entweder ebenerdig oder leicht erhöht liegt. Selbst eine schattige Wand ist für ein solches Wasserelement geeignet. Pflanzen wie grüner und panaschierter Efeu, Farne, Moose, *Hosta, Alchemilla erythropoda, Luzula nivea, Arum italicum* ›Picta‹ und *Mitella breweri* können in der Nähe wachsen.

Selbst in kleine Gärten kann eine Wasserfläche einbezogen werden, die zusätzlichen Reiz und Bewegung entstehen läßt. Bei diesem formalen Teich sorgt der überkragende Steinplattenrand für Schatten im Wasser und verbirgt gleichzeitig die Teichfolie. Durchbrochener Schatten hilft, den Algenwuchs im Teich gering zu halten, und verhindert dadurch die Trübung des Wassers; bei dieser Teichgröße läßt sich das Wasser leicht klar halten. Im Frühherbst über den Teich gelegte Netze fangen das Fallaub auf, so daß kaum Gefahr durch im Wasser verrottende Blätter besteht.

Griechische Vase als Wasserelement

Jedes frostbeständige Gefäß kann für ein Wasserelement benutzt werden. Das im Boden eingelassene Wasserreservoir muß größer sein als das Gefäß, damit kein Wasser verlorengeht, wenn die Pumpe nicht in Betrieb ist. Die mit einem Filter ausgestattete Pumpe befindet sich am Boden des Reservoirs und muß von einem Fachmann angeschlossen werden. Das Auslaßrohr der Pumpe schiebt man durch das Abzugsloch des Topfes, das rundum sorgfältig abgedichtet wird, um Wasserverlust zu vermeiden.

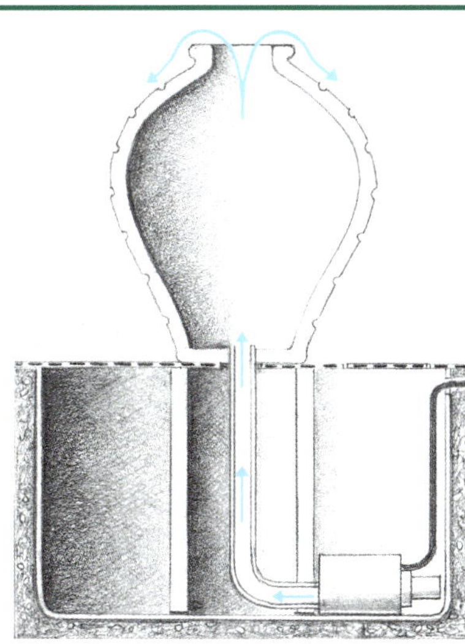

Die Vase steht auf einem stabilen »Ring« aus Kunststoff, beispielsweise einem Stück Drainrohr, das den gleichen Durchmesser wie die Vase hat. Rund um das Auslaßrohr wird der Wasserspeicher mit einem verzinkten Metallgitter mit etwa einen Zentimeter großen quadratischen Maschen abgedeckt.

Das Gitter trägt die Kieselsteine. Ein Stück kann herausgenommen werden, um die Pumpe oder den Filter zu reinigen.

Beleuchtung im Garten

Ich glaube, daß wir nachts gewöhnlich nicht genug aus unseren kleinen Gärten machen. Durch eine geeignete Beleuchtung kann der Raum im Freien weit besser genutzt werden – auch nach Einbruch der Dunkelheit. Eine gut geplante, geschickte Beleuchtung erlaubt es, den Garten an warmen Sommerabenden zu genießen, und läßt ihn das ganze Jahr hindurch vom Haus aus reizvoll aussehen. Man kann eine Vielzahl interessanter Effekte erreichen, doch ist dies nur durch die richtige Auswahl, Plazierung und Ausrichtung der Leuchten möglich.

Es gibt einfache Bausätze für Leuchten sowohl mit 12 Volt (Niederspannung) als auch mit 220 Volt (normale Netzspannung), die von Laien installiert werden können, sofern der Stromanschluß von einem Fachmann verlegt wird. Für individuelleres Licht bieten Spezialfirmen eine große Palette zusätzlicher Beleuchtungskörper an. Bei einer guten Beleuchtung wird durch ein gezieltes Einsetzen von Licht ein raffiniertes Ambiente geschaffen. Die Beleuchtungskörper sollten stets unaufdringlich sein und so gut wie möglich versteckt werden. Durch Verwendung eines Transformators kann man die Netzspannung auf 12 Volt reduzieren und Niedervoltleuchten verwenden. Diese sind sehr kompakt und unauffällig und geben dennoch gutes Licht. Ihre Lampen haben eine höhere Lebensdauer und sind sparsamer als herkömmliche Lampen, und sie können in vielen Winkeln ausgerichtet werden, was bei der Gestaltung eine große Flexibilität erlaubt. Der Durchmesser der Lichtkegel reicht von fünf bis 60 Grad. Ein schmaler Lichtkegel von fünf Grad ist gut geeignet, um Details hervorzuheben. Im Gegensatz dazu erhellt ein Lichtkegel von 60 Grad eine größere Fläche und ist als allgemeine Beleuchtung oder zum Beleuchten eines großen Baumes nützlich. Niedervolt-Elektroanlagen für den Außenbereich sind ungefährlich, selbst wenn sie mit Wasser in Kontakt kommen, und durch die geringe Wärmeentwicklung erleiden umliegende Blätter nicht so leicht Verbrennungen, da die Lampen nicht so heiß werden. Leuchten mit Netzspannung gibt es im allgemeinen nur als Punktstrahler und mit flutendem Licht. Auf kleinem Raum haben sie begrenzten Wert, aber im Boden können sie einen großen Baum erhellen.

Lichtplanung und Lichteffekte

Suchen Sie zunächst bis zu fünf interessante Dinge aus, wie beispielsweise einen Baum, einen Tonkübel, die zu ihm führenden Stufen, ein Spalier oder die Terrasse. Ziel ist es, mit Hilfe von Dunkelheit, Schatten und Licht eine Szene zu schaffen, um die beleuchteten Objekte oder Pflanzen zur Geltung zu bringen. Als die Hauptattraktion kann der Terrakottakübel mit ein oder zwei schmalen akzentuierenden Leuchten von der Seite angestrahlt werden. Um diesen Blickfang einzurahmen, kann man die Stufen mit einer Kombination aus die Länge betonendem Licht und Streiflicht erhellen und die Beleuchtungskörper so plazieren, daß ein Strahl quer über Setzstufe oder Trittfläche fällt. Für den Baum kann eine Beleuchtung, die das Mondlicht nachahmt, gewählt werden, um ein Spiel von Licht und Schatten entstehen zu lassen. Ein reizvolles Spalier, das sich vielleicht an einer Wand befindet oder als Trennelement im Garten dient, kann ebenfalls betont werden: Ein in Bodenhöhe angebrachter Punktstrahler, der nach oben gerichtet ist, läßt durch das Spalier und das Laub von Kletterpflanzen hindurch reizvolle Schattenmuster entstehen. Auf einer Terrasse sollte man rund um den Tisch eine niedrige Beleuchtung anbringen. Beleuchtungskörper, die auf umliegende Pflanzen oder Blickfänge gerichtet sind, lassen ein weiches, gedämpftes Licht entstehen, und Kerzen auf dem Tisch sorgen ebenfalls für stimmungsvolle Beleuchtung. Leuchten, die mit einem Rastervorsatz ausgestattet sind und von oben herunterhängen, verleihen durch funkelnde Lichtpunkte dem Garten besonderen Reiz.

Jede Art der Beleuchtung beugt Einbrüchen und Wandalismus vor. Vielleicht möchten Sie jedoch eine spezielle Sicherheitsbeleuchtung installieren. Leuchten mit Bewegungsmeldern schalten sich ein, wenn der Infrarot-Sensor eine Bewegung registriert. Sie sind ein guter Schutz vor Einbrechern. In einem kleinen Garten kann ihre Installation jedoch schwierig sein, da bereits eine Katze das Licht angehen lassen kann – sicher nicht zur Freude der Nachbarn. Die Brenndauer sollte nicht zu lang sein: Fünf Minuten sind besser als 15 und reichen aus, um unerwünschte Besucher abzuschrecken, halten aber die Belästigung in Grenzen.

Länge betonendes Licht lenkt das Auge eine bestimmte Strecke entlang oder durch einen Bogen zu einem Blickfang. Niedrig angebrachte Leuchten rahmen dieses Element ein oder heben es hervor und lassen den Eindruck von Weite entstehen.

Bei einer **schattenerzeugenden Beleuchtung** wird der Schatten einer Pflanze oder eines Objekts auf eine Mauer oder eine andere senkrechte Fläche geworfen. Man bringt den Beleuchtungskörper vor der

Wenn die Dämmerung hereinbricht, betonen der nach oben gerichtete Strahler im Baum und eine niedrige Beleuchtung rund um das Wasserbecken die Blickfänge in diesem Garten und lenken das Auge auf die dahinterliegende Aussicht. Die Beleuchtungskörper wurden sorgfältig verborgen, um die durch die Beleuchtung entstehenden Effekte nicht zu beeinträchtigen. Eine Leuchte an der Hauswand spendet abends auf der Terrasse Licht und ermöglicht dadurch eine bessere Nutzung dieses Gartenbereichs.

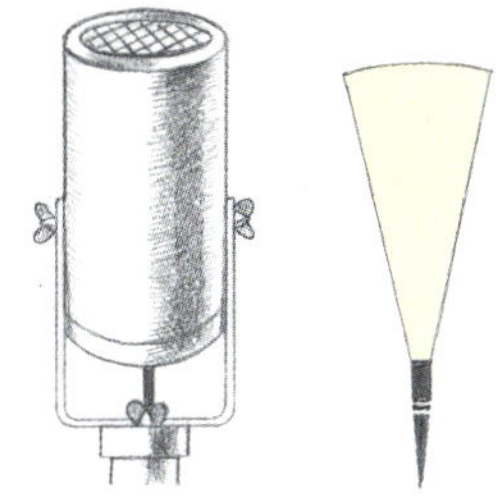

Richtstrahler (akzentuierende Beleuchtung)

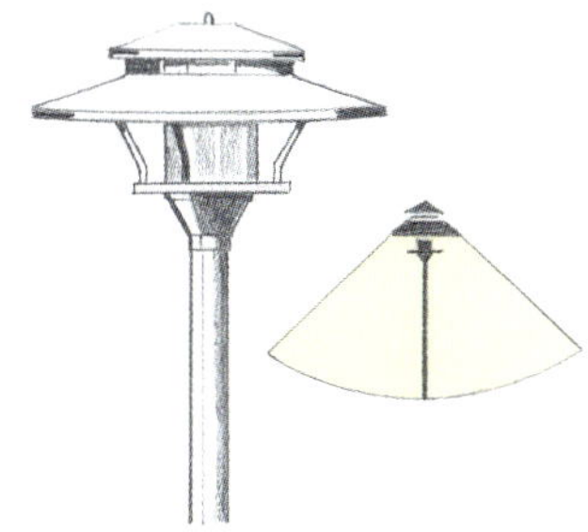

Gartenleuchte

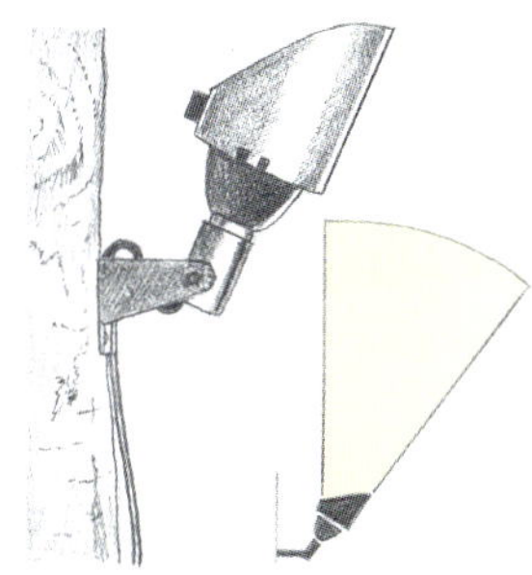

Nach oben gerichteter Strahler (am Baum montiert)

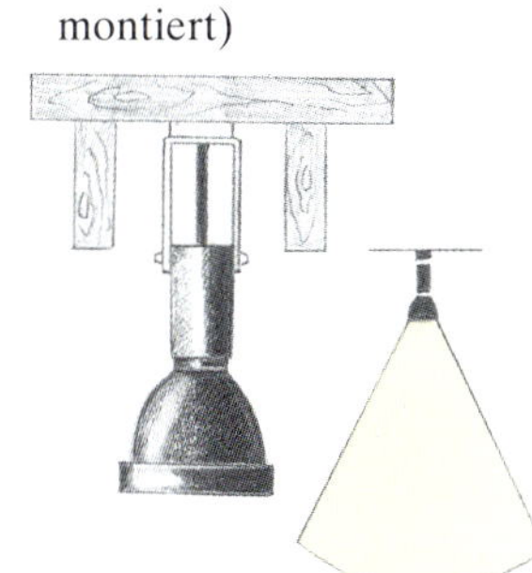

Nach unten gerichteter Strahler

Pflanze an und richtet den Strahl von unten durch sie hindurch nach oben. Dies ist eine interessante Möglichkeit, um einen kleinen Raum zwischen den Mauern von Nachbarhäusern zu beleuchten.

Durch **Streiflicht** bringt man den Charakter oder die Textur einer Oberfläche oder eines Elements, wie einem Topf oder Pfosten, zur Geltung und betont sie.

Für eine **akzentuierende Beleuchtung** werden Strahler so plaziert, daß sie besondere Pflanzen oder Elemente betonen. Experimentieren Sie mit der Lichtkegelbreite und Lichtstärke. Mit großem Abstand angebrachte Punktstrahler sind besonders effektiv.

Gartenleuchten sind niedrige Beleuchtungskörper mit diffusem Licht, die sich für Auffahrten, Wege, Rasen oder Rabatten eignen. Diese Art der Beleuchtung kann einen regelmäßig benutzten Weg hervorheben, ohne von anderen Gartenelementen abzulenken. Wählen Sie kleine, unauffällige Leuchten.

Silhouetten entstehen durch ebenerdig montierte, nach oben gerichtete Strahler oder Bodenleuchten, die sich zwischen einer Pflanze oder einem anderen Element und dem Hintergrund befinden. Hier entsteht eine sehr raffinierte Wirkung.

Nach oben gerichtetes Licht hebt Strukturen hervor und läßt Schatten entstehen. Es bietet eine schöne Möglichkeit, um im Winter die kahlen Äste von Bäumen wie *Acer palmatum* oder die gedrehten Stämme der Scheinakazien-Sorte (*Robinia pseudoacacia*) ›Tortuosa‹ zur Geltung zu bringen.

Nach unten gerichtetes Licht von Beleuchtungskörpern, die hoch angebracht werden, eignet sich gut für eine allgemeine Beleuchtung. Sie kann auch benutzt werden, um einen Hintergrund, einen Vordergrund und eine Perspektive im Garten anzudeuten.

Die **Kombination zweier Lichtquellen,** die nach oben und nach unten gerichtet sind, ist nützlich, um Terrassen und Bäume zu erleuchten.

Unterwasserstrahler bringen Wasserelemente oder Statuen zur Geltung, können aber nur in klarem Wasser verwendet werden.

Spiegelungen auf Wasserflächen entstehen, wenn der Bereich hinter dem Teich beleuchtet, aber der Teich selbst im Dunkeln ist. Große Bäume oder Dekorationen an der hinteren Seite des Teiches werden beleuchtet und spiegeln sich dann im Wasser.

Mondlichteffekte entstehen, wenn mildes diffuses Licht, das durch eine oben im Baum plazierte Leuchte erzeugt wird, durch die Zweige fällt, die unten durchbrochene Schatten bilden. Dies ist auch eine gute Form der Sicherheitsbeleuchtung.

PFLANZEN FÜR KLEINE GÄRTEN

Gerade in einem kleinen Garten, wo der Platz begrenzt ist, kommt es auf jede Pflanze an, da sie Teil der Gesamtgestaltung ist. Und da man alle Pflanzen jederzeit betrachten kann, sollten sie möglichst lange schön aussehen – am besten das ganze Jahr über – und sich gegenseitig ergänzen. Eine gelungene Bepflanzung bringt die unbelebten Elemente im Garten zur Geltung und betont die Gesamtgestaltung vorteilhaft. Im Laufe der Jahre werden einige Pflanzen gedeihen, während andere kümmern, zudem wird sich Ihr Geschmack vielleicht ändern und mit ihm auch Ihre Vorstellungen, doch solange die strukturierende Bepflanzung im großen und ganzen erhalten bleibt, kann sich der wachsende Teil Ihres Gartens weiterentwickeln.

Dieser kleine Garten in seiner sommerlichen Schönheit wird auch im Winter ein ausgewogenes Bild bieten. Den immergrünen Rahmen bilden Bambusgras *(Thamnocalamus spathaceus), Euphorbia characias* ssp. *wulfenii, Asplenium scolopendrium* und Efeu. Selbst im Winter neigen sich die kahlen Triebe der Kletterrose (*Rosa* ›Cecile Brunner‹) noch über die Mauer, und gleich zu Anfang des Frühjahrs sorgt Winterjasmin *(Jasminum nudiflorum)* für Farbe.

Gestaltung mit Pflanzen

Die Bepflanzung füllt den Grundriß, das Skelett, des Gartens mit Substanz und Leben und verleiht ihm eine besondere Stimmung oder Atmosphäre. Bezieht man das Thema der Bepflanzung und gerüstbildende Pflanzen wie Bäume oder Hecken schon zu einem frühen Zeitpunkt in den Entwurf ein, werden sie zu einem integralen Bestandteil der Gartengestaltung und bringen Oberflächen, Grundstücksgrenze und andere Elemente vorteilhaft zur Geltung. Deshalb ist es wichtig, von Beginn an einen detaillierten Pflanzplan anzufertigen. Ich stelle immer wieder fest, daß die Planung sehr kleiner Gärten ebensoviel Zeit in Anspruch nehmen kann wie die großer Rabatten mit doppelt so vielen Pflanzen, da jeder Pflanze eine große Bedeutung zukommt. Dieser erste Plan legt die Grundstruktur der Pflanzung fest, auch wenn an ihr zweifellos noch kleinere Veränderungen vorgenommen werden, während nicht nur die Pflanzen, sondern auch Ihr Wissen und Ihr Verständnis wachsen.

Die Bepflanzung wird oft als die schönste Arbeit bei der Anlage eines Gartens betrachtet, und daher wollen die meisten Gartenbesitzer sie – anders als den Bau einer Mauer oder Terrasse – selbst übernehmen. Sie kann jedoch zu einer entmutigenden Aufgabe werden, wenn man nur wenig über Pflanzen, ihr Wuchsverhalten oder ihre Vorlieben und Abneigungen weiß. Deshalb ist es wichtig, sich ein wenig über die Pflanzen, die man verwenden möchte, zu informieren. Die Auswahl der Pflanzen kann mit dem Kauf einer Zimmereinrichtung verglichen werden, da die Pflanzen und Pflanzengruppen den durch die Grundgestaltung festgelegten Stil positiv zur Geltung bringen sollen, ob er nun formal oder frei, nach Art eines Bauerngartens oder von einem mediterranen Flair geprägt ist.

Die Lektüre von Büchern und Zeitschriften kann anfangs hilfreich sein, doch sollte man nicht einfach nur sein liebstes Gartenbuch durchsehen und danach seine Pflanzen auswählen. Zeichnungen sind nicht immer genau, und Fotos können irreführend sein. Eine viel bessere Idee ist es, mit einigen Pflanzen zu beginnen, deren Wuchsform, Größe und Blütenfarbe man kennt, und dieser Grundauswahl nur wenige unbekannte Pflanzen hinzuzufügen.

Bei vielen der bekannteren Pflanzen, die häufig geringschätzig betrachtet werden, weil sie so verbreitet sind, kann man sich darauf verlassen, daß sie praktisch in jedem Boden oder Garten gedeihen – gerade darum sind sie ja so beliebt. Pflanzen wie Wilder Wein *(Parthenocissus quinquefolia),* Forsythie und *Saxifraga* × *urbium* bereiten bei sehr wenig Mühe viel Freude, und daher sollte man nicht auf sie verzichten, nur weil sie so verbreitet sind. Wenn Sie einmal mehr Interesse und Erfahrung und ein größeres Wissen über Pflanzen haben, können Sie stets weitere Pflanzen hinzufügen und mit ihnen experimentieren. Ihr Bepflanzungsplan legt das Grundgerüst fest, doch die schönsten Gärten sind niemals statisch. Sie werden ständig verändert, während sich die Pflanzen entwickeln und reifen.

Den Pflanzplan zeichnen

Für den Pflanzplan sollte man einen Maßstab von 1 : 50 oder 1 : 20 verwenden, um ihn detailliert genug zeichnen zu können. Pflanzen werden als Kreise dargestellt, wobei ein Kreuz ihre Mitte markiert. Der Kreisdurchmesser gibt die ungefähre Breite einer Pflanze an. Bäume und Sträucher werden nur als Umriß dargestellt, so daß man auch die kleineren Stauden, die unter ihnen wachsen, einzeichnen kann. Zwischen den Kreisen sollten möglichst keine Lücken entstehen. Stauden können später durch Teilung ausgedünnt werden.

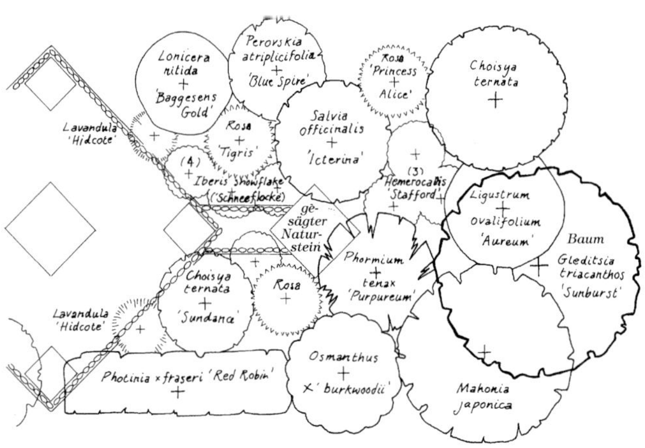

Die Pflanzabstände sollten auf der Basis der voraussichtlichen Größe in drei bis fünf Jahren festgelegt werden (siehe Seite 68).

Pflanzen zusammenstellen

Am besten beginnt man damit, festzustellen, welche Bedingungen die Pflanzen oder Pflanzgruppen in allen Bereichen des Gartens erfüllen müssen. Ich finde es hilfreich, dazu ein Stück Transparentpapier auf den Gartengrundriß (siehe Seite 29) zu legen oder mit Bleistift auf diesem Plan alle praktischen und ästhetischen Gegebenheiten zu notieren, die die Auswahl der Pflanzen bestimmen, wie etwa »trockene, sonnige Rabatte« oder »Bereich mit durchbrochenem Schatten«. Dann fertigt man eine Liste von Pflanzen an, die einem gefallen und die gleichzeitig die praktischen Bedingungen der verschiedenen Flächen erfüllen und mit dem Gesamtstil des Gartens harmonieren.

Praktische und klimatische Bedingungen

Selbst auf einem kleinen Grundstück weist das Mikroklima vermutlich Unterschiede auf, und die Bedingungen können schon in benachbarten Gartenbereichen variieren. Notieren Sie alle Unterschiede in der Bodenbeschaffenheit. Ist der Boden etwa in einem Bereich schwer, in einem anderen trockener und besser drainiert oder an einer tiefliegenden Stelle naß? Geben Sie die Himmelsrichtung und die Verteilung von Sonne und Schatten in den verschiedenen Bereichen des Grundstücks an. Liegt etwa eine Mauer nach Süden, so daß es an ihr heiß und trocken ist, oder nach Osten, was bedeutet, daß sie dem kalten Winterwind ausgesetzt ist, der vermutlich alle Pflanzen mit Ausnahme extrem harter Arten eingehen läßt? Oder entsteht durch ein Laubdach ein schattiger, trockener Bereich, oder gibt es vorspringende Gebäudeteile, unter denen trockene, regenfreie Flächen liegen? Vermerken Sie alle Schutzvorrichtungen, die erforderlich sind. Gibt es eine häßliche Aussicht oder ein Gebäude, das versteckt werden muß, und benötigen Sie einen hohen Strauch oder einen Baum? Muß eine große Wandfläche mit einer immergrünen Kletterpflanze verborgen werden? Tragen Sie alle besonderen Aspekte ein, die bei der Bepflanzung berücksichtigt werden müssen. Sollte auf giftige oder dornige Pflanzen verzichtet werden, weil kleine Kinder im Garten spielen? Möchten Sie, daß nahe der Terrasse duftende Blumen oder Blätter wachsen?

Ästhetische Aspekte

Was die ästhetische Wirkung betrifft, so ist es das wichtigste Ziel, durch die Verwendung von Wuchsformen, einzelnen Blüten- und Blattfarben, Silhouetten, Texturen und jahreszeitlichen Effekten eine ausgewogene, einheitliche Komposition zu schaffen. Vermerken Sie gegebenenfalls, in welcher Jahreszeit die Blüten und Blätter Ihrer Pflanzen am reizvollsten wirken sollen. Vielleicht wünschen Sie beispielsweise, daß in dem Gartenbereich direkt bei der Eingangstür Pflanzen wachsen, die im Winter dekorativ aussehen, der Bereich unter einem großen Baum im Herbst besonders anziehend wirkt oder die Pflanzungen dicht bei der Terrasse im Sommer ein Meer aus Farben entstehen lassen. Vielleicht soll aber der gesamte Garten nur aus Laubsträuchern bestehen. In diesem Fall geben Sie an, welche Funktion Ihre Pflanzen erfüllen müssen, ob es sich also um Kletterpflanzen, immergrüne Gewächse für den rückwärtigen Bereich der Rabatte oder kleinere für vorne handelt. Welche Größe werden sie in etwa zehn Jahren haben? Notieren Sie, welche Farben Sie

In dieser vorwiegend mit Sommerblumen bepflanzten Gartenecke bildet ein Birnbaum mit silbrigem Laub und hängendem Wuchs (*Pyrus salicifolia* ›Pendula‹) den Hintergrund und dient als Stütze für eine *Clematis* und eine weiße Rose. Die aufrechten Triebe und Blätter von Lavendel *(Lavandula)*, Schwertlilie *(Iris)* und Ochsenzunge *(Anchusa)* ergeben einen hübschen Kontrast. Weicher Frauenmantel *(Alchemilla mollis)*, Immergrün *(Vinca minor)* und Veilchen *(Viola)* lassen die Komposition weicher erscheinen.

bevorzugen oder ob Sie sie passend zu einer Farbkombination im Haus wählen möchten. Wenn Sie all diese Dinge aufgeschrieben haben, stellen Sie eine Liste von Pflanzen zusammen, die diese Anforderungen erfüllen. Eine grobe Einteilung der Pflanzen in Gruppen (siehe Seite 72) wird Ihnen dabei helfen. Zuerst widmen Sie sich dem Gerüst (Bäume und große Akzentpflanzen, die dem Garten seine Form geben) und der Hintergrundbepflanzung jeder Rabatte, die Gesamtgestaltung und Stil unterstreichen und sicherstellen, daß der Garten rund ums Jahr reizvoll ist. In diesem Stadium der Planung können eventuell auch kleinere Akzentpflanzen, die für Abwechslung sorgen, in eine Pflanzgruppe einbezogen werden. Man kann beispielsweise einen in eine runde Form geschnittenen Buchsbaum *(Buxus sempervirens)* oder eine Orangenblume *(Choisya ternata)* als dominierende Pflanze in eine Gruppe aufnehmen. Wenn sie von Pflanzen mit weicheren Wuchsformen umgeben sind, wie *Bergenia stracheyi* ›Alba‹ oder dem Hornveilchen *(Viola cornuta)* ›Alba‹, stellen sie einen Glanzpunkt innerhalb der Gruppe dar. Im Gegensatz dazu haben Pflanzen eine markante, auffällige Wirkung, wenn sie als Solitäre einen Durchgang zu einem Rasen oder einem zweiten Gartenbereich einrahmen: Hier werden sie zu Blickfängen. Diese strukturierende Pflanzung erweitert man durch mittelgroße und dekorative Pflanzen, die die Gestaltung betonen, fügt ergänzende Pflanzen- und Wuchsformen sowie Blattfärbungen und -formen hinzu und Blüten, die zu verschiedenen Jahreszeiten für Farbe sorgen.

Pflanzabstände

Viele Sträucher benötigen etwa 20 Jahre, bis sie ausgewachsen sind. Wenn man diese Zeit in einem kleinen Garten bei der Pflanzung berücksichtigen würde, blieben über Jahre hinweg große Flächen kahl. Der Bepflanzungsplan sollte die Entwicklung der Pflanzen in einem Zeitraum von drei bis fünf Jahren berücksichtigen, wobei strukturierende Sträucher Platz für eine langfristige Entwicklung erhalten; zunächst setzt man jedoch Stauden und kleinere Sträucher zwischen sie, um die Flächen zu begrünen. Bei einer langfristigeren Planung pflanzt man die strukturierenden Sträucher weiter auseinander – bis zu drei Metern – und setzt hohe Stauden dazwischen, die entfernt werden können, wenn die Sträucher wachsen. Als vorübergehende Lückenfüller eignen sich Pflanzen wie *Campanula lactiflora* ›Lodden Anna‹, Sorten von *Phlox paniculata* und Fingerhut *(Digitalis purpurea)*.

Bei einigen der wuchsfreudigen Sträucher ist regelmäßiger Schnitt erforderlich, um die Ausgewogenheit zu bewahren. Es mag notwendig sein, die Höhe großer

Der richtige Abstand

Bei der Anfertigung eines Pflanzplans verwende ich bestimmte Standardabstände. Sie geben die Bodenfläche an, die die Pflanzen voraussichtlich in drei bis fünf Jahren einnehmen. Danach müssen die Sträucher regelmäßig geschnitten werden.
Kletterpflanzen: 2–3 m
Strukturierende Sträucher: 100–150 cm
Mittelgroße Sträucher: 60–120 cm
Kleine oder füllende Sträucher: 50–100 cm
Stauden: 30–60 cm

Die unansehnliche Mauer hinter diesem kleinen Hochbeet wurde durch die immergrünen Kletterpflanzen *Garrya elliptica* und Efeu *(Hedera helix* ssp. *helix)* ›Buttercup‹ versteckt. Die weißblühende *Clematis viticella* ›Alba Luxurians‹ setzt im Sommer Glanzlichter, ebenso *Agapanthus campanulatus* ›Albidus‹, die *Anemone-Japonica*-Hybride ›Honorine Jobert‹, Funkien *(Hosta)* und Veilchen *(Viola)*, die die Fläche füllen. Die harmonische Pflanzung rahmt die Mauer ein.

Sträucher zu erhalten, weil sie Schutz bieten. Doch wenn sie nie geschnitten werden, dann können sie irgendwann die Hälfte des Gartens einnehmen.

Die Wachstumsgeschwindigkeit einer Pflanze hängt von Boden, Situation und Gegend ab und kann selbst in einem kleinen Garten stark variieren. Der beschränkte Wurzelraum unter einer gepflasterten Fläche oder der trockene Boden neben dem Haus beeinträchtigen das Wachstum, und daher werden Sträucher an diesen Stellen nie ihre maximale Größe erreichen.

Selbst auf der begrenzten Fläche eines kleinen Gartens sollte man eine Rabatte stets so breit wie möglich planen, damit hinten Platz für eine Reihe hoher Sträucher ist, davor mittelhohe Pflanzen und vorne niedrige Arten gesetzt werden können. Doch möglicherweise steht Ihnen nur eine schmale Fläche zur Verfügung, auf der nicht mehr als eine Kletterpflanze wachsen kann, um den Zaun zu verbergen. Vielleicht ist jedoch eine Unterpflanzung möglich. Sehr hohe, ausladende Sträucher wie etwa *Forsythia spectabilis,* Kirschlorbeer *(Prunus laurocerasus),* Zwergmispel *(Cotoneaster salicifolius* und *C. floccosus)* können in einem kleinen Garten erdrückend wirken. Bevor Sie eine Pflanze entfernen, überlegen Sie stets zuerst, ob nicht ein Schnitt möglich ist. Die genannten Sträucher können auch an einer Mauer oder einem Spalier erzogen werden und behalten bei regelmäßigem Schnitt eine annehmbare Größe.

OBEN Eine Komposition aus Maiglöckchen *(Convallaria majalis),* Veilchen (*Viola riviniana* Purpurea-Gruppe) und Perlfarnen *(Onoclea sensibilis)* läßt im Spätfrühjahr neben einer Terrasse eine hübsche blühende Gruppe entstehen. Die kräftigen Formen der Farne setzen einen auffälligen Akzent; Veilchen und Maiglöckchen breiten sich um sie herum aus und füllen die freien Flächen.

LINKS In dieser kleinen Rabatte sind alle Pflanzenkategorien auf gelungene Weise kombiniert. Den Mittelpunkt bildet eine kleine Bleifigur mit einem Vogelbad. Ein Perückenstrauch *(Cotinus coggygria)* sorgt mit seinem purpurn überlaufenen, glänzenden Laub für Struktur, und ein gelbgrüner Weicher Frauenmantel *(Alchemilla mollis)* gibt der Mitte Fülle. Das leuchtendgrüne riemenförmige Laub von *Agapanthus campanulatus,* der später blüht, läßt die zarten tiefrosa Blüten des Storchschnabels *(Geranium palmatum)* hervortreten. Im Vordergrund wächst *Arabis alpina* ›Variegata‹.

Bäume für kleine Flächen

Ein Baum mit hängender Wuchsform bildet einen auffälligen Blickfang.

Eine unregelmäßige, ausladende Wuchsform spendet in einem freigestalteten Garten Schatten.

Die Säulenform paßt gut in schmale Gärten, die Höhe brauchen.

Wenn Sie Platz für einen Baum haben und in Ihren kleinen Garten einen Baum einbeziehen möchten, sollten Sie ihn bereits im Stadium der Planung auswählen, da dies eine grundlegende Entscheidung ist. Der richtige Baum prägt wesentlich die Gestaltung, bildet einen Hauptblickfang und sorgt für die gewünschte Menge Schatten. Ein Baum ist ungeeignet, wenn er sehr schnell zu groß wird und den Garten dominiert, zuviel Schatten wirft und seine Wurzeln Gebäude oder Versorgungsleitungen schädigen. Oder er ist nicht attraktiv genug, um während des gesamten Jahres reizvoll zu sein. Anders als ein kleiner Strauch läßt sich ein Baum schwer umsetzen, und es geht wertvolle Zeit verloren, wenn man eine neue Art pflanzen muß.

Ein bereits existierender Baum kann im Sommer für Ungestörtheit und Schatten sorgen und bietet die Möglichkeit, eine Schaukel oder Hängematte aufzuhängen, doch er hat als strukturierendes Element größeren Wert, wenn er auch dekorative Eigenschaften besitzt. Geeignete Bäume können attraktives Laub haben, schöne Herbstfarben, Früchte, Blüten und hübsch strukturierte oder gefärbte Rinde, die im Winter interessant wirkt. Bei der Auswahl eines Baumes für einen kleinen Garten sollte man sich nach Möglichkeit für ein Exemplar entscheiden, das mindestens zwei dieser besonderen Eigenschaften in sich vereinigt: zum Beispiel für *Prunus* ›Pandora‹ mit Frühjahrsblüten und schönem Herbstlaub, die Ebereschen-Art *Sorbus hupehensis* mit herrlich gefärbtem Sommerlaub und Herbstbeeren oder die Felsenbirne *(Amelanchier canadensis),* die zu Frühjahrsbeginn, wenn ihre kupferfarbenen Blätter erscheinen, weiße Blüten trägt und das Jahr mit einer prachtvollen Herbstfärbung beschließt. Aber ich beziehe auch einige Bäume mit nur einer der genannten Eigenschaften in mein Repertoire mit ein, weil sie entweder eine sehr lange Saison haben oder sich für kleine Flächen besonders gut eignen. Der Lederhülsenbaum *(Gleditsia triacanthos)* ›Sunburst‹ etwa trägt den ganzen Sommer zartgelbes Laub, durch das gesprenkelter Schatten fällt. Und die gestreifte Rinde von *Acer grosseri* sieht in der Winterlandschaft sehr wirkungsvoll aus. Auch wenn sein Laub das übrige Jahr schlicht grün ist, eignet sich der kleine, kompakte Baum hervorragend für einen kleinen Garten, in dem Laub dominiert.

Informieren Sie sich durch Bücher über Bäume, oder schauen Sie sich ein ausgewachsenes Exemplar an, bevor Sie einen jungen Baum auswählen und kaufen. So sehen Sie, wie er sich langfristig entwickelt, was beim Kauf möglicherweise noch nicht erkennbar ist. Verlangt Ihre Gestaltung nach einem »richtigen« Baum mit einem glatten Stamm von zwei bis drei Meter Höhe bis zur Krone, damit Sie andere Pflanzen unter ihn setzen oder unter ihm durchgehen können? Oder verlangt sie nach einem Baum, der bis zum Boden verzweigt und belaubt ist? Junge Bäume mit Seitenästen am Hauptstamm können während des Wachstums zu einem Baum mit Krone erzogen werden. Andere sollten am besten mehrstämmig bleiben wie etwa die Kupferfelsenbirne *(Amelanchier lamarckii)* und der Eschenahorn *(Acer negundo)* ›Flamingo‹.

Die beste Baumform

Ein Baum kann jedoch nicht isoliert gesehen werden, und wie jedes andere Element eines kleinen Gartens muß er sich gut in die Gesamtgestaltung einfügen. Die Wachstumsart des Baums gibt einen Hinweis darauf, wie sich der Astaufbau entwickelt, und die Gesamtform der Pflanze ist im Sommer am besten erkennbar, wenn der Baum voll belaubt ist. Sowohl Wachstumsart als auch Gesamtform müssen den gewählten Gestaltungsstil und den Pflanzplan ergänzen, und Farbe und Form sollen mit angrenzenden Pflanzungen kontrastieren oder harmonieren, um einen positiven Beitrag zum Gesamteindruck zu leisten.

Bäume wirken auch im weiteren Sinne strukturierend (siehe Seite 74), etwa indem sie ein Gegengewicht zu einem Gebäude bilden. Dennoch müssen sie immer als Teil der Gesamtkomposition betrachtet werden. Die Höhe und das immergrüne Laub von Nadelgehölzen sind in einem kleinen Garten nützlich, um im Winter den Einblick in die Fenster des oberen Stockwerks zu verhindern; denn es sind zwar viele Bäume hoch, doch nur wenige ganzjährig belaubt. Informieren Sie sich vor dem Pflanzen über die endgültige Höhe und Breite, da viele der höheren Koniferen zwei bis drei Meter breit werden und somit erheblichen Platz beanspruchen. Zu den Koniferen mit aufrechtem Wuchs, die sich für kleine Gärten eignen, gehören der Lebensbaum *(Thuja occidentalis)* ›Smaragd‹ sowie die Wacholder-Sorten *Juniperus communis* ›Hibernica‹ und *J. scopulorum* ›Blue Heaven‹. Denken Sie daran, daß diese markanten Säulenformen auch die Funktion eines Blickfangs haben (siehe Seite 72).

Das große Spektrum der Bäume mit leicht unregelmäßiger bis runder Krone ist für die meisten kleinen Gärten geeignet, und ihr lockeres Laubdach wirkt nicht dominant. Sie können wegen ihrer Blüten,

Ein Birnbaum mit hängender Wuchsform (*Pyrus salicifolia* ›Pendula‹) ist ein ausgezeichneter Solitär für kleine Gärten. Er wird fünf bis acht Meter hoch und erreicht einen Kronendurchmesser von vier Metern. Man kann auf einen Schnitt verzichten und seine Äste bis auf den Boden herabhängen lassen oder ihn schneiden, so daß eine nur leicht hängende Krone mit einem glatten Stamm entsteht – auf diese Weise gelangt mehr Licht zum Boden, und man kann unter dem Baum durchgehen.

BÄUME FÜR KLEINE GÄRTEN

Acer davidii
A. negundo ›Flamingo‹
Alnus incana ›Aurea‹
Amelanchier canadensis
Crataegus pedicellata
Gleditsia triacanthos ›Rubylace‹
Magnolia × soulangiana
Malus ›John Downie‹, ›Golden Hornet‹, ›Royal Beauty‹ (hängend) und ›Royalty‹
Mespilus germanica
Prunus ›Amanogawa‹ und ›Pandora‹
P. × subhirtella ›Autumnalis‹ und ›Fukubana‹
Pyrus salicifolia ›Pendula‹
Robinia hispida
R. × margaretta ›Pink Cascade‹ (syn. ›Casque Rouge‹)
R. × slavinii ›Hillieri‹
Sorbus aria ›Chrysophylla‹
S. aucuparia ›Dirkenii‹
S. hupehensis
S. vilmorinii
Ulmus minor ›Dampieri Aurea‹ (syn. ›Wredei‹)
Wisteria (als Hochstämmchen erzogen)

Früchte, Blätter oder Rinde gepflanzt werden und fügen sich leicht in den Bepflanzungsplan ein, sorgen aber dennoch für Schatten, Struktur und Höhe.

Bäume mit einem aufrechten bis fächerförmigen Wuchs, wie etwa die Zierkirsche *(Prunus × subhirtella)* ›Autumnalis‹ oder der Lederhülsenbaum *(Gleditsia triacanthos)* ›Rubylace‹, sind ausgezeichnet für kleine Grundstücke geeignet, da sie für Höhe sorgen und gleichzeitig Licht durch ihr Laub lassen, so daß sie unterpflanzt werden können. Dagegen bilden Bäume mit hängendem oder kuppelartigem Wuchs einen markanten Blickfang (siehe Seite 72). Die hängenden Äste der Weißbirke *(Betula pendula)* ›Youngii‹ wirken weicher als der hängende Wuchs der kleineren Salweide *(Salix caprea)* ›Kilmarnock‹.

Für Gärten, die sehr schmal sind und in denen daher Höhe erforderlich ist, sind säulenförmige Bäume ungemein nützlich, doch ihre schlanke Wuchsform zieht den Blick auf sich. Setzen Sie deshalb Bäume wie *Prunus* ›Amanagowa‹ und Eberesche *(Sorbus aucuparia)* ›Fastigiata‹ mit Bedacht ein, oder umgeben Sie sie mit anderen Pflanzen, die die vertikale Wirkung mildern. Eine etwas breitere quadratische oder zylindrische Krone kann geschaffen werden, wenn man Bäume wie *Taxus baccata* ›Fastigiata‹ durch Schnitt formt. Solche Bäume eignen sich besonders gut für den kleinen formalen Garten.

Die gedrehten Zweige der Scheinakazie *(Robinia pseudoacacia)* ›Tortuosa‹ oder der Haselnuß *(Corylus avellana)* ›Contorta‹ sind vor allem im Winter nach dem Laubfall ungemein markant, und sie verleihen einer Komposition einen gewissen Witz. Die gedrehte Form kommt besonders gut zur Geltung, wenn man sie in Verbindung mit Felsen, Kieseln und Wasserelementen verwendet. Durch das lichte Laubdach der Scheinakazie sind die gedrehten Zweige selbst im Sommer sichtbar.

Einige Gärtner veredeln *Malus* und *Prunus* auf schwachwüchsigen Unterlagen, wodurch ihre Endgröße auf etwa zwei Drittel der zu erwartenden Normalgröße begrenzt wird. Sie wachsen dennoch relativ rasch, und Obstbäume bringen nach vier bis fünf Jahren gute Ernten. Fragen Sie beim Kauf nach *Prunus* auf einer Colt-Unterlage oder nach *Malus* auf einer M27-Unterlage. Entfernen Sie alle Triebe, die unterhalb der Veredelungsstelle erscheinen, denn wenn sie sich entwickeln können, werden sie die Eigenschaften der Unterlage besitzen, nicht die der gewählten Sorte.

Andere Bäume sind möglicherweise aufgrund ihres extrem langsamen Wachstums klein, was bedeutet, daß es sehr lange dauert, bis ein Baum seine eigentliche Größe erreicht, vor allem wenn ein kleines Exemplar gepflanzt wird. Von vielen Bäumen werden im Handel große Exemplare angeboten, die aber meistens sehr teuer sind. Ein kräftiger Schnitt von Beginn an läßt einen Baum länger leben und eine schöne verzweigte Form entstehen – schneiden Sie jedoch nicht zu stark, um die Silhouette nicht zu verderben.

Pflanzenkategorien

Rosmarinus officinalis
(Rosmarin)

Vom Rosmarin heißt es, er würde das Gedächtnis stärken. Zu Zeiten der Pest trug man ihn in Kissen oder in den hohlen Griffen von Spazierstöcken mit sich, da ihm auch eine reinigende Wirkung zugeschrieben wurde. Rosmarin ist ein Kraut, das häufig in der Küche verwendet wird. Wenn man ihn über offenem Feuer verbrennt, verströmen seine Nadeln einen herrlichen Duft.

Ich finde es hilfreich, Gartenpflanzen in vier Kategorien zu unterteilen: Akzentpflanzen, Hintergrund- und strukturierende Pflanzen, mittelgroße Pflanzen und dekorative Pflanzen. Beim Erstellen Ihres Pflanzplans sollten Sie, sofern es der Platz erlaubt, versuchen, von jeder Kategorie wenigstens einige Exemplare einzubeziehen. Auf diese Weise entsteht eine strukturierte Pflanzung, die für Form, Substanz und Winterreiz sorgt, mit einem gelegentlichen Akzent oder Blickfang als Glanzpunkt, mittelgroßen Sträuchern und Stauden für die Mitte der Gruppe und Pflanzen, die die Vorderseite der Komposition interessant machen oder jahreszeitliche Farbtupfer entstehen lassen.

Akzentpflanzen

Blickfänge müssen in der Gesamtgestaltung eingeplant werden, und es gibt einige Pflanzen, die besonders attraktive Highlights bilden. Diese Akzentpflanzen setzen Schwerpunkte, lenken das Auge durch den Garten und sorgen in der Masse der Pflanzen für markante Stellen. Auf einer sehr kleinen Fläche ist vielleicht nur eine einzelne besondere Pflanze erforderlich, trotzdem muß sie in der Größe zum übrigen Garten und zum Haus passen. Eine große Buche etwa wirkt letztlich in einem kleinen Garten völlig unproportioniert und bringt jedes Pflanzschema aus dem Gleichgewicht. Manchmal ist ein bereits vorhandener Baum dominierend und bildet unwillkürlich den Blickfang, so daß andere Pflanzungen um ihn herumgestaltet werden müssen. Diese Situation kann genutzt werden, um in seinem Schatten eine kleine Waldpflanzung entstehen zu lassen.

In einem kleinen Garten kann man nicht auf die Wirkung vergänglicher leuchtendgefärbter Blumen bauen – hier sind dauerhaftere markante Formen oder kräftige Blattfärbungen erforderlich. Versuchen Sie es mit einem der dunkelroten Ahorne wie etwa *Acer palmatum* ›Atropurpureum‹ oder ›Burgundy Lace‹ oder *Acer pseudoplatanus* ›Brilliantissimum‹ mit seiner markanten Form und gelbroten Frühjahrsfärbung. Manche Wuchsformen haben von Natur aus eine dominante Wirkung und treten immer aus ihrer Umgebung heraus, wohin man sie auch pflanzen mag. Sie ziehen den Blick auf sich und können, wenn man sie falsch plaziert, zu einem Schandfleck werden. Denken Sie an Koniferen mit aufrechtem Wuchs, und Sie werden erkennen, daß diese Konturen leicht die Aufmerksamkeit auf sich ziehen und zu einem dominanten Element werden. Ihre richtige Plazierung ist daher sehr wichtig, und sie sollten nie einfach willkürlich im Garten verteilt werden. Säulenformen sind nützlich, um eine Aussicht einzurahmen, und zwei gleiche Exemplare zu beiden Seiten eines Weges oder Gartens aufgestellt lenken das Auge zu einem Blickfang in der Ferne. Ein Solitär, vielleicht in Pyramidenform, kann sehr wirkungsvoll einen Richtungswechsel unterstreichen; hier ist nur eine Pflanze notwendig. Koniferen wie *Taxus baccata* ›Fa-

Einen Container-Strauch pflanzen

Nachdem die Erde durch Einarbeiten von gut verrottetem organischem Material vorbereitet wurde, hebt man ein Loch etwas größer als der Topf aus. Um zu prüfen, ob es ausreichend tief ist, setzt man den Topf hinein – die Erde im Topf sollte bündig mit der umliegenden Erde abschließen. Den Wurzelballen des Strauchs noch im Topf durchnässen, dann den Strauch herausnehmen; nötigenfalls behutsam auf den Topf drücken, um die Erde zu lockern, und ihn vorsichtig drehen. Mit der »Schokoladenseite« nach vorne in das Loch setzen, Erde auffüllen und gründlich wässern.

Einige Handvoll Knochenmehl sorgfältig unter die ausgehobene Erde mischen.

Die Erde wieder in das Loch füllen und festtreten, um Lufteinschlüsse zu entfernen.

stigiata‹, *T. baccata* ›Fastigiata Aurea‹ und *Juniperus scopulorum* ›Skyrocket‹ haben Säulenformen, die geeignet sind, in kleinen Gärten Akzente zu setzen.

Sträucher, die in geometrischen Formen, etwa Kugeln, Kegeln oder Würfeln, geschnitten sind, bilden großartige architektonische Elemente in einem kleinen formalen Garten. Sie sind als Paare gepflanzt geeignet, um eine Aussicht, einen Blickfang oder einen Eingang wirkungsvoll einzurahmen. Von einer niedrigen Pflanzung umgeben (siehe Seite 68), werden sie in eine Pflanzgruppe integriert, ohne ihre Dominanz zu verlieren. Efeu, der als Hochstämmchen mit runder oder hängender Krone erzogen wurde, ist eine nützliche Akzentpflanze, die allein aufgestellt werden oder zusammen mit anderen Pflanzen in einer Rabatte wachsen kann. Der glatte Stamm erlaubt es, höhere Pflanzen zu seinen Füßen zu setzen; so sorgen beispielsweise die tieflavendelblauen Blütenstände der Glockenblume *(Campanula persicifolia)* ›Percy Piper‹ im Hoch- und Spätsommer für Farbe. Ich finde die runde oder glockenartige Form anderer als Hochstämmchen erzogener Sträucher nützlich, um dort, wo vielleicht kein Platz für einen großen Strauch oder Baum ist, niedrigen Pflanzungen etwas Höhe zu geben. Sie werden zu einem integralen Bestandteil der Pflanzung, ohne sich in den Vordergrund zu drängen. Spindelstrauch *(Euonymus fortunei)* ›Emerald Gaiety‹, Ölweide *(Elaeagnus pungens)* ›Maculata‹ und *Salix integra* als Hochstämmchen erzogen bereichern eine gemischte Pflanzgruppe sowohl durch ihre Höhe als auch durch den Reiz ihres panaschierten Laubs.

Schmale, spitze Wuchsformen haben ebenfalls einen stark architektonischen Charakter, und wenn es auch nur eine begrenzte Anzahl von Sträuchern mit dieser Silhouette gibt (erwähnenswert ist *Perovskia* ›Blue Spire‹), findet man sie bei vielen Stauden, die in einer Pflanzung attraktive Effekte entstehen lassen. Neuseeländer Flachs *(Phormium)* sieht allein in Kies gepflanzt sehr wirkungsvoll aus – er braucht jedoch Sonne und einen warmen Standort. In der Mitte einer Rabatte sorgen die violetten Blütenähren der herbstblühenden *Liriope muscari,* die blaßblauen Hochsommerblüten von Ehrenpreis *(Veronica gentianoides)* oder die weißen Blütentrauben der Lupine *(Lupinus)* ›The Chandelier‹ für jahreszeitliche Glanzpunkte.

Pflanzen mit hängendem Wuchs können sehr dominant wirken und müssen behutsam verwendet werden. Salweide *(Salix caprea)* ›Kilmarnock‹, Zwergmispel *(Cotoneaster)* ›Hybridus Pendulus‹ und Erbsenstrauch *(Caragana arborescens)* ›Walker‹ lassen auf diese Weise erzogen in kleinen Gärten schöne Blickfänge entstehen, da sie ziemlich kompakt und eher strauchartig sind. Hängende Wuchsformen harmonieren besonders gut mit Wasserelementen. Sträucher mit waagrechtem Wuchs, wie Schneeball *(Viburnum plicatum)* ›Mariesii‹, sind wirkungsvolle Mittelpunkte, doch leider werden viele von ihnen für einen kleinen Garten zu groß.

Die architektonische Form dieser zwei als Kegel geschnittenen Buchsbäume zieht Aufmerksamkeit auf sich. Indem diese kräftigen Akzente neben weichere dekorative Pflanzen plaziert wurden, ist eine schöne Komposition entstanden.

Bei dieser Gruppe muß das Wachstum der Hintergrund- und strukturierenden Pflanzen gesteuert werden. Die wuchsfreudige Rebe *(Vitis coignetiae)* muß man an dieser sonnigen Wand regelmäßig schneiden, damit *Forsythia suspensa* wachsen kann. Der grünblättrige Efeu *(Hedera)* breitet sich beständig aus und läßt im Winter einen schönen Hintergrund entstehen. In der Rabatte sieht man das großartige Laub von Hanfpalme *(Trachycarpus fortunei)*, Klebsame *(Pittosporum tobira)* und der Scheinakazie *(Robinia pseudoacacia)* ›Frisia‹.

Hintergrund- und strukturierende Pflanzen

Eine Pflanzung, die ganzjährig für Struktur sorgt oder als hübscher Hintergrund dient, ist vorwiegend immergrün und besteht aus Sträuchern, Nadelgehölzen, Kletterpflanzen und Spaliersträuchern. Einige Pflanzen bilden den strukturellen Teil der Gesamtgestaltung und begrenzen einen Bereich, verbergen unerwünschte Ausblicke, schaffen Trennelemente und lassen reizvolle vertikale Elemente entstehen. So kann beispielsweise ein immergrüner Strauch wie die Säckelblume *(Ceanothus)* oder der Feuerdorn *(Pyracantha)* an einem Spalier erzogen werden, das entweder einen Arbeitsplatz abteilt oder als Abtrennung dient, während er gleichzeitig die Gesamtgestaltung behutsam betont. In einem ländlichen Garten sorgt eine Grenzhecke aus der immergrünen Stechpalme *(Ilex aquifolium)* das ganze Jahr über für Ungestörtheit, und ihre Stacheln schrecken bis zu einem gewissen Grad auch Einbrecher ab. Eine Lavendelhecke, die beispielsweise eine Rasenfläche begrenzt, wächst zwar nur langsam, strukturiert aber ebenso gut und bringt nicht nur Form in die Gestaltung, sondern auch noch Blütenzauber.

Die strukturierende Bepflanzung in einem kleinen Garten sollte immer dekorativ und gleichzeitig Bestandteil der Gestaltung sein. Eine langweilige Ligusterhecke kann auf kleinem Raum ziemlich trostlos wirken, und davon abgesehen braucht sie viel Platz, Nährstoffe und Wasser und verhindert die Einbeziehung anderer, interessanterer Pflanzen. Besser geeignet sind Pflanzen mit farbigen Blüten, Blättern und Früchten oder mehreren reizvollen Perioden im Jahr. Der Kirschlorbeer *(Prunus laurocerasus)* mit seinen glänzenden, dunkelgrünen Blättern und weißen Frühjahrsblüten, denen kirschrote Früchte folgen, wirkt weitaus dekorativer und ist darüber hinaus eine industriefeste Art für städtische Gärten.

Diese Kategorie von Pflanzen sorgt nicht nur für die Strukturierung der Gestaltung, sondern läßt auch einen ganzjährigen Hintergrund entstehen, der der Bepflanzung Zusammenhalt gibt. Wenn kein Schnitt durchgeführt wird, können viele Hintergrundsträucher zu einer enormen Größe heranwachsen, doch sollte dies kein Grund sein, sie von vornherein auszuschließen, da sie nützliche Eigenschaften besitzen und einen jährlichen Schnitt gut vertragen. Wenn man eine Pflanze von Anfang an schneidet, behält sie eine schöne Form, entwickelt gesunde neue Triebe und wird für den vorgesehenen Platz nicht zu groß (siehe Seite 94).

Die immergrünen Hintergrundpflanzen, die sorgfältig ausgewählt wurden, bilden schöne Kontraste bei Blättern, Strukturen, Wuchsformen und Farben und bringen die mittelhohen Pflanzen in der Rabatte zur Geltung oder rahmen ein Gartenelement wie eine Bank ein. Für einen dezenten Hintergrund wählt man immergrüne Sträucher mit kleinen Blättern wie Berberitze *(Berberis darwinii)*, Duftblüte *(Osmanthus × burkwoodii)* oder *Escallonia* ›Slieve Donard‹; größere Blätter heben sich zu sehr von der übrigen Pflanzung ab. Wer den Hintergrund rascher entstehen lassen will, kann wuchsfreudige Sträucher pflanzen wie *Ceanothus* ›Delight‹, *C. impressus* und die *Ceanothus*-Hybride ›Gloire de Versailles‹, *Philadelphus* ›Virginal‹, *P.* ›Beauclerk‹ und *P. coronarius* ›Aureus‹ wie auch *Brachyglottis* (syn. *Senecio*) ›Sunshine‹ und Sorten von *Buddleja davidii*. Sie alle wachsen relativ schnell und füllen bald ihren Platz aus. Ebenso schnell werden sie aber auch einen Schnitt brauchen, damit sie unter Kontrolle gehalten werden können. Im allgemeinen läßt sich ein Kompromiß finden, indem man auf begrenzte Zeit raschwüchsige Arten in die Gestaltung einbezieht und sie entfernt, wenn die geeigneteren Arten eine ausreichende Größe haben (siehe Seite 68).

Kletterpflanzen für einen schattigen Durchgang

Clematis ›Rouge Cardinal‹, ›Hagley Hybrid‹ und ›Alice Fisk‹ (sommerblühend)
C.-alpina-Sorten (im Spätfrühjahr blühend)
Hedera helix ssp. *helix* ›Glacier‹ und ›Eva‹ (beide silberfarben panaschiert)
H. helix ssp. *helix* ›Goldchild‹ (braucht etwas Sonne, um ihre schöne goldfarbene Panaschierung zu behalten)
H. helix ssp. *helix* ›Sagittifolia‹

Eine alte Steinmauer in der Sonne gibt der Spindelstrauch-Art *Euonymus fortunei*, einer Eibe *(Taxus)* und *Actinidia kolomikta* eine Heimat.

Strukturierende Pflanzen für den Schatten

Durchbrochener Schatten oder Halbschatten bietet ideale Bedingungen für die immergrüne *Garrya elliptica,* die während des Winters mit ihren spektakulären Kätzchen die Blicke auf sich zieht. Empfehlenswert ist die Sorte ›James Roof‹, die sehr lange, schöne Kätzchen hat und gut zu der weißblühenden *Clematis* ›Marie Boisselot‹ paßt. Eine äußerst nützliche immergrüne Pflanze ist der Feuerdorn *(Pyracantha),* der einen Zaun rund ums Jahr mit glänzendgrünen Blättern verhüllt, im Sommer ein Meer von weißen Blüten öffnet und im Herbst und Winter zahlreiche rote, gelbe oder orangefarbene Beeren trägt. Wenn er sorgfältig an einem Zaun erzogen wird, stehen seine Zweige nicht mehr als 60 Zentimeter von ihm weg. Die spitzen Dornen machen den Schnitt unangenehm, aber der ganzjährige Nutzen der Pflanze wiegt diesen Nachteil auf. Im Winter bietet er eine zusätzliche Attraktion: die Beobachtung der Vögel, wie sie die Beeren fressen.

Grundstücksgrenzen, die in tiefem Schatten liegen, wirken oft düster und unfreundlich, können aber leicht durch eine dauerhafte Hintergrundpflanzung verborgen werden. Zu den reizvollsten immergrünen Pflanzen gehört panaschierter Efeu wie *Hedera helix* ssp. *helix* ›Goldheart‹. Die ebenfalls immergrünen Kamelien lassen sich leicht an einem Zaun erziehen und bilden einen dunkelgrünen Hintergrund mit schönen weißen, rosa oder roten Blüten im Frühjahr. Zu den für einen kleinen Garten am besten geeigneten Sorten gehören *Camellia* × *williamsii* ›Donation‹ mit halbgefüllten rosa Blüten und *C.* × *williamsii* ›J. C. Williams‹ mit einfachen rosa Blüten. Kamelien dürfen nur in sauren Boden gepflanzt werden und nie an nach Osten liegende Grundstücksgrenzen, da ihre Blüten durch die frühe Morgensonne geschädigt werden. Zierquitten (*Choenomeles*-Hybriden) eignen sich ebenfalls gut für vollen Schatten und können an einem Zaun erzogen werden (siehe Seite 98), wo sie zu Frühjahrsbeginn fröhlich leuchtende Blüten öffnen und im Sommer einen schönen Hintergrund bilden. Sie sind sommergrün, und will man den Zaun im Winter weicher wirken lassen, sollte man bei den mittelgroßen Pflanzen immergrüne einbeziehen.

Um den Hintergrund bildenden immergrünen Pflanzen an einer schattigen Grundstücksgrenze Farbe zu verleihen, pflanzt man *Clematis,* die durch das grüne Laub wachsen und das Arrangement abrunden. Viele *Clematis*-Arten wachsen gern in leichtem Schatten, wo sie vor praller Sonne geschützt sind, die ihre Blüten mitunter verblassen läßt. Zu den empfehlenswerten *Clematis*-Sorten gehören ›Comtesse de Bouchaud‹ und ›Victoria‹, die vom Hochsommer bis zum Frühherbst blühen, sowie ›Nelly Moser‹ und ›Lasurstern‹, die im Frühsommer zu blühen beginnen und bis in den Herbst hinein immer wieder Blüten öffnen.

Eine Kombination von Efeu und *Clematis* (siehe links) ist die ideale Wahl für einen schmalen Durchgang, da sie nicht mehr als 30 bis 45 Zentimeter von ihrem Halt wegstehen, sofern man sie regelmäßig aufbindet (siehe Seite 98).

Grundstücksgrenzen in voller Sonne

Kleine Gärten in Südlage können im Sommer außerordentlich heiß und trocken sein, und die gewählte Hintergrundpflanzung muß möglicherweise extreme Sommerhitze vertragen. Beispiele für sonnenliebende Kletterpflanzen und Spaliersträucher sind: Säckelblume *(Ceanothus),* Akazie *(Acacia dealbata)* und *Fremontodendron californicum. Ceanothus,* vor allem seine immergrünen Formen, gehört mit seinen tiefgrünen, glänzenden Blättern und zahllosen taubenblauen Frühsommerblüten zu meinen liebsten Hintergrundpflanzen. Um die Blüteperiode zu verlängern, kann man in ihm *Clematis* wachsen lassen. Das farbenfrohe Laub von *Actinidia kolomikta* und dem mehrmals blühenden *Solanum jasminoides* ›Album‹ macht sie zu lohnenden Kletterpflanzen für den Hintergrund. *Jasminum officinale* ist ein sommergrüner Kletterstrauch, der sich ideal zum Begrünen einer großen Mauer oder einer Laube eignet. Er kann ziemlich wuchsfreudig sein, verströmt aber während des ganzen Sommers einen himmlischen Duft, wenn zwischen dem zarten Laub kleine weiße Blüten mit einer rosafarbenen Basis erscheinen. Ein angewachsener Strauch braucht einen jährlichen Schnitt.

Zu den mittelhohen Pflanzen dieser Rabatte gehören eine rosablühende Hortensie *(Hydrangea involucrata)*, eine Berberitze *(Berberis thunbergii)* und Buchsbaum *(Buxus)*. Über die Sträucher wachsende *Clematis* sorgen in der Wachstumsperiode für Farbe. In kleinen Gärten muß man diese Pflanzen jedes Jahr schneiden, damit sie nicht zu groß werden.

Mittelgroße Pflanzen

Diese Kategorie umfaßt Pflanzen mittlerer Größe, hauptsächlich Sträucher, die etwa 90 bis 120 Zentimeter hoch werden. Sie sollten vor die größeren Hintergrundpflanzen gesetzt und nach vorne hin immer kleiner werden. Diese Gruppe füllt, zusammen mit den dekorativen Pflanzen, die Fläche, stellt die Mehrzahl der Rabattenpflanzen dar und unterdrückt mit ihrem dichten Laub auch Unkraut. Ein Teil der mittelgroßen Pflanzen sollte immergrün sein. Die Sträucher sind wichtig, weil sie das ganze Jahr hindurch ihre Form behalten und zudem farbige Blätter und Blüten wie auch Herbstfrüchte oder hübsche Wintertriebe besitzen. Sowohl *Weigela praecox* ›Variegata‹ mit ihrem cremeweiß gezeichneten Laub und ihren nach Honig duftenden rosenroten Blüten als auch *Philadelphus coronarius* ›Aureus‹ mit seinem goldfarbenen Laub heitern kleine Pflanzgruppen auf, sofern sie regelmäßig geschnitten werden. In einer gemischten Pflanzung können Stauden als mittelgroße Pflanzen verwendet werden und im Laufe des Jahres für Farbtupfer sorgen. Glockenblumen-, *Phlox*- und Astern-Arten haben gewöhnlich eine lange Blühperiode. Durch abwechselnde Stauden- und Strauchgruppen bleibt die Struktur erhalten.

Pflanzen, die runde Büsche entstehen lassen, harmonieren mit den meisten anderen Wuchsformen und mildern die Wirkung eines markanteren Umrisses in der Rabatte ab. Diese Eigenschaften besitzen einige der sommerblühenden Sträucher wie *Hebe anomala, H.* ›Autumn Glory‹, *Cistus* ›Sunset‹ und *C. × corbariensis;* sie können in freigestalteten Pflanzungen verwendet werden. Eine Palette graublättriger mittelgroßer Sträucher verleiht einer Pflanzung ein beinahe mediterranes Flair: Rosmarin *(Rosmarinus officinalis)*, Gartensalbei *(Salvia officinalis)* ›Icterina‹, Silberwinde *(Convolvulus cneorum)*, *Perovskia* ›Blue Spire‹ und Heiligenkraut *(Santolina chamaecyparissus)* lieben die Wärme eines trockenen, sonnigen Gartens und haben die richtige Größe für ein kleines Grundstück. Ihr graues Laub harmoniert großartig mit den lavendelfarbenen und zitronengelben Blüten, die viele dieser Sträucher tragen.

Dekorative Pflanzen

Diese letzte Pflanzenkategorie umfaßt Stauden, kleine Sträucher, kurzlebige Pflanzen und Gewächse, die zu irgendeiner Jahreszeit einen herrlichen Anblick bieten und auch interessantes Laub haben. Sie schließen die letzten Lücken. Zu ihnen gehören alle Arten von Bodendeckern wie auch sommergrüne Kletterpflanzen und einige der großartigsten Zierpflanzen. Allerdings erfordert diese Gruppe auch die meiste Pflege.

Niedrige Bodendecker

Gras ist die naheliegendste Wahl, nackten Boden zu bedecken, aber in vielen kleinen Gärten gibt es keinen Rasen. An einer schwierigen Stelle, wie etwa unter einem Baum, können bodendeckende Pflanzen die Erde weit erfolgreicher schützen als Gras. So gedeihen Efeu *(Hedera)*, Waldmeister *(Galium odoratum)*, *Sarcococca humilis, Waldsteinia ternata* und viele Farne auch im Schatten gut. Immergrüne Bodendecker unterdrücken Unkraut besser als sommergrüne Arten, doch selbst Bodendecker müssen sowohl dekorativ als auch funktionell sein. *Bergenia* ›Abendglut‹ etwa trägt das ganze Jahr auffällige Blätter, die sich im Winter tiefkastanienbraun und pflaumenrot färben und denen lebendig rosenrote halbgefüllte Blüten folgen. Im Frühjahr läßt sie mit dem Fächerahorn *(Acer palmatum)* ›Atropurpureum‹ und *Euphorbia amygdaloides* ›Rubra‹ eine wunderhübsche Gruppe entstehen. Am Fuße einer schattigen Wand, unter einem Baum und an einem winzigen, nach Norden liegenden Fleck sorgen die zarten Blattformen und die leuchtendgrünen Töne von Farnen für die Bedeckung des Bodens und lassen einen willkommenen Kontrast zu den Texturen der markanteren Blattformen von Funkien *(Hosta)*, Elfenblumen *(Epimedium)* und Steinbrech *(Saxifraga)* entstehen, während sie gleichzeitig einen schönen Hintergrund für dunklere Grüntöne und Weiß bilden.

PFLANZEN FÜR EINE FREIGESTALTETE SCHATTIGE ECKE

Asplenium scolopendrium
Athyrium niponicum ›Pictum‹
Blechnum penna-marina
Camellia ›Cornish Snow‹
Dryopteris filix-mas
Hydrangea macrophylla ›Variegata‹
Luzula nivea
Viola cornuta ›Alba‹

Die dekorativen Lückenfüller und bodendeckenden Pflanzen im vorderen Teil dieser Rabatte lassen im Sommer eine hübsche, überwiegend rosablühende Komposition entstehen und helfen, Unkraut zu unterdrücken. *Argyranthemum* ›Vancouver‹ blüht wiederholt, muß aber im Haus überwintert werden; *Dicentra formosa*, Duftsteinrich *(Lobularia maritima), Polygonum bistorta* ›Superba‹, Funkien *(Hosta)* und Lavendel *(Lavandula)* können dagegen in der Erde bleiben.

Pflanzen für den sonnigen Rand einer Rabatte

Agapanthus
Anthemis punctata ssp. *cupaniana*
Diascia
Festuca cinerea ›Blauglut‹
× *Halimiocistus sahucii*
Lavandula stoechas
Nerine bowdenii
Origanum ›Herrenhausen‹
Penstemon
Santolina chamaecyparissus ›Pretty Carol‹

Dekorative Lückenfüller

Als Füllelemente für den vorderen Rand einer sonnigen Rabatte sollte man Pflanzen mit langen Blühperioden verwenden und auch immer mehrere immergrüne Gewächse einbeziehen (siehe Liste links). Auch schöne Blattformen sind wichtig. *Bergenia*, Japansegge *(Carex morrowii)* ›Evergold‹, Nelke *(Dianthus)*, Edeldistel *(Eryngium variifolium)* und Schleifenblume *(Iberis)* tragen das ganze Jahr über Blätter und stellen sehr unterschiedliche Blattformen zur Schau.

Frühjahrsblühende Zwiebelblumen sind nützlich, um auf kleinen Flächen die Blühperiode zu verlängern, und können zwischen Sträuchern gepflanzt werden. Die schönste Wirkung erreicht man, wenn man Zwiebelblumen wählt, die die umliegenden Pflanzungen ergänzen. So wird eine große Gruppe von Schneeglöckchen *(Galanthus)* das Auge auf die roten Stämme eines benachbarten Hartriegels *(Cornus)* lenken oder eine Komposition aus weißpanaschierten immergrünen Pflanzen beleben, die sich daneben befindet.

Es ist wichtig, für schattige Plätze Pflanzen zu wählen, die im Winter blühen, da sie nach dem Laubfall der umstehenden Bäume und Sträucher mehr Licht erhalten. Am Fuße einer schattigen Wand kann man unter eine *Hydrangea anomala* ssp. *petiolaris* oder *Choenomeles speciosa* ›Nivalis‹ Funkien, Nieswurzen und Farne setzen.

Kletterpflanzen

Ich bin immer versucht, bei der Gestaltung eines Gartens einige Kletterrosen einzubeziehen, da sie während des Sommers so herrliche Blüten tragen. Selbst nur ein oder zwei Exemplare, die durch einen immergrünen Hintergrund wachsen, haben großen Charme. Das besondere Mikroklima, das in kleinen Gärten entsteht, ist der Gesundheit von Rosen jedoch nicht gerade zuträglich. Die geschützte, oft windlose Situation bietet Mehltau, Rußtau und Schädlingen ideale Entwicklungsbedingungen. Die Rosen, die häufig in einer dicht bepflanzten Rabatte mit anderen Pflanzen konkurrieren müssen, werden lang und dünn und haben keine Abwehrkräfte mehr. Eine Möglichkeit ist, auf Rosen zu verzichten, vor allem, wenn man keine chemischen Mittel einsetzen will. Doch wenn Sie ein begeisterter Gärtner sind und Rosen lieben, können Sie versuchen, eine der neuen wiederholt blühenden Englischen Rosen oder kompakten Strauchrosen zu ziehen, wobei Sie Schädlinge und Krankheiten jedoch sorgsam unter Kontrolle halten müssen (siehe Seite 100 f.). Die duftenden tiefrosa Blüten von ›Pretty Jessica‹ oder die purpurnen und malvenfarbenen Blüten von ›Wise Portia‹ wirken in jeder gemischten Pflanzung passend. Die alte Chinarose ›Hermosa‹ trägt an einem kompakten Busch hübsche, kleine rosa Blüten mit runder Form und harmoniert gut mit Echtem Lavendel *(Lavandula angustifolia)* ›Hidcote‹ und *Heuchera micrantha* ›Palace Purple‹.

Während viele Kletterpflanzen für Struktur sorgen, sind meines Erachtens andere, die vielleicht waagrechte Pergolabalken oder eine Laube schmücken, dekorativer. Die hängenden Blüten der Glyzine *(Wisteria)* und die fast immergrüne Rose *(Rosa)* ›Adelaide d'Orléans‹ sehen oberhalb Kopfhöhe besonders schön aus. Glyzinen wachsen außergewöhnlich rasch und werden ihre Stütze bald bedecken. Sie stehen aber am besten allein, da ihre starken, schlingenden Triebe andere Pflanzen ersticken können. Es kann drei bis acht Jahre dauern, bis eine Glyzine blüht, aber ihre duftenden Blütentrauben sind des Wartens wert.

Wenn man in einem kleinen Garten verschiedene Kletterpflanzen verwendet, werden sie während des gesamten Jahres für Farbe und Duft sorgen. Den Jahresreigen beginnen die cremeweißen Blüten von *Clematis cirrhosa balearica*, die sich vom Früh- bis zum Spätwinter zwischen filigranem immergrünem Laub öffnen. Ihnen folgen Mitte bis Ende des Frühjahrs die nach Mandeln duftenden, rosa überhauchten weißen Blüten der immergrünen *Clematis armandii.* Die blauen, purpurnen und rosablauen Töne der duftenden Glyzinenblüten erscheinen, noch bevor sich im Sommer die weißen duftenden Blüten des immergrünen *Jasminum officinale* entwickeln. Die Blüten des Japanischen Geißblatts *(Lonicera japonica)* ›Halliana‹ erfüllen in Spätsommer und Herbst die Luft mit Duft, und wenn sich die kalte Jahreszeit nähert, färben sich die großen Blätter von *Vitis vinifera* ›Purpurea‹ leuchtendkarmin- und scharlachrot.

Der Einsatz von Farben

Zu dieser aufregenden Komposition in warmen Farben gehören Storchschnabel *(Geranium sanguineum)* und Fetthenne (*Sedum spathulifolium* ›Purpureum‹) im Vordergrund sowie Ziest (*Stachys macrantha)* in der Mitte. Hinten sieht man die roten kugeligen Blüten von *Knautia macedonica.*

Die meisten Menschen wünschen sich einen Garten, in dem es das ganze Jahr blüht, doch auf kleinem Raum muß man realistisch sein und einsehen, daß nur eine begrenzte Zahl von Pflanzen Platz hat. In einer solchen Situation ist es am besten, wenn man einen Hintergrund schafft, der in jeder Jahreszeit dekorativ wirkt. Immergrüne Gewächse mit schönen Blättern sind hierfür geeignet. Zwischen diese setzt man Pflanzen, die saisonale Glanzpunkte entstehen lassen. Versuchen Sie, eine gemischte Rabatte anzulegen, die während einer bestimmten Periode einen besonders reizvollen Anblick bietet, aber auch das übrige Jahr hübsch aussieht. Die meisten kleinen Gärten bieten genügend Raum für vier getrennte Pflanzbereiche, von denen jeder zu einer anderen Jahreszeit einen Höhepunkt bildet. Die Farbwahl ist in starkem Maße eine Frage des persönlichen Geschmacks, doch sollte sie stets harmonisch wirken (siehe Farbkreis S. 79).

In jeder Jahreszeit dominieren gewöhnlich gewisse Farben; dies ist an der Landschaft zu beobachten. Sie sind der sich verändernden Lichtstärke während des Jahres angepaßt, und ich empfehle, sie als Ausgangsbasis für die Wahl von Farbkombinationen zu verwenden. Der Winter ist in einem kleinen Garten, der im Blickfeld des Hauses liegt, eine besonders wichtige Jahreszeit, und hier ist ein Hintergrund aus immergrünen Pflanzen unverzichtbar. Im milden Winterlicht können die dunkelgrünen Blätter und braunen Äste des Hintergrunds durch frühblühende Schneeglöckchen *(Galanthus)* und Winterling *(Eranthis)* aufgeheitert werden. Selbst die blaßrosa überhauchten weißen Blüten der Zierkirsche *(Prunus × subhirtella)* ›Autumnalis‹ strahlen in dem gedämpften Licht. Viele immergrüne Pflanzen mit goldfarben panaschiertem Laub tolerieren leichten Schatten und leuchten im sanften Winterlicht. Töpfe mit goldfarbenen und purpurnen Stiefmütterchen können die winterliche Farbkomposition vervollständigen.

Das wärmere, stärkere Licht des Frühjahrs läßt die frischgrünen jungen Blätter hervortreten, die zwischen den gelben und blauen Blüten der Frühjahrs-Zwiebelblumen und frühblühenden Sträucher leuchten. Blau und Gelb ist selbst auf kleinstem Raum eine herrliche Farbkombination für den Frühjahrsbeginn (siehe Seite 84). So bietet beispielsweise das intensive Blau der Blausternchen *(Scilla siberica)* vor dem goldfarben panaschierten Laub der Ölweide *(Elaeagnus × ebbingei)* ›Limelight‹ einen großartigen Anblick.

Im Sommer ist das Licht am hellsten, und an einem sehr sonnigen Tag verblassen helle Farben leicht noch mehr. In gemäßigten Zonen, wo an vielen Tagen der Himmel bedeckt ist, erlaubt das gedämpftere Licht die Kombination von Rosa-, Blau- und Grautönen, um gelungene Pflanzgruppen für den Sommer zu bilden. Eine Gruppe in diesen Farben ist etwa Beifuß *(Artemisia)* ›Powis Castle‹, Ehrenpreis *(Veronica gentianoides)* und *Lavatera* ›Pink Frills‹. Die kräftigeren warmen Rot-, Gelb- und Orangetöne harmonieren gut in sommerlichen Arrangements, können in einem kleinen Garten jedoch dominant wirken.

Das warme, gedämpfte Herbstlicht bringt die Orange- und Rottöne sowie die satten Laubfärbungen, die viele Sträucher in dieser Jahreszeit tragen, zum Leuchten. Diese Farben lassen sich manchmal sehr schwer mit anderen kombinieren, doch die blauen Blüten von *Ceratostigma plumbaginoides* und die lilarosa Blüten von Rauhblattastern, wie etwa Sorten von *Aster novae-angliae,* passen gut zu ihnen. Ein schöner strukturierender Strauch in einer Pflanzgruppe, wie etwa die Felsenbirne *(Amelanchier canadensis),* kann genügen, um einer kleinen Fläche eine herbstliche Note zu geben.

Ein nach Süden oder Westen liegender Grundstücksrand bietet ideale Bedingungen für diese hinreißende blaue und gelbe Komposition aus der immergrünen Säckelblume *(Ceanothus)* ›Concha‹ und der Rose *(Rosa)* ›Lawrence Johnston‹.

Farben, die im Farbkreis sich gegenüber- oder nebeneinanderliegen, besitzen eine natürliche Affinität.

Farben zusammenstellen

In vielen kleinen Gärten gibt es vermutlich nicht genügend Platz, um große Beete mit vielen Pflanzen in einer breiten Farbskala anzulegen. Deshalb ist es ratsam, einen kleinen Garten in einer sehr begrenzten Farbpalette zu gestalten. Eine Kombination aus Weiß und vielen verschiedenen Grüntönen, die von hellen limettengrünen bis zu dunklen, glänzenden immergrünen Blättern reichen und auch weiß-grün panaschiertes Laub beinhalten, heitert jedes trostlose Tiefparterre und jeden kleinen Stadtgarten auf (siehe Seite 81). Wer jedoch einen bunten Garten möchte, sollte seinen Bepflanzungsplan mit großer Sorgfalt vorbereiten und versuchen, ähnliche Farben, beispielsweise alle Rosatöne, in einem Gartenbereich zu konzentrieren, da dadurch eine größere Wirkung erzielt wird. Tupfer verschiedener Farben, die in keinerlei Beziehung zueinander stehen, verwirren das Auge und haben eine unruhige Wirkung. Experimente sind auf kleiner Fläche durchaus erlaubt, berücksichtigen Sie aber die bewährte Regel, daß im Farbkreis sich gegenüberliegende oder aneinandergrenzende Farben harmonieren.

Die Wirkung verschiedener Farben kann eingesetzt werden, um die Grundidee der Gestaltung noch zu unterstreichen. In gemäßigten Zonen erhalten entfernt liegende Dinge durch das weiche Licht einen bläulichen Stich. Man kann daher Blautöne und weiche Farben einsetzen, um diesen Effekt im Garten nachzuempfinden und das Auge beispielsweise auf einen Blickfang oder eine Aussicht am hinteren Ende zu lenken. Warme Farben setzen abrupte Endpunkte und können nicht verwendet werden, wenn man den Garten länger erscheinen lassen will. Aber wenn auf einem Grundstück schlechte Lichtverhältnisse herrschen, kann ein leuchtender Tupfer Gelb, Orange oder Rot aufheiternd wirken und den Eindruck von Wärme vermitteln. In einem Gartenbereich, der vorwiegend abends genutzt wird, sollte man nicht zu viele tiefe Rot- und Purpurtöne verwenden, da sie in der Dämmerung völlig verschwinden können.

Umgekehrt können in einem extrem hellen, sonnigen Garten weiche Farben hilfreich sein, um das grelle Licht zu mildern. Die Einbeziehung von Weiß kann hier kühlende Wirkung haben, während in anderen Situationen zu viel Weiß den Bereich möglicherweise kalt erscheinen läßt. Markante Gruppen weißblühender Pflanzen können als Blickfänge eingesetzt werden, da sie sich von ihrer Umgebung abheben. Gebrochenes Weiß und cremefarbene Töne lenken das Auge nicht ab und können in einer bunten Rabatte sehr wirkungsvoll eingesetzt werden, um einen Übergang zwischen zwei Farbgruppen zu schaffen.

Pastelltöne für die Sonne

Astrantia major ›Sunningdale Variegated‹
Ceanothus ›Blue Mound‹
Hebe ›Red Edge‹
Heuchera micrantha ›Palace Purple‹
Ilex aquifolium ›Argentea Marginata‹
Lavandula angustifolia ›Hidcote‹
Thymus × citriodorus ›Argenteus‹

Warme Farben

Achillea ›Moonshine‹
Brachyglottis ›Sunshine‹
Camellia ›Apollo‹ (braucht sauren Boden)
Coreopsis verticillata
Hemerocallis ›Stella d'Oro‹
Lonicera henryi
L. nitida ›Baggesen's Gold‹
Phlox ›Starfire‹
Potentilla fruticosa ›Tangerine‹
Pyracantha ›Orange Glow‹
Spiraea japonica ›Gold Mound‹
Stachys byzantina ›Silver Carpet‹
Viburnum davidii

Sonne und Schatten

Ein sonniger Hinterhof

Ein geschützter Hinterhof, der von Mauern umgeben wird, bietet ein ideales Mikroklima für sonnenliebende Arten. Die Bepflanzung dieses kleinen Vorgartens eines großen traditionellen Hauses würde sich ebenso für einen bescheidenen Stadtgarten eignen. Strauchveronika *(Hebe)* und Zistrose *(Cistus)* gedeihen unter diesen warmen, geschützten Bedingungen prächtig. In milden Gegenden können in einer solchen Situation sogar noch empfindlichere Arten überleben, wie *Abutilon, Sollya heterophylla,* Klebsame *(Pittosporum tobira), Billardiera longiflora* und Winterrinde *(Drimys winteri),* sofern sie im Winter etwas Schutz erhalten. Die duftenden Blüten und Blätter von Myrte *(Myrtus),* Lavendel *(Lavandula)* und immergrüner *Clematis armandii* umgeben den Eingang des Hauses. Die Pflanzung ist hier im Hoch- bis Spätsommer gezeigt.

1 *Lavandula × intermedia* ›Vera‹
2 *Cistus × pulverulentus*
3 *Penstemon* ›Pennington Gem‹
4 *Salvia patens*
5 *Diascia vigilis* ›Elliot's Variety‹
6 *Pittosporum tobira*
7 *Sollya heterophylla*
8 *Eleutherococcus sieboldianus* ›Variegatus‹
9 *Itea ilicifolia*
10 *Actinidia kolomikta*
11 *Clematis armandii*
12 *Clematis* ›Ville de Lyon‹
13 *Weigela praecox* ›Praecox Variegata‹
14 *Romneya coulteri*
15 *Rosmarinus officinalis* ›Sissinghurst‹
16 *Hebe* ›La Seduisante‹
17 *Lavandula stoechas* ssp. *pedunculata*
18 *Myrtus communis* ›Tarentina‹

Ein schattiges Tiefparterre

Für eine sonnenlose Fläche wie dieses dunkle Tiefparterre empfiehlt sich eine schlichte, vorwiegend grüne Bepflanzung. Es gibt viele grünblättrige Pflanzen ohne Panaschierung, die sich für schattige Bedingungen eignen. Grün wird als Farbe leicht vergessen, ist jedoch für die meisten kleinen Flächen als Hintergrund außerordentlich wichtig. Es gibt zahlreiche Grüntöne, und im Laufe des Jahres nimmt jedes Blatt immer wieder neue Nuancen an. Die wirkungsvollste Gestaltung wird in gedämpften Farben gehalten. Man kann für sie fast ausschließlich pflegeleichte Laubpflanzen verwenden oder auch, wie hier, cremefarbene und blaßgelbe Töne einbeziehen. Die abgebildete Pflanzung befindet sich vor einer Mauer am Ende des Gartens. Sie ist im Spätfrühjahr/Frühsommer gezeigt.

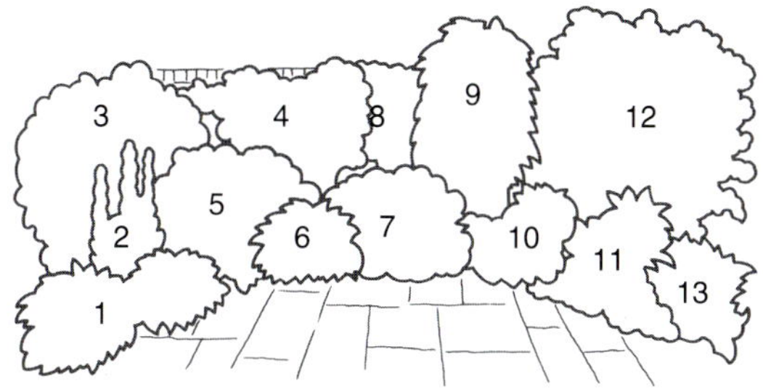

1 *Hosta undulata* var. *univittata*
2 *Digitalis purpurea* ›Alba‹
3 *Cornus alba* ›Sibirica Variegata‹
4 *Choenomeles* × *superba* ›Jet Trail‹ mit *Clematis alpina* ›Columbine White‹
5 *Hydrangea macrophylla* ›Tovelit‹
6 *Luzula sylvatica* ›Marginata‹
7 *Skimmia japonica* ›Fragrans‹
8 *Hedera helix* ssp. *helix* ›Pedata‹
9 *Thamnocalamus spathaceus*
10 *Hosta* ›Ginko Craig‹
11 *Vinca minor* ›Alba‹ mit *Adiantum pedatum*
12 *Garrya elliptica* ›James Roof‹ (an der Mauer erzogen)
13 *Convallaria majalis* ›Albistriata‹

Besondere Pflanzen

OBEN Lücken im Pflaster erlauben die Kultur des Geflügelten Tabaks *(Nicotiana alata)*, der diese spätsommerliche Szene durch seinen herrlichen Duft ergänzt. Auch die niedrige Schwertlilie *Iris pallida* ›Variegata‹ gedeiht in dem Pflaster gut. Im Teich wächst ein panaschierter Rohrkolben *(Typha)*.

RECHTS In diesem kleinen mediterranen Garten brauchen die größeren Sträucher wie Oleander *(Nerium)* und Taro *(Colocasia)* mindestens 60 Zentimeter hohe Töpfe, damit sich ihre Wurzeln entwickeln können; in gemäßigten Zonen müssen sie im Haus überwintern. Fleißige Lieschen *(Impatiens walleriana)* können in zehn Zentimeter tiefen Töpfen wachsen, sofern sie regelmäßig gegossen werden.

Duftpflanzen

Jeder kleine Garten sollte einige Pflanzen mit duftenden Blüten oder Blättern enthalten, da Düfte auf begrenztem Raum besonders gut zur Geltung kommen. Plazieren Sie Duftpflanzen so, daß Sie ihren Duft genießen können, indem Sie beispielsweise wohlriechende Kletterpflanzen um ein Fenster wachsen lassen und duftende Nelken in ein Hochbeet setzen. Duftpflanzen für den Winter sollten sich stets dicht beim Haus befinden, vielleicht bei der Eingangstür oder einem häufig benutzten Weg. Beziehen Sie Mahonien *(Mahonia japonica)*, Schneeball *(Viburnum × bodnantense)* ›Dawn‹ oder *Sarcococca humilis* in Ihre Wintergruppe ein. Im Frühjahr und Sommer kann man sich an duftenden Sträuchern erfreuen, während man durch den Garten geht; am besten pflanzen Sie sie in der Nähe einer Bank oder der Terrasse oder unter ein offenes Fenster. Der kompakte Wuchs der immergrünen *Skimmia japonica* ›Rubella‹ bringt im Frühjahr ihre süß duftenden Blütenrispen vorteilhaft zur Geltung. Die Orangenblume *(Choisya ternata)* öffnet zu Frühjahrsbeginn duftende weiße Blüten und hat überdies leuchtendgrünes wohlriechendes Laub. Die purpurnen Blüten des Seidelbasts *(Daphne odora)* ›Aureomarginata‹, die über panaschiertem immergrünem Laub stehen, erfüllen den Frühsommergarten mit köstlichem Duft.

Auf der begrenzten Fläche eines Balkons, wo man Sträucher beim Vorbeigehen vermutlich streift, ist duftendes Laub besonders hübsch. Es lohnt sich, Sträucher wie Lavendel *(Lavandula)*, Heiligenkraut *(Santolina)* und *Helichrysum italicum* zu pflanzen. Zitronenstrauch *(Aloysia triphylla)*, *Daphne odora* und Duftpelargonien sind ebenfalls reizvoll, brauchen im Winter jedoch Schutz. Wo Pflanzflächen begrenzt sind, haben Zwiebelblumen unschätzbaren Wert, um den Sommer durch Duft zu bereichern. Meine Lieblingsblumen sind hier Lilien – die stark duftende *Lilium longiflorum* für sonnige Plätze und die Königslilie *(L. regale)* für den Halbschatten. Der einjährige Geflügelte Tabak *(Nicotiana alata)* hat einen intensiven Duft und kann als kleine Gruppe zwischen Sträuchern gezogen werden. Der höhere Bergtabak *(N. sylvestris)*, der Halbschatten verträgt, duftet leicht und blüht vom Spätsommer bis zu den ersten Frösten. Zwischen Frühjahrsbeginn und Frühsommer kann man an einem sonnigen oder halbschattigen Platz dicht bei einem Fenster Abendlevkojen *(Matthiola longipetala* ssp. *bicornis)* säen, deren unscheinbare Blüten an Hochsommerabenden die Luft mit einem köstlichen Duft erfüllen. In kleinen geschützten Gärten, in denen die Möglichkeit besteht, Pflanzen im Winter ins Haus zu nehmen, kann die Calamondin-Orange *(× Citrofortunella microcarpa)* während des Sommers ihren himmlischen Duft verströmen, und zudem schmücken kleine orangefarbene Früchte ihr immergrünes Laub. Sie ist eine ideale Pflanze für Töpfe.

Es gibt auch zahlreiche reizvolle aromatische Kräuter, deren Einbeziehung in kleine Flächen sich lohnt. Die ätherischen Öle in ihren Blättern und Trieben werden freigesetzt, wenn Zellwände zerstört werden. Die immergrünen Zweige eines Rosmarinbusches, das farbenprächtige Laub von gold- und purpurblättrigem Salbei, die grauen Blätter und blauen Blüten des Lavendels und die rosafarbenen, runden Blütenköpfe des Schnittlauchs – sie alle leisten einen Beitrag zur Gesamtgestaltung eines Gartens.

Pflanzen für Pflaster

In einem kleinen Garten ist es wichtig, alle vorhandenen Flächen zur Bepflanzung zu nutzen, und dies gilt auch für gepflasterte Bereiche. Viele Pflanzen besiedeln von allein Pflasterspalten und helfen dadurch, unerwünschte Unkräuter fernzuhalten. Eine der vielseitigsten Pflanzen ist Ruprechtskraut *(Geranium robertianum)*. Es wächst in jedem Spalt, so-

Duftsträucher für kleine Gärten

Frühjahr
Osmanthus × burkwoodii (strukturierend)
Viburnum × burkwoodii (strukturierend)

Sommer
Cytisus battandieri (strukturierend)
Philadelphus ›Belle Etoile‹ (mittelgroß)
Ph. coronarius ›Variegatus‹ (mittelgroß)
Trachelospermum jasminoides (immergrüne Kletterpflanze)

Herbst und Winter
Elaeagnus × ebbingei (strukturierend)
Mahonia japonica (strukturierend)
Sarcococca humilis (mittelgroß)

Ganzjährig duftendes Laub
Aloysia triphylla (lückenfüllend)
Daphne mezereum (lückenfüllend)
D. odora ›Aureomarginata‹ (lückenfüllend)
Laurus nobilis (Hintergrund-/Akzentpflanze)
Lavandula (lückenfüllend)
Nepeta × faassenii (lückenfüllend)
Salvia officinalis ›Purpurascens‹ (mittelgroß)

wohl in der Sonne als auch im Schatten, und entwickelt vom Frühsommer bis zu den ersten Frösten ununterbrochen zahllose kleine tiefrosa bis fast magentarote Blüten. Im Herbst nehmen seine Blätter einen reizvollen Rotton an, der die rosa Blüten hübsch ergänzt. Das Jäten unerwünschter Pflanzen ist einfach, da sich die Wurzeln leicht herausziehen lassen. Auch Pfennigkraut *(Lysimachia nummularia)* ›Aurea‹, die Glockenblumen-Art *Campanula garganica* und das wilde Stiefmütterchen *(Viola tricolor)* gedeihen im Pflaster einer halbschattigen Terrasse.

Die harte Wirkung einer Steinterrasse in einem sonnigen Garten kann gemildert werden, indem man kriechende Arten in die Spalten pflanzt. Wenn die Terrasse regelmäßig begangen wird, muß man Pflanzen auswählen, die dies vertragen, wie Römische Kamille *(Chamaemelum nobile)* ›Treneague‹ und den teppichbildenden Feldthymian *(Thymus serpyllum),* der ordentliche immergrüne Matten entstehen läßt, die im Sommer mit zarten rosa, roten oder weißen Blüten bedeckt sind. Die silbergrauen Blätter von *Leucanthemum hosmariense* bilden niedrige Kissen, auf denen im Frühjahr und Frühsommer Hunderte schwarzer Knospen sitzen, die sich zu weißen Korbblüten öffnen. Wo mehr Feuchtigkeit vorhanden ist, kann mit den irisartigen Blättern von *Sisyrinchium idahoense* ›Album‹ ein Strukturkontrast geschaffen werden. *Pratia pedunculata,* Stachelnüßchen *(Acaena)* ›Blue Haze‹ und kleine Nelken-*(Dianthus-)* Formen sind einige weitere Steingartenpflanzen, die unter diesen Bedingungen gedeihen.

Topfpflanzen

In einem kleinen Garten kann die dauerhafte strukturierende Bepflanzung durch jahreszeitliche Arrangements in Pflanzgefäßen ergänzt werden, um ein wirklich schönes Gesamtbild entstehen zu lassen. Diese saisonalen Arrangements müssen farblich und gestalterisch stets auf benachbarte Pflanzungen abgestimmt werden. Eine Winterrabatte in Gelb- und Goldtönen ergänzt man mit einem Topf frühblühender gelber Narzissen, wie *Narcissus* ›February Gold‹, die zwischen blauen Stiefmütterchen stehen. Eine flache Schale mit noch früher blühenden kleinen Zwiebelblumen, wie Krokussen oder Schneeglöckchen, bietet gegen Winterende einen fröhlichen Anblick. Für eine Schale von 30 Zentimeter Durchmesser sind mindestens 50 kleine Zwiebeln notwendig. Ein Winterarrangement für einen großen Kübel kann eine Dauerpflanzung aus *Skimmia japonica* ›Rubella‹, Schneeheide *(Erica carnea)* ›Myretoun Ruby‹ und ›Pink Spangles‹, bronzefarbenem Efeu *(Hedera helix* ssp. *helix)* ›Avon‹ oder ›Perkeo‹ und das goldfarbene Laub eines Spindelstrauches *(Euonymus fortunei* ›Emerald 'n Gold‹) oder eine niederliegende Konifere wie *Juniperus communis* ›Depressa Aurea‹ enthalten. Ergänzt wird sie durch Zwiebelblumen, etwa gelbe *Iris danfordiae* oder großblumige Gartenkrokusse.

Während des Sommers läßt ein alter Krug oder kleiner Tontopf mit *Heuchera micrantha* ›Palace Purple‹ in einem in zarten Farben gehaltenen Garten einen hübschen Glanzpunkt entstehen. Zu diesem dauerhaften Laub kann man ein größeres Gefäß mit vorwiegend blühenden Arten wie *Argyranthemum* ›Pink Delight‹, *Diascia vigilis, Verbena* ›Sissinghurst‹ und Pelargonien setzen.

Lilien fühlen sich in Pflanzgefäßen wohl, solange man sie während der Wachstumsperiode regelmäßig düngt und jedes Jahr umtopft. Töpfe mit Lilien können zwischen Sträuchern in den Boden eingelassen werden, um der strukturierenden Pflanzung zusätzlichen Reiz zu verleihen. Geeignete Sorten für die Topfkultur sind *Lilium* ›Sterling Star‹ (weiß mit dunkleren Flecken), ›Star Gazer‹ (karminrot), ›Connecticut King‹ (goldgelb) und die starkduftenden Trompeten-Hybriden, ›Casablanca‹ (weiß) und ›Black Beauty‹ (dunkelrot mit weißem Rand).

Jahreszeiten-Pflanzungen

Jede Jahreszeit hat ihren besonderen Reiz, und auch im kleinsten Garten sollten Pflanzen wachsen, die irgendwann im Laufe des Jahres besonders attraktiv sind, entweder durch ihre Blüten oder eine bestimmte Eigenschaft. Die beste Wirkung erzielt man stets, wenn man Pflanzen, die zur gleichen Zeit ihren Höhepunkt haben, zusammensetzt.

Frühlingspflanzung in Gelb und Blau

Das Hochbeet in dieser Ecke eines kleinen Gartens steht im Frühjahr im Mittelpunkt der Aufmerksamkeit und ist durch Töpfe mit blauen und gelben Zwiebelblumen besonders interessant. Das klare Gelb vieler Frühlingsblumen läßt eine Kombination aus Blau und Gelb zur naheliegenden Farbwahl für das Frühjahr werden. Zwiebelblumen fühlen sich in Töpfen wohl und können zwischen vorhandene Pflanzen gesetzt oder in dekorativen Gefäßen zur Schau gestellt werden. Viele Wolfsmilch-Arten und -Sorten tragen im Frühjahr gelbgrüne bis gelbe Blüten und eignen sich ausgezeichnet als Ergänzung, was auch für die mehrjährigen Goldlack-Formen *Cheiranthus* ›Bredon‹ und *Ch. cheiri* ›Harpur Crewe‹ gilt. Durch die Einbeziehung von immergrünem goldenem Laub erhält diese Pflanzgruppe ganzjährig Struktur, gleichzeitig hebt das Laub die Farben der Frühjahrsblumen hervor. Ergänzt wird die Komposition durch etwas graues Laub, und frischgrüne Frühjahrsblätter sorgen für Akzente und Kontraste. Die kleinen Töpfe mit blauen Krokussen *(Crocus chrysanthus)* und gelben Narzissen sind die ersten Frühlingsboten.

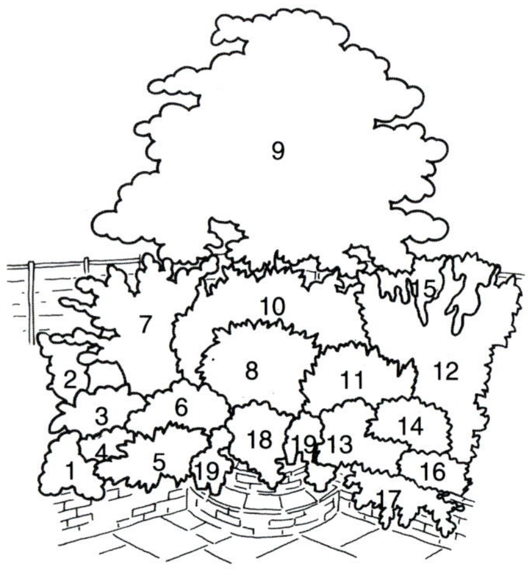

1 *Artemisia* ›Powis Castle‹
2 *Rosa* ›Highfield‹
3 *Hosta* ›Bressingham Blue‹
4 *Narcissus* ›February Gold‹
5 *Juniperus squamata* ›Blue Carpet‹
6 *Euonymus fortunei* ›Emerald 'n Gold‹
7 *Jasminum nudiflorum*
8 *Lonicera nitida* ›Baggesen's Gold‹
9 *Gleditsia triacanthos* ›Sunburst‹
10 *Elaeagnus × ebbingei* ›Limelight‹
11 *Rosmarinus officinalis* ›Sissinghurst‹
12 *Forsythia × intermedia* ›Spring Glory‹ (an der Mauer erzogen)
13 *Pulmonaria angustifolia* ›Munstead Blue‹
14 *Euphorbia polychroma* ›Major‹
15 *Clematis alpina* ›Francis Rivis‹
16 *Scilla siberica*
17 *Hedera helix* ssp. *helix* ›Sagittifolia Variegata‹
18 Topf auf Sockel.
Scilla siberica ›Spring Beauty‹
Viola × wittrockiana
Hedera helix ssp. *helix* ›Eva‹
Primula vulgaris
19 Kleine Blumentöpfe:
Crocus chrysanthus ›Gipsy Girl‹
Anemone blanda
Iris danfordiae
Narcissus bulbocodium var. *mesatlanticus*
Crocus chrysanthus ›Skyline‹

Rabatte in Herbstfarben

Für jeden kleinen Garten empfiehlt sich eine Ecke mit Pflanzen, die im Herbst besonders reizvoll sind. Die sich verändernde kräftige Blattfärbung von Ahornen *(Acer),* Felsenbirne *(Amelanchier canadensis)* oder einigen der kleineren Zierkirschen kann den Mittelpunkt einer herbstlichen Gruppe bilden. Die Beeren einer Eberesche *(Sorbus)* oder die Früchte eines Apfelbaums *(Malus)* können durch die umliegende Pflanzung noch betont werden. Achten Sie auf Kombinationen der Natur wie etwa die tiefblauen Blüten von *Ceratostigma plumbaginoides* vor orangefarbenem Herbstlaub. In diesem langen, schmalen Garten, der leicht sauren Boden hat, bildet den Mittelpunkt der Eckbepflanzung ein Fächerahorn (*Acer palmatum* ›Orido-nishiki‹), ein kleiner mehrstämmiger Baum, unter dem andere Pflanzen wachsen, von denen einige bis in seine unteren Äste reichen.

1 *Pyracantha* ›Orange Glow‹
2 *Vitis vinifera* ›Purpurea‹
3 *Crocosmia masoniorum* ›Firebird‹
4 *Juniperus chinensis* ›Gold Sovereign‹
5 *Pleioblastus auricomus*
6 *Anthriscus sylvestris* ›Ravenswing‹
7 *Dryopteris dilatata*
8 *Acer palmatum* ›Orido-nishiki‹
9 *Ophiopogon planiscapus* ›Nigrescens‹
10 *Tolmiea menziesii* ›Taff's Gold‹
11 *Hosta fortunei* ›Aureomarginata‹
12 *Miscanthus sinensis* var. *purpurascens*
13 *Euonymus fortunei* ›Canadale Gold‹
14 *Aster × frikartii* ›Mönch‹

Die Pflege des Gartens

Die Notwendigkeit, möglichst viel Raum zur Bepflanzung und Nutzung zu schaffen, stellt viele Anforderungen an einen kleinen Garten, und er muß sorgfältig gepflegt werden, damit er in bestem Zustand bleibt und seine Funktion erfüllt. Die Pflanzen, die das Gerüst des Gartens bilden, benötigen einen einfühlsamen Schnitt, damit sie ihre Schönheit bewahren und ihrer Aufgabe entsprechen und gleichzeitig nicht zu groß werden. Kletterpflanzen muß man hingegen an Mauern, Zäunen oder Spalieren erziehen, um sie unter Kontrolle zu halten. Alle Pflanzen müssen regelmäßig gedüngt und in Trockenperioden gegossen werden, um zu gewährleisten, daß sie möglichst lange schön bleiben und gesund genug, um Schädlingen und Krankheiten trotzen zu können.

Dieser hübsche halbschattige Garten fügt sich harmonisch in die umliegende Landschaft ein. Regelmäßiges Düngen und Wässern während der Wachstumsperiode gewährleistet, daß die im Schutz der großen Bäume wachsenden Pflanzen gesund bleiben; regelmäßiger Schnitt läßt eine schöne Grasnarbe entstehen. Die Strauchmargeriten *(Argyranthemum frutescens)* in den Töpfen blühen, sofern sie regelmäßig gewässert werden, den ganzen Sommer und bringen Licht in den etwas dunklen Garten.

Verbesserung des Bodens

Eine gründliche Bodenvorbereitung ist die sicherste Garantie für dauerhaft schöne Pflanzungen. Sie gewährleistet, daß die Pflanzen gute Startbedingungen haben und sich auch weiterhin gesund entwickeln. Damit die Pflanzen ein kräftiges Wurzelsystem ausbilden können, sollte der Boden möglichst durchlässig und locker sein. Das Einarbeiten organischen Materials beim Pflanzen und anschließendes Mulchen erhöht das Wasserhaltevermögen des Bodens.

Jeder Bodentyp läßt sich jedoch durch das Hinzufügen von organischer Substanz noch verbessern: Schwere Böden werden durchlässiger, leichte Böden können das Wasser besser speichern, und alle erhalten gleichzeitig Nährstoffe, die für ein gutes Pflanzenwachstum wichtig sind.

Ich werde oft von desillusionierten Gärtnern zu Hilfe gerufen, deren Pflanzen nicht so recht gedeihen wollen, obwohl sie jede Woche viele Stunden mit Gartenarbeit verbringen. In den meisten Fällen liegt dies daran, daß der Boden ausgelaugt ist. Er sollte jahrelang Pflanzen ernähren, ohne je gedüngt oder verbessert zu werden. Wenn ein Boden einmal erschöpft ist, dann kümmern die Pflanzen und werden anfällig für Krankheiten und Schädlinge, während Unkräuter, insbesondere ausdauernde Arten, anscheinend bestens gedeihen. Ist dies in Ihrem Garten auch der Fall, sind Maßnahmen zur Bodenverbesserung, die Düngen und Mulchen beinhalten, erforderlich.

Organische Materialien

Die nachfolgend aufgeführten organischen Substanzen eignen sich ausgezeichnet zur Verbesserung der Bodenstruktur. Ihre Nährstoffzusammensetzung ist unterschiedlich, sie alle geben jedoch ihre Nährstoffe im Laufe der Wachstumsperiode langsam ab und enthalten auch Spurenelemente (siehe Seite 91). Diese sind aber meist relativ gering, so daß man möglicherweise zusätzlich mineralischen oder organischen Dünger ausbringen muß.

Kuh- und Pferdemist Stalldung ist ein ausgezeichnetes organisches Material, das Sie vermutlich preiswert bei einem Bauern oder bei Reitställen in Ihrer Gegend bekommen (bringen Sie eigene Säcke mit). Der Dung sollte vor Gebrauch gut verrotten und muß deshalb im allgemeinen mindestens sechs Monate gelagert werden, Dung, der Sägemehl enthält, mindestens zwölf Monate. Da es jedoch sehr unangenehm ist, Dung durch das Haus in einen rückwärtig gelegenen kleinen Garten zu schaffen, sollte man in diesem Fall lieber eigenen Kompost verwenden oder die saubere handelsübliche Komposterde, auch wenn sie teurer ist.

Handelsübliche Komposterde Der Kauf von organischer Substanz ist sehr bequem, aber natürlich teurer als selbst hergestellter Kompost. Sie ist in Säcken unterschiedlicher Größe erhältlich, wodurch sie vor allem bei Platzmangel leichter zu handhaben ist. Komposterde besteht aus kompostiertem Grüngut und Bioabfall.

Gartenkompost Er besitzt die gleichen Eigenschaften wie Mist und kann im Garten in kleinen Mengen selbst hergestellt werden. Vielleicht reicht die Menge nicht aus, um den gesamten Boden im Garten zu verbessern, doch man kann den Gartenkompost mit anderen organischen Materialien ergänzen.

Alte Pilzerde (»Champignonmist«) Sie ist ein guter Bodenverbesserer und liefert einige Pflanzennährstoffe. Ein Nachteil ist ihr hoher pH-Wert. Daher darf sie nicht für Pflanzen verwendet werden, die sauren Boden lieben, und auch nicht an Plätzen, an denen der pH-Wert bereits bei 6,5 oder darüber liegt. Dagegen eignet sie sich sehr gut für neutrale Böden und solche, deren pH-Wert erhöht werden soll.

Mulchdecken

Mulch, den man um angewachsene Pflanzen ausbringt, ist nützlich, um den Boden fruchtbar zu halten, Unkraut zu unterdrücken und die Bodenfeuchtigkeit zu bewahren. Für einen pflegeleichten Garten ist er deshalb unverzichtbar. Mulchdecken bilden eine Barriere und schützen die Pflanzenwurzeln vor extremer Hitze und Kälte. Sie verhindern außerdem, daß der Boden verkrustet und reißt, was besonders bei Schluff- und schweren Tonböden hilfreich ist. Mist, Kompost und Rinde können als Mulch verwendet werden.

Die Mulchdecke sollte fünf Zentimeter dick sein und darf nur verteilt werden, wenn der Boden warm und feucht ist, nicht aber naß und kalt, da der Mulch wie eine Isolierschicht wirkt und den Zustand des Bodens zur Zeit des Mulchens bewahrt. Ein Nachteil von Mulchdecken ist, daß

Ein dezent plazierter Kompostbehälter, der in einem kleinen Garten mit dem Hintergrund verschmelzen kann, liefert wertvolles organisches Material zur Verbesserung des Bodens.

sie Schnecken anziehen können. Zudem verrichten Katzen manchmal ihr Geschäft auf ihnen, und Vögel rupfen sie auseinander.

Mist und Kompost müssen unkrautfrei, also vollständig verrottet sein, wenn man sie als Mulch benutzen will, sonst wird man im Jahr der Anwendung viele Stunden mit mühseligem Unkrautjäten verbringen müssen.

Rinde ist in unterschiedlicher Schnitzelgröße in Säcken erhältlich. Bei groben Schnitzeln dauert die Verrottung länger als bei feinen. Vom ästhetischen Standpunkt aus betrachtet, halte ich feinere Rindenschnitzel als Mulchdecke um Pflanzen für besser geeignet.

Während Mist und Kompost die Pflanzen gleichzeitig düngen, enthält Rinde nur wenig oder keine Nährstoffe – informieren Sie sich darüber bei den Angaben des Herstellers.

Mulch verwenden

Die meisten Mulchdecken halten etwa ein Jahr, abhängig davon, wie dick sie sind. Auf leichten Böden ist es stets am besten, jedes Jahr zu mulchen. Ganz grob kann man sagen, daß man für eine Fläche von einem halben Quadratmeter einen Eimer Mist oder Kompost braucht; Sträucher und Stauden werden alle ein oder zwei Jahre, Rosen und stark zehrende Kräuter, wie Minze und Schnittlauch, jährlich gemulcht – andere Kräuter benötigen wenig oder keinen Mulch. In den dazwischenliegenden Jahren sollten Sie mit einer anderen Substanz mulchen, um die Bodenstruktur weiter zu verbessern.

Pflanzen in Kübeln und Töpfen tut eine jährlich ausgebrachte, ungefähr einen Zentimeter dicke Schicht aus feinem Kompost oder Wurmkompost (siehe Seite 90) gut.

Organisches Material einarbeiten

Organisches Material sollte vor dem Pflanzen in die Erde eingearbeitet werden. Man hebt einen Graben in Spatenstichtiefe aus, lockert mit der Gabel, wieder spatenstichtief, die darunterliegende Erde und arbeitet organisches Material in die Grabensohle ein. Dann hebt man einen zweiten Graben aus und wirft die ausgehobene Erde umgekehrt auf das organische Material im ersten. So arbeitet man weiter, bis die gesamte Fläche umgegraben ist. Falls sie sehr klein ist, hebt man das ganze Beet spatenstichtief aus, wobei man die Erde auf einem danebenliegenden Stück Folie ablegt, arbeitet mit der Gabel das Material ein und schaufelt die Erde wieder an ihren Platz.

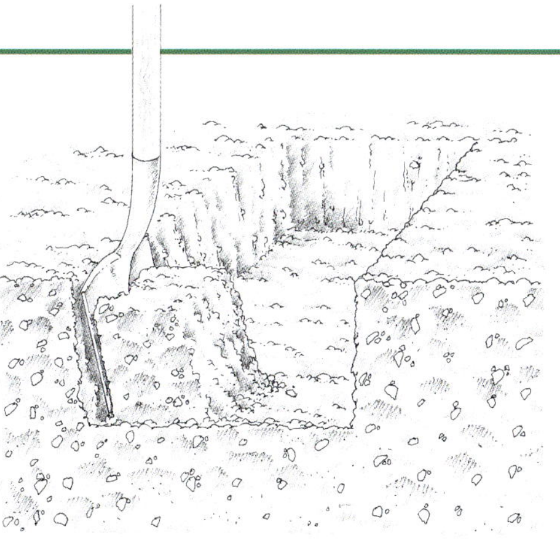

An einem Ende der Rabatte beginnend, hebt man einen Graben in Spatenstichtiefe aus.

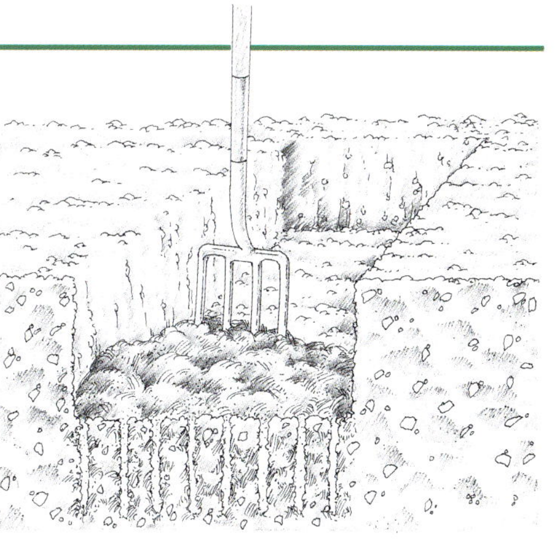

In die Grabensohle arbeitet man eine fünf Zentimeter dicke Schicht organisches Material ein.

Jasminum officinale
(Echter Jasmin)

Diese Zeilen, die Thomas Moore in *Lalla Rookh* schrieb, fassen den Wert dieser Kletterpflanze (arabischer Name »Ysmyn«, persischer Name »Jasemin«) für kleine Gärten zusammen:

's ist Nacht – durchs
Gitter, dicht berankt
mit Geißblatt, strömt
manch Wohlgeruch
von Blüten, die zur
Schlafzeit wach,
von scheuer Jasmin-
Knospe, die
den Duft am Tag für sich
bewahrt,
doch, wenn das Sonnen-
licht verlischt,
ihr köstliches Parfum
verschenkt
an jeden Windhauch, der
sich naht.

Kompostherstellung

Da verrottetes organisches Material für eine erfolgreiche Arbeit im Garten wichtig ist, weil es Fruchtbarkeit und Struktur des Bodens verbessert, sollten Sie, auch wenn Ihr Garten noch so klein sein mag, überlegen, ob Sie nicht Platz für einen Komposthaufen finden, um Garten- und Küchenabfälle wiederzuverwerten. Am besten ist es, wenn man von allen Seiten Zugang zu dem Haufen hat, aber das ist natürlich eine Frage des Platzes. Man kann den Kompostbehälter aus Holz oder Drahtgeflecht selbst machen oder aber einen Kunststoffbehälter kaufen und in einer Ecke des Gartens aufstellen. Die Idealgröße beträgt etwa 1,2 mal 1,2 Meter; ich habe in meinem Garten einen runden Kunststoffbehälter mit 60 Zentimeter Durchmesser, in den einjährige Unkräuter, abgeblühte Beetpflanzen, unverholztes Schnittgut, Küchenabfälle und selbst das alte Sägemehl aus dem Kaninchenstall kommen. Der vordere Teil kann herausgenommen werden, damit sich der Behälter leichter leeren läßt.

Holziges Material braucht lange, bis es verrottet ist, und am besten verzichtet man darauf, wenn man nicht einen Häcksler besitzt, der es zerkleinert. Krankes Material und Wurzeln vollentwickelter ausdauernder Unkräuter sollten nicht kompostiert werden, da ihre Verrottung lange dauert und die Gefahr besteht, daß man sie über den Garten verbreitet. Meiden Sie auch immergrünes Material, und geben Sie nur kleine Mengen Herbstlaub in den Kompost. Das restliche Laub lagern Sie getrennt, um Lauberde herzustellen, sofern dies der Platz erlaubt. Einjährige Unkräuter und das Grün von Unkräutern wie Nesseln eignen sich gut zur Kompostierung. Vorhandene Samenstände oder Wurzeln können abgeschnitten und weggeworfen werden. Grasschnitt kann auf den Kompost gebracht werden, darf aber nicht mehr als ein Viertel der Gesamtmenge ausmachen. Zudem sollte er sorgfältig untergemischt werden, weil er sich sonst verdichtet (der Kompost beginnt dann aufgrund des Luftmangels zu riechen, wird schleimig und bekommt eine schlechte Qualität). Auf Nahrungsmittel sollte mit Ausnahme von Obst- und Gemüseabfällen verzichtet werden, da sie Ratten anlocken können.

Um einen Komposthaufen anzulegen, verteilt man zunächst etwas trockenes Astmaterial auf dem Boden, damit von unten Luft in den Haufen gelangen kann. Darauf schichtet man eine 25 Zentimeter dicke Lage zu kompostierenden Materials und gibt einen Kompoststarter darüber. Hier kann ein handelsübliches Produkt oder gut verrotteter Mist oder Kompost verwendet werden. Auf diese Weise fährt man fort, bis der Behälter voll ist. Dann deckt man ihn ab, damit keine Wärme verlorengeht und der Kompost nicht zu naß wird.

Der Kompostierungsprozeß wird von unzähligen winzigen Organismen durchgeführt, die das organische Material, das Sie in den Behälter geben, zersetzen. Um wirksam sein zu können, benötigen sie Luft, Wärme und Feuchtigkeit; bei kaltem Wetter arbeiten sie langsamer als bei Wärme. Wenn man den Behälter in einem wärmeren Bereich des Gartens aufstellt, erhöht sich ihre Aktivität, und der Kompost wird dadurch rascher fertig – er sollte aber nicht in der prallen Sonne stehen. Auch ein regelmäßiges Umsetzen beschleunigt den Verrottungsprozeß, da dabei Luft zugeführt wird, aber es ist nicht unbedingt notwendig. Insgesamt dauert der Prozeß zwischen zwei Monaten und einem Jahr oder länger, je nach verwendetem Material und Behandlungsweise. Der Kompost ist fertig, wenn er dunkel und krümelig wird und die ursprünglichen Materialien nicht mehr erkennbar sind. Falls er noch fasrig und klumpig ist, eignet er sich zum Untergraben (nicht zum Mulchen); der ideale Kompost hat jedoch eine feine, krümelige Beschaffenheit.

Wurmkompost

Aus meiner Erfahrung ist ein Wurmkomposter entbehrlich, wenn man einen Komposthaufen hat, und vielleicht ist nicht für beides Platz, aber er liefert besonders feine Komposterde. Der Wurmkompost eignet sich ausgezeichnet für Pflanzgefäße.

Ein Wurmkomposter ist einfach ein Kunststoffbehälter, der direkt auf die Erde gestellt wird. Auf dem Boden wird eine Lage reifen Komposts verteilt, auf die eine zehn Zentimeter dicke Schicht aus Küchenabfällen und weichen Gartenabfällen, etwa ausgedünnten Pflanzen und grünen Trieben, kommt. Darauf legt man feuchtes Zeitungspapier. Jedesmal wenn eine Schicht von den eingesetzten Kompostwürmern *(Eisenia foetida)* gefressen wurde, kann weiteres Abfallmaterial hinzugefügt werden. Die Würmer werden stets darauf gesetzt. Sie arbeiten sich dann nach unten und bleiben dort. Vermeiden Sie zuviel Zitrusschalen, und verwenden Sie auf keinen Fall Fleisch, da es Fliegen anlockt.

Wie die Mikroorganismen im Komposthaufen sind auch die Würmer bei Kälte weniger aktiv, daher ist es wichtig, sie während der Wintermonate nicht zu überfüttern. Gewöhnlich dauert es zwölf bis 24 Wochen, bis ein Wurmkomposter gefüllt ist. Danach kann man die feine Komposterde herausnehmen und von vorne beginnen. Die Würmer hebt man auf, um sie wieder einzusetzen.

Düngen und Wässern

Schlauchrollen helfen, Ordnung in kleinen Gärten zu halten. Eine hübsche Gießkanne kann im Freien bleiben, wenn sie nicht in Benutzung ist.

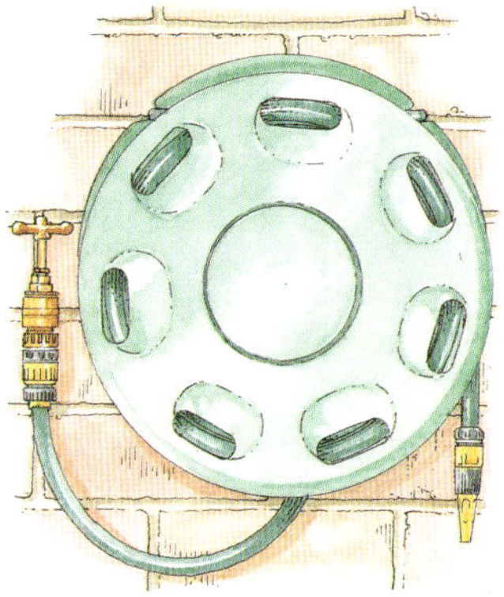

Wand-Schlauchrolle

Transportable Schlauchrolle

Dekorative Gießkanne

Während der Wachstumsperiode muß ständig eine ausreichende Menge an Nährstoffen im Boden vorhanden sein, damit sich die Pflanzen gesund entwickeln können, und selbst eine Erde, in die reichlich Mist oder Kompost eingearbeitet wurde, braucht während des Höhepunkts der Wachstumsperiode möglicherweise zusätzlichen Dünger. Obwohl organische Substanz selbst auf kleinstem Raum für die Bodenverbesserung unverzichtbar ist, kann sie für die weitere Düngung unpraktisch sein, weshalb man besser mineralische Dünger verwendet. Die wichtigsten Bestandteile dieser Art von Pflanzennahrung sind Stickstoff (N), Phosphor (P) und Kalium (K), und ihre Anteile sind – in dieser Reihenfolge – häufig auf der Packung angegeben. Bei einem Volldünger kann das Verhältnis 20 : 20 : 20 betragen. Ein Dünger, der im Frühjahr das Wachstum ankurbeln soll, hat einen hohen Stickstoffanteil, etwa im Verhältnis 25 : 15 : 15, während ein Dünger für den Herbst eine geringere Stickstoffmenge enthält, beispielsweise im Verhältnis 12,5 : 25 : 25.

Pflanzen benötigen oft auch Spurenelemente wie Magnesium, Eisen und Kupfer. Spurenelement-Dünger kommen hauptsächlich zum Einsatz, wenn Mangelerscheinungen wie Blattverfärbungen oder Wachstumsstörungen auftreten. Sie werden als Blattdüngung ausgebracht, das heißt mit Wasser vermischt auf das Laub gespritzt. Die Mineralstoffaufnahme wird auch vom pH-Wert des Bodens beeinflußt. So tritt zum Beispiel bei Heidekrautgewächsen, die in alkalischem Boden wachsen, rasch ein Eisenmangel auf, der sich durch Chlorose, ein Vergilben der Blätter, und allgemeines Kümmern zeigt. Eisenchelat liefert das fehlende Spurenelement, doch auf lange Sicht muß der Boden saurer gemacht werden, damit diese Pflanzen gedeihen. Am sinnvollsten ist es in diesem Fall, keine Heidekrautpflanzen zu ziehen.

Depot- oder Langzeitdünger, die Stickstoff, Kalium, Phosphor und Spurenelemente enthalten, sind für einen kleinen Garten ideal geeignet und versorgen die Pflanzen bis zu einem Jahr mit Nährstoffen. Sie werden als Kopfdüngung ausgebracht, das heißt, man verteilt einfach das Granulat in der vom Hersteller empfohlenen Menge auf dem Boden. Auch Gefäße mit Dauerpflanzungen können im Frühjahr eine Kopfdüngung erhalten. Dazu entfernt man die obere Erdschicht (soweit dies ohne Beschädigung der Wurzeln möglich ist), verteilt einen granulierten Langzeitdünger und füllt anschließend frische Erde auf. Vorgesehene dekorative Mulchdecken sollten nach dem Düngen ergänzt werden. Sofort wirkende Dünger werden nach Gebrauchsanweisung während der Wachstumsperiode ausgebracht. Organische Materialien wie Knochenmehl oder Hornmehl sind nützlich, um das Anwachsen neuer Pflanzen zu unterstützen.

Pflanzen wässern

Ohne Wasser können Pflanzen nicht wachsen. Doch einige Arten vertragen trockene, schattige oder trockene, sonnige Bedingungen besser als andere, und es ist stets ratsam, die Pflanzen entsprechend auszusuchen. Denken Sie auch an die Bedingungen im Winter – in einem kleinen Garten kann eine Fläche, die im Sommer sehr trocken und sonnig ist, während des Winters sonnenlos und feucht sein. Am wichtigsten ist das Wässern während der Anwachsphase neuer Pflanzen und in den Hauptwachstumsperioden. Bei den meisten Pflanzen liegt letztere im Frühjahr und Frühsommer, und eine ausreichende Wässerung fördert die Entwicklung neuer Triebe und Blütenknospen.

Das wahllose Wässern mit dem Schlauch oder mit Beregnungsanlagen ist Verschwendung, da ein großer Teil des Wassers die Pflanzenwurzeln gar nicht erreicht. Ein regelmäßiges, gründliches Wässern ist zudem weit besser als häufige kleine Gaben. Das Wasser wird dabei nicht auf das Laub gespritzt, sondern direkt den Wurzeln zugeführt. Wenn das Wasser nicht bis zu einer gewissen Tiefe in den Boden eindringt, entwickeln Pflanzen oft flache Wurzeln und müssen dann sehr häufig gegossen werden. In einer langen regenlosen Periode muß man mit der Gießkanne oder dem Schlauch umhergehen und die Pflanzen einzeln gießen, vor allem diejenigen, die in Töpfen wachsen. Immergrüne Arten leiden in Trockenperioden gewöhnlich mehr als sommergrüne Sträucher, und daher sollten sie zuerst gewässert werden.

Pflanzen in Pflanzgefäßen müssen zweifellos auch während des Winters gelegentlich gegossen werden, nicht jedoch bei Frost. Das Laub von Pflanzen kann verhindern, daß Regen zu den Wurzeln gelangt, aber die Verdunstung über die Blätter geht weiter. Bei Pflanzgefäßen ist eine gute Drainage wichtig, da sich nasse Erdballen bei Frost ausdehnen und den Topf bersten lassen können.

Rasenpflege

Kahle Stellen neu einsäen

- Die Reste der beschädigten Grasnarbe an der betroffenen Stelle ausstechen und die darunterliegende Erde lockern.
- Das Loch mit feiner Gartenerde oder Erdsubstrat füllen, bis es eben ist.
- Gras einsäen, dabei 35 bis 50 Gramm Samen pro Quadratmeter verwenden.
- Feines Lehmsubstrat über die Samen sieben und sie mit gespanntem Baumwollzwirn vor Vögeln schützen.

Ein Rasen in einem kleinen Garten ist im Verhältnis zu einem großen Garten einer weit größeren Beanspruchung ausgesetzt. Die richtige Wahl der Grasmischung (siehe Seite 47) und eine regelmäßige Pflege erhöhen jedoch die Widerstandsfähigkeit des Rasens. Aber auch Schatten von Bäumen oder baulichen Elementen im Garten beeinflussen das Wachstum des Grases, und wenn eine Rasenfläche feucht ist und schlecht wächst, entwickelt sich leicht Moos. In tiefem Schatten liegender Rasen kann völlig vermoosen, und hier ist es ratsam, andere Pflanzen zur Bodenbedeckung zu wählen (siehe Seite 76) oder die Fläche zu pflastern (siehe Seite 42 bis 46).

Schnitthöhen

Je kürzer der Rasen im Sommer ist, desto rascher wird er in Trockenperioden braun und desto schlechter hält er starker Beanspruchung stand. Darüber hinaus erleidet kurzer Rasen im Winter leichter Frostschäden. Um einen feinen, ebenmäßigen Rasen zu erhalten, sollte das Gras während der Wachstumsperiode wöchentlich in etwa zwölf Millimeter Höhe abgemäht werden. Bei einem Rasen, der häufig von Kindern oder für sportliche Aktivitäten benutzt wird, mäht man das Gras jede Woche in zweieinhalb Zentimeter Höhe ab.

Am Ende der Wachstumsperiode sollte man den Rasen für die Dauer des Winters etwa zweieinhalb Zentimeter hoch stehenlassen. Nachdem man im folgenden Frühjahr einen stickstoffreichen Dünger ausgebracht hat, der den Rasen zu kräftigem Wachstum anregt, schneidet man ihn nicht zu kurz. Da die neuen Halme weich und durch Spätfröste gefährdet sind, läßt man den Rasen in einer Höhe von zweieinhalb Zentimetern stehen, bis wärmeres Wetter einsetzt.

Raseninstandhaltung

Um abgestorbene Grasnarbe und Abfälle zu entfernen, recht man den Rasen in zwei Richtungen kräftig mit einem Lüftrechen. Dies verbessert auch die Drainage und fördert das Wachstum des Rasens. Falls viel Moos vorhanden ist, sollte man versuchen, es vor dem Lüften durch die Anwendung eines handelsüblichen Mittels möglichst weitgehend zu entfernen, um seine weitere Ausbreitung zu verhindern. Nachdem man im Herbst oder Frühjahr den Rasen gelüftet und entmoost hat, bringt man einen geeigneten Rasendünger in der vom Hersteller empfohlenen Menge aus. Eine Herbstdüngung ist nur erforderlich, wenn der Rasen während der Sommermonate stark unter Trockenheit oder Verdichtung gelitten hat und deshalb am Ende der Wachstumsperiode dünn aussieht.

Allen Rasenflächen, vor allem solchen an schattigen oder feuchten Plätzen, tut es gut, wenn man sie im Herbst aerifiziert, also wenn man Löcher in den Boden macht, damit Luft an die Wurzeln gelangt

Hier läßt eine offene Rasenfläche einen grünen Teppich entstehen, der zwar klein ist, aber diesem von der Autorin gestalteten Garten Weichheit verleiht. Seine fließenden Formen bilden ein wichtiges Element im Grundriß des Gartens und erleichtern gleichzeitig seine Pflege, da es keine Ecken gibt. Die Rasenkanten müssen wöchentlich geschnitten werden. Zudem sollten keine Pflanzen über den Rasen hängen, damit das darunterliegende Gras nicht abstirbt.

Die hohe Laubkrone des Apfelbaums läßt viel Licht zum darunterliegenden Rasen durch. Dies verringert die Moosbildung, verhindert das Entstehen von feuchten Stellen und vereinfacht das Mähen. Dieser Rasen wird mit einem Spindelmäher gemäht; er besitzt eine Walze, durch die der Streifeneffekt entsteht.

Rasenkrankheiten

Hexenringe Sie werden von einem Pilz hervorgerufen, der kreisförmig zwischen Rasengräsern wächst. An den Ringen entwickeln sich geschwungene Bänder aus üppigem grünem Gras. Im Spätsommer und Herbst erscheinen oft winzige Pilze. Mit einem Fungizid bekämpfen.

Herbstrot, Blattrost Im Spätsommer oder Herbst färben sich Grasbereiche rötlich, und es entstehen häßliche helle Flecken. Mit einem Lüftrechen das tote Material entfernen. Im Frühjahr und Sommer eine Düngung mit Ammoniumsulfat durchführen, um den Stickstoffgehalt des Bodens zu erhöhen. Falls keine Besserung eintritt, ein Fungizid anwenden.

Talerflecken Goldbraune bis strohfarbene Flecken, die im Spätsommer bei feuchtem Wetter erscheinen. Im Frühjahr und Sommer eine Düngung mit Ammoniumsulfat durchführen. Falls keine Besserung eintritt, ein Fungizid anwenden.

Verbrennen durch Hundeurin Kleine dunkelbraune abgestorbene Flecken, die von einem dunkelgrünen Ring umgeben sind. Verunreinigte Stellen großzügig wässern.

und die Drainage verbessert wird. Benutzen Sie für diese Arbeit eine Aerifiziergabel oder ein kleines Gerät mit Stacheln oder Hohlzinken. Überdies gibt es mit Stacheln besetzte Platten, die man an Stiefeln befestigen kann. Dann kehrt man scharfen Sand oder Kompost hinein, um die Hohlräume offenzuhalten. Falls an kahlen Stellen neu eingesät werden muß, macht man dies im Spätsommer oder Frühherbst (siehe Seite 92).

Unkraut und Krankheiten

Ein gesunder, gutgepflegter Rasen ist weniger anfällig für Krankheiten, und in einer kräftigen, dichten Grasnarbe hat Unkraut eine geringere Chance. Wenn man einen neuen Rasen auf Boden anlegt, der frei von ausdauernden Unkräutern ist, und einen etwas teureren, hochwertigen Fertigrasen verwendet, sollte es kaum Probleme mit Unkraut geben – aber möglicherweise haben Sie gar nichts gegen einige Rasenunkräuter oder Wildblumen; ich jedenfalls mag im Frühjahr Gänseblümchen. Wer jedoch einen perfekten Rasen wünscht, für den ist Unkrautbekämpfung unerläßlich. Einige Frühjahrs- und Herbstdünger enthalten zwar Unkrautvernichter, unter Umständen muß man aber selektive Rasenherbizide anwenden. Die schwierigsten ausdauernden Unkräuter sind jene, die auch in kurzgemähtem Rasen überleben, wie Klee, Ehrenpreis, Gänseblümchen und Wegerich. Wer einen vollkommenen Rasen haben möchte, bringt im Frühjahr ein geeignetes Herbizid oder einen Dünger, der Unkrautvernichtungsmittel enthält, entsprechend der Gebrauchsanweisung des Herstellers aus. Bei lokal begrenztem Befall können Teilflächen behandelt werden. Einjährige Unkräuter, die in einem neu eingesäten Rasen wachsen, werden durch regelmäßiges Mähen ausgemerzt. Rosettenbildende Unkräuter können, wenn man auf Herbizide verzichten will, auch von Hand entfernt werden, und gerade auf kleinen Flächen ist dies durchaus möglich. Denken Sie daran, daß das Schnittgut eines mit Herbizid behandelten Rasens nicht kompostiert werden darf, da sonst Probleme auftreten, wenn der Kompost im Garten verteilt wird.

Verfärbte, braune oder gelbe Flecken sind häufig ein Indiz für Krankheiten. In Zweifelsfällen sollten Sie ein Buch über Rasenpflege zu Rate ziehen oder eine Probe zur Untersuchung in Ihr örtliches Gartencenter bringen und dann ein geeignetes Fungizid anwenden. Sie sollten jedoch sicher sein, daß die Braunfärbung nicht schlicht auf Trockenheit zurückzuführen ist. Während Trockenperioden im Sommer kann selbst längerer Rasen braun werden. Gras ist erstaunlich widerstandsfähig und erholt sich im allgemeinen nach einem kräftigen Regen oder Wässern rasch. Falls Wassermangel herrscht, sollten andere Pflanzungen bevorzugt werden, da Rasen sich meist von selbst wieder erholt, unter Trockenheit leidende Rabattenpflanzen jedoch nicht.

Schnitt von Sträuchern und Kletterpflanzen

In einem kleinen Garten ist kein Platz für Pflanzen, die nicht positiv zum Gesamtbild der Gestaltung beitragen. Daher ist es wichtig zu wissen, wie man Pflanzen am besten in einer guten Größe hält und einen Neuaustrieb anregt, damit Sträucher nicht häßlich werden und verholzen. Eine ungepflegte Hecke aus Leyland-Zypressen *(× Cupressocyparis leylandii)* etwa wächst in die Höhe und Breite und kann dann nicht mehr zurückgeschnitten werden, ohne ihr grünes Blattwerk zu verlieren, da sie aus altem Holz nicht neu austreibt. Stutzt man sie jedoch jährlich, können gewünschte Höhe und Breite erhalten werden, und die Hecke sieht grün, gepflegt und ordentlich aus. Oft werden zum Verstecken von Grundstücksgrenzen auch wuchsfreudige große Sträucher wie Glanzmispel *(Photinia)* oder Zwergmispel *(Cotoneaster)* gewählt, die ohne Pflege fünf Meter Höhe und Breite erreichen oder sogar noch mehr. In einem großen Garten ist das schön, auf einer kleinen Fläche müssen diese Sträucher aber sorgsam zurückgeschnitten werden, damit sie nicht zu groß werden.

Einigen Pflanzen bekommt ein regelmäßiger Schnitt besser als anderen, doch wenn man behutsam vorgeht, können die meisten Pflanzen leicht geschnitten oder formiert werden. Zu den wenigen Pflanzen, bei denen ein Schnitt nicht zu empfehlen ist, gehören *Daphne odora* ›Aureomarginata‹, *D. mezereum, Cordyline australis,* Sandginster *(Genista pilosa),* Sternmagnolie *(Magnolia stellata), Pleioblastus viridistriatus,* Eibisch *(Hibiscus), Thuja occidentalis* ›Sunkist‹, Neuseeländer Flachs *(Phormium), Sarcococca* und kleine immergrüne Azaleen.

Es gibt noch andere gute Gründe für einen Schnitt. Bei neu gepflanzten Sträuchern bewirkt er, daß sie sich an der Basis kräftig verzweigen und buschig werden, so daß auf lange Sicht formschöne Pflanzen entstehen. Wenn ein Strauch gut geformt, aber offen ist, kann die Luft besser zirkulieren, und es wird verhindert, daß einzelne Pflanzen um Licht und Raum konkurrieren. Zu starke Konkurrenz führt dazu, daß Triebe vergeilen, wodurch die Pflanze geschwächt wird. Und eine geschwächte Pflanze ist anfällig für Krankheiten. Der Schnitt von Laub oder Blüten für Blumensträuße ist oft eine gute Methode, die Größe eines Strauchs zu begrenzen, ohne Schnittgut wegwerfen zu müssen.

Zeitpunkt und Art des Schnitts

Benutzen Sie zum Schneiden von Sträuchern immer eine scharfe Gartenschere, und führen Sie stets saubere Schnitte durch (siehe Seite 97). Der beste Zeitpunkt für einen Schnitt ist gekommen, wenn die Pflanze danach noch möglichst lange wachsen kann, bevor sie zu blühen beginnt. Stellen Sie also zunächst die Blütezeit des Strauches fest, und tragen Sie sie als Gedächtnisstütze in Ihre Pflanzenpflege-Kartei ein (siehe unten). Darüber hinaus gibt es einige allgemeine Regeln:

Pflanzenpflege-Kartei

Ich bereite für jeden meiner Kunden Karteikarten vor, die ihm helfen, seine Pflanzen regelmäßig zu pflegen, statt sie so lange sich selbst zu überlassen, bis der Garten ein Durcheinander ist und umfangreiche Schnitt- und Pflegemaßnahmen erforderlich werden. Lesen Sie die Pflanzenschildchen im Gartencenter wie auch in Gartenbüchern und Zeitschriften, um eine eigene Kartei anzulegen. Als Gedächtnishilfe fassen Sie alle Pflanzen zusammen, die zu einer bestimmten Jahreszeit Pflege brauchen.

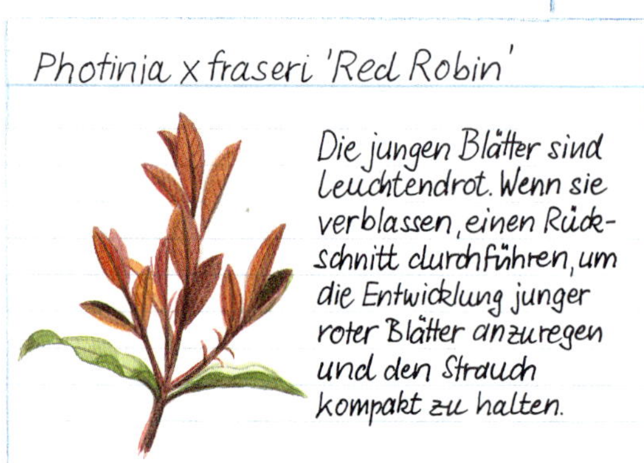

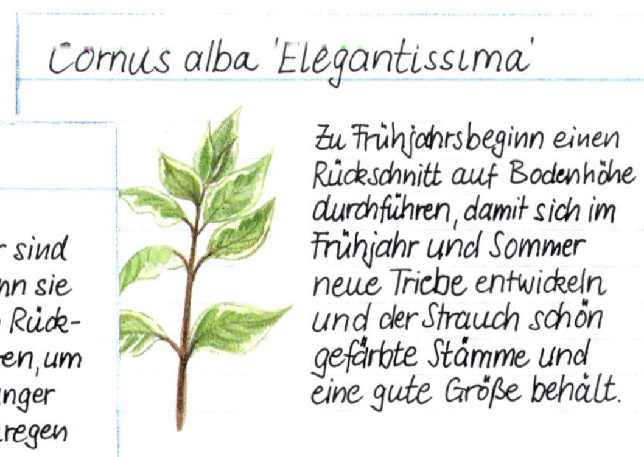

Damit diese Komposition ausgewogen bleibt, ist ein regelmäßiger Schnitt erforderlich. Lavendel muß Mitte des Frühjahrs geschnitten werden und noch einmal, wenn die Blüten welken. Den Buchsbaum sollte man mit einer Heckenschere zwei- oder dreimal im Jahr stutzen. Bei dem Efeu im Hintergrund reicht ein gründlicher Schnitt im Spätfrühjahr aus, um den Wuchs kompakt zu halten. Wenn man Kletterrosen wie hier an senkrechten Stützen erzieht, kann man die Pflanzfläche vergrößern und gleichzeitig der Gesamtgestaltung Höhe verleihen.

Sommergrüne Sträucher, die im Frühjahr und Frühsommer blühen, wie *Philadelphus, Forsythia* und *Weigela,* tragen an neuem Holz Blüten und sollten zurückgeschnitten werden, sobald sie abgeblüht sind. Man nimmt die alten Blütentriebe vollständig auf altes Holz zurück, entfernt zudem totes und krankes Holz und schneidet den Strauch in Form.

Sommergrüne Sträucher, die im Sommer und Frühherbst blühen, wie *Fuchsia,* Sorten von *Buddleja davidii, Ceanothus* ›Gloire de Versailles‹ und *Caryopteris* × *clandonensis* ›Kew Blue‹, blühen an ein- oder zweijährigem und älterem Holz und sollten zu Beginn des Frühjahrs geschnitten werden, wenn die Knospen zu schwellen beginnen. Man schneidet die Blütentriebe stark auf ein oder zwei Augen über dem alten Holz zurück. Zudem entfernt man totes und krankes Holz und formt den Strauch.

Blühende immergrüne Sträucher können, je nach Blüte, zu den gleichen Zeiten geschnitten werden wie sommergrüne Sträucher, sollten allgemein aber weniger drastisch behandelt werden. So werden etwa *Hebe* ›Red Edge‹, *H. rakaiensis* und *H.* ›Autumn Glory‹ zu Frühjahrsbeginn leicht gestutzt, um einen Neuaustrieb anzuregen. Vollentwickelter *Cistus* sollte ebenfalls im Frühjahr gestutzt werden, wobei ein Drittel des ältesten Holzes bis zur Bodenhöhe zurückgeschnitten wird. Bei *Escallonia* sollte man im Spätsommer nach der Hauptblütezeit ein Drittel der alten Blütentriebe entfernen. Drei- bis vierjährige Exemplare von *Ceanothus impressus* und *C.* ›Delight‹ sollten geschnitten werden, indem man nach dem Ende der Blütezeit die Triebe um ein Drittel zurücknimmt.

Immergrüne Pflanzen, die wegen ihres Laubes gezogen werden, wie *Elaeagnus pungens* ›Maculata‹, Cultivare von *Hedera helix* ssp. *helix, Prunus laurocerasus, Ilex aquifolium* und Nadelgehölze, sollte man zu Frühjahrsbeginn schneiden, bevor das Wachstum wieder einsetzt, in kälteren Gegenden auch Ende des Frühjahrs, und etwas frostempfindliche Immergrüne, bevor das Wachstum zu stark wird. Im allgemeinen schneidet man die Pflanzen leicht, um ihre Form zu erhalten. Nadelgehölze (außer Eiben) darf man nie unterhalb der grünen Triebe schneiden, da sie sich sonst meist nicht mehr regenerieren. Zurückgeschlagene, also grüne Triebe an panaschierten Sträuchern muß man entfernen, sobald sie sich zeigen.

Wieviel geschnitten wird

Wieviel Holz man entfernt, hängt von Alter und Größe der Pflanze ab. Praktische Erfahrung und positive Ergebnisse sind das beste Mittel, Selbstvertrauen zu entwickeln. In Zweifelsfällen entfernt man zuerst nur wenig Holz, nötigenfalls kann man dann im folgenden Jahr etwas stärker schneiden. Denken Sie daran, daß Pflanzen an den Stellen, an denen man sie schneidet, im allgemeinen kräftiger wachsen. Wenn daher eine Pflanze auf einer Seite schwächlich ist, kann ein starker Schnitt an dieser Seite ein kräftigeres Wachstum anregen.

Einige Sträucher reagieren besonders gut auf einen sehr starken Rückschnitt und können beinahe auf Bodenhöhe zurückgenommen werden – sie treiben dann an der Basis neu aus. Eibe *(Taxus),* Kirschlorbeer *(Prunus laurocerasus)* und Hartriegel *(Cornus),* die man direkt auf den verholzten Stamm zurückschneidet, werden bereitwillig neue Triebe entwickeln. Ein solch drastischer Schnitt kann in einem kleinen Garten sehr nützlich sein und macht es möglich, von Natur aus große Pflanzen mit reizvollem Laub in die Pflanzung einzubeziehen. So bilden die silberfarbenen Blätter der Kriechweide *(Salix repens* ssp. *rosmarinifolia)* und das rosa und weiß panaschierte Laub des Eschenahorns *(Acer negundo)* ›Flamingo‹ einen reizvollen Hintergrund für Sommerblüten. Beide können jedes Frühjahr stark zurückgeschnitten und im Hochsommer noch einmal gestutzt werden.

Neu gepflanzte Sträucher brauchen selten einen Schnitt. Bei ihnen muß man lediglich quer wachsende Zweige oder beschädigte Triebspitzen entfernen. Wenn im Frühjahr das Wachstum erneut eingesetzt hat, nimmt man alle durch Frost geschädigten oder abgestorbenen Triebe auf eine gesunde Knospe zurück. Sollte jedoch ein neu gepflanzter Strauch eine einseitige oder unausgewogene Form haben, schneidet man den zu langen Trieb im Verhältnis zu den anderen Trieben zurück, um einen buschigen Wuchs von der Basis anzuregen.

Bei einem unordentlichen Strauch, der zu groß geworden ist, beachtet man die empfohlenen Schnittzeiten und reduziert dann die Gesamtgröße des Busches leicht. Vielen vollentwickelten Sträuchern tut es gut, wenn man jedes Jahr ein Drittel der Triebe in Bodenhöhe entfernt, da so sichergestellt ist, daß die Pflanze an der Basis immer wieder gesunde neue Triebe ausbildet. Alte, ungeschnittene Sträucher werden an der Basis kahl, und wenn Sie einen ungepflegten Garten übernehmen, kann es nötig sein, bei den Sträuchern viele Äste bis auf Bodenhöhe zurückzuschneiden, damit sie wieder eine schöne Form bekommen. Einige Sträucher, wie Lavendel und Säckelblume, treiben jedoch aus altem Holz nicht mehr aus. Ziehen Sie daher ein Handbuch über Pflanzenschnitt zu Rate, bevor Sie drastische Maßnahmen durchführen.

Clematis schneiden

Clematis-Arten und -Sorten sind äußerst nützlich für einen kleinen Garten, da sie sehr wenig Platz einnehmen und in Sträuchern wachsen können, wo sie die Blühperiode verlängern. Um entscheiden zu können, welche der folgenden Schnittmethoden bei einer *Clematis* richtig ist, sollten Sie ihre Blütezeit und Blütengröße kennen.

Kein Schnitt Die vom Früh- bis zum Hochsommer blühenden Hybriden, wie ›Hagley Hybrid‹, ›Pink Champagne‹, ›The President‹ und ›Elsa Spath‹, die allgemein große Blüten haben, brauchen keinen Schnitt. Als Faustregel gilt, daß dies *Clematis*-Sorten sind, die vor Sommermitte zu blühen begonnen haben. Falls gewünscht, kann man hier nach der Blüte die Pflanzen ein wenig in Ordnung bringen und die Triebspitzen etwas zurückschneiden.

Starker Rückschnitt Die spätblühenden Hybriden wie etwa ›Perle d'Azur‹ und ›Victoria‹, die allgemein ebenfalls große Blüten haben, blühen später im Jahr, nach Sommermitte. Sie schneidet man zu Frühjahrsbeginn direkt oberhalb eines kräftigen Blattknospenpaares auf 15 bis 30 Zentimeter über dem Boden zurück. Wenn eine *Clematis* an einem Baum oder in einem Strauch wächst, kann man, sofern fünf oder sechs kräftige Triebe mit den Ästen der Wirtspflanze verschlungen sind, die Pflanze auf Höhe der Zweige zurücknehmen, um sich in der folgenden Wachstumsperiode das Erziehen am Baum zu ersparen. Spätblühende *Clematis*-Arten mit kleinen Blüten, wie *C. orientalis,* werden auf die gleiche Weise geschnitten.

Schnitt bei Bedarf Hybriden, die sowohl früh als auch spät blühen, wie ›Beauty of Worchester‹, ›Henryi‹ und ›Carnaby‹, und im allgemeinen im Frühsommer und Frühherbst große Blüten tragen, schneidet man nach Bedarf. Wenn Sie eine *Clematis* schneiden wollen, damit sie ordentlich bleibt, führen Sie Mitte des Winters einen Schnitt wie bei spätblühenden Hybriden durch. Vielleicht fällt dann ein Jahr die Frühsommerblüte aus, doch später öffnet die Pflanze eine große Zahl kleinerer Blüten. Man kann zudem im Frühjahr die Gesamtgröße um ein Drittel reduzieren. Die kleinblumigen Arten, die im Frühsommer blühen, wie *C. montana,* sollten sofort nach der Blüte fast bis auf die Basis der abgeblühten Triebe zurückgenommen werden.

Schnittzeiten

Frühjahr
Buddleja davidii
Ceanothus (sommergrün)
Choenomeles
Choisya
Cistus
Cornus
Cotinus
Cotoneaster
Cytisus
Elaeagnus
Euonymus
Forsythia
Garrya
Hebe
Hedera
Hydrangea
Ilex
Jasminum
Laurus
Lavandula
Lonicera
Mahonia
Pachysandra
Perovskia
Phlomis
Pittosporum
Potentilla
Ribes
Solanum jasminoides
Vitis

Hoch- oder Spätsommer
Philadelphus
Pyracantha
Weigela
Wisteria (und Wintermitte)

Herbst
Escallonia
Magnolia
Pyracantha
die meisten Koniferen

Im Spätsommer und Herbst blühende Arten Diese vorwiegend kleinblumigen *Clematis,* zu denen auch die *C.-viticella*-Sorten ›Minuet‹ und ›Etoile Violette‹ gehören, sollten im Spätwinter oder zu Frühjahrsbeginn zurückgeschnitten werden, wenn die Knospen zu schwellen beginnen, und zwar bis fast auf das alte Holz. Ebenso verfährt man mit *C. florida* ›Sieboldii‹ und *C. texensis* ›Gravetye Beauty‹. Falls jedoch genug Platz vorhanden ist, schneidet man sie nicht.

Kletterrosen schneiden

In den ersten beiden Jahren nach dem Pflanzen ist kein Schnitt erforderlich. In den folgenden Jahren schneidet man dann im Spätwinter die kurzen Seitentriebe zurück, die im vergangenen Jahr Blüten getragen haben, und entfernt zudem einige der älteren Haupttriebe wie auch schwaches und totes Holz. Dabei soll eine schöne Kletterpflanze entstehen, die genügend, aber nicht zu viele Triebe hat und nicht zu alt oder dünn wird. Wenn man die kräftigen Haupttriebe waagrecht erzieht, regt man die Entwicklung von mehr Seitentrieben und damit eine bessere Blüte an.

Glyzinen schneiden

Während die Pflanze wächst, erzieht man die Haupttriebe (siehe Seite 98) an der Wand, um ein Gerüst aufzubauen. Alle windenden Seitentriebe werden im Spätsommer auf 20 bis 25 Zentimeter über den gerüstbildenden Hauptstämmen zurückgenommen. Mitte bis Ende des Winters kürzt man die Seitentriebe auf ein oder zwei Augen ein.

Spaliersträucher schneiden

Der Zeitpunkt des Schnitts hängt von der jeweiligen Pflanze ab (siehe Liste geeigneter Sträucher für die Erziehung an Wänden Seite 98). Zudem hilft das Entfernen aller nach vorne stehenden Triebe und quer wachsenden Zweige, die gewünschte Form zu bewahren.

Heckenschnitt

In einem kleinen Garten ist es ganz wichtig, eine Hecke vom Zeitpunkt ihrer Pflanzung an regelmäßig zurückzuschneiden oder zu stutzen. Auf diese Weise bleibt sie, vor allem auch an der Basis, dicht, aber kompakt, so daß sie eine solide Barriere von geringer Breite bildet. Ein Schnitt an den Seiten einer jungen Hecke hält sie schmal, aber dennoch voll. Der Haupttrieb jeder Pflanze sollte gerade nach oben wachsen, bis die gewünschte Höhe erreicht ist. Einer fertigen Hecke, die die gewünschte Höhe hat, sollte man eine sich verjüngende Form geben, so daß sie an der Basis ein wenig breiter als oben und damit weniger anfällig für Wind- und Schneeschäden ist. Geschnitten wird ein- oder zweimal im Jahr mit einem elektrischen Heckenschneider oder einer Heckenschere.

Niedrige Hecken im Innenbereich des Gartens sollten mindestens zweimal im Jahr geschnitten werden – *Lavandula*-Arten im Frühjahr direkt nach der Blüte, *Santolina chamaecyparissus* im Frühjahr und ein- oder zweimal während des Sommers. *Buxus sempervirens* ›Suffruticosa‹ und *Lonicera nitida* stutzt man während der Wachstumsperiode ein- oder zweimal.

Heckenpflege

- Vernachlässigte oder verwilderte alte Hecken brauchen möglicherweise einen kräftigen Schnitt, damit ihre ursprüngliche Form wiederhergestellt werden kann. Am besten führt man ihn im Frühjahr durch, kurz bevor die Pflanzen neu austreiben.
- Danach verteilt man eine dicke Mulchschicht aus verrottetem organischem Material; im Sommer während Trockenperioden wässern.
- Nadelgehölze, mit Ausnahme der Eibe *(Taxus baccata),* wachsen nicht nach, wenn man sie stark zurückschneidet.
- Wenn der Boden staunaß ist, lockert man die verdichtete Erde und arbeitet Kies oder groben Sand ein, damit er eine offenere Struktur erhält.
- Falls kranke Heckenpflanzen entfernt wurden, diese nicht durch die gleiche Art ersetzen.

Frühjahrsblühende Sträucher schneiden

Beim Schnitt eines gesunden, großen frühjahrsblühenden Strauches wie einer Forsythie entfernt man nach Ende der Blüte bis zu einem Drittel des Holzes, das im letzten Jahr Blüten getragen hat. So wird die Pflanze ausgelichtet und die kontinuierliche Entwicklung von neuem Holz und kräftig blühenden Trieben weiter unten an der Pflanze gefördert. Will man einen zu großen, vernachlässigten Strauch verjüngen, entfernt man im Frühjahr des ersten Jahres ein Drittel des alten Holzes und im Frühjahr der beiden darauffolgenden Jahre jeweils ein weiteres Drittel.

Stets auf einen Seitentrieb zurückschneiden, um kräftiges neues Wachstum anzuregen.

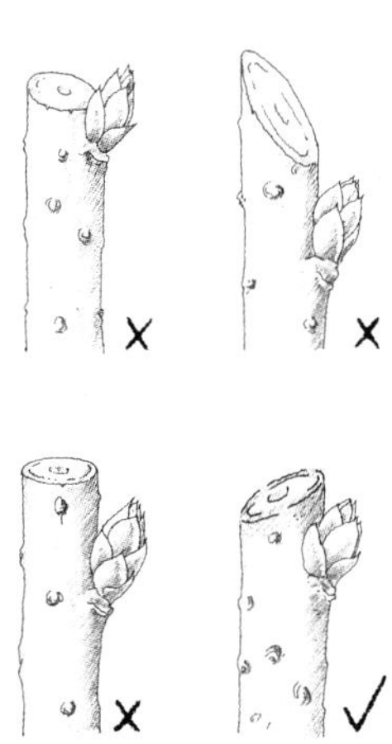

Schnittmethode
Mit einer scharfen Gartenschere direkt über einer Knospe einen sauberen Schnitt machen, der, wie hier, im sanften Winkel nach unten von ihr weggeht. Wenn der Schnitt zu steil, gerade oder zur Knospe geneigt ist, läuft Wasser zum Wachstumspunkt und schädigt ihn.

Erziehung von Kletterpflanzen und Spaliersträuchern

Sträucher für die Erziehung an Wänden

Ceanothus
Choenomeles
Cotoneaster ›Hybridus Pendulus‹
Cytisus battandieri
Elaeagnus × ebbingei
Eucalyptus gunnii
Forsythia suspensa
Osmanthus
Philadelphus
Photinia × fraseri ›Red Robin‹
Ribes laurifolium
Rosmarinus officinalis
Viburnum × burkwoodii

Es gibt mehrere Methoden, wie Sie Kletterpflanzen an Mauern, Zäunen und Spalieren erziehen können, um sie unter Kontrolle zu halten und zu verhindern, daß sie wuchern. Spaliersträucher, die fächerförmig erzogen werden (siehe unten), kann man auf ähnliche Weise stützen. Um die Pflanzen an ihren Stützen zu befestigen, verwendet man weiche Schnur oder kunststoffummantelte Drahtbinder. Ebenfalls geeignet sind aus Nylonstrümpfen geschnittene Gewebestreifen. Sie ergeben haltbare Pflanzenbinder, die nicht verrotten und nicht an den Trieben der Pflanzen scheuern.

Ringschrauben und Spanndrähte

Ringschrauben werden waagrecht mit 1,8 Meter und senkrecht mit 45 Zentimeter Abstand in der Mauer oder am Zaun befestigt. Die Drähte müssen nicht alle gleich zu Beginn gespannt werden; man kann sie entsprechend dem Wachstum der Pflanze anbringen. Doch ist es einfacher, sie zu montieren, solange die Mauer oder der Zaun noch nackt und keine anderen Pflanzen im Wege sind. Verwendet wird stabiler verzinkter oder kunststoffummantelter Draht. Bei einer großen Wand sind möglicherweise Spannschrauben notwendig, um eine stabile Kletterhilfe zu errichten. Wenn Streich- oder Reparaturarbeiten erforderlich sind, wird der Draht einfach durchgeschnitten und entfernt; die Pflanze kann währenddessen auf den Boden gelegt werden, ohne daß sie Schaden nimmt.

Kunststoffgeflecht

Kunststoffgeflecht sollte eine Mindestmaschengröße von zweieinhalb Zentimetern haben. Um es an einer Mauer oder einem Zaun anzubringen, verwendet man entweder Ringschrauben, oder man befestigt zunächst mit Schrauben fünf Zentimeter dicke Latten an Mauer oder Zaun, an denen man dann mit Haken das Geflecht montiert. Die Befestigung muß sehr solide sein, da sie das gesamte Gewicht der Pflanzen trägt. Sowohl Ringschrauben als auch Latten erlauben es, daß die Luft zwischen Pflanze und Mauer oder Zaun zirkulieren kann. Dies ist notwendig, um Pilzerkrankungen wie Mehltau vorzubeugen. Wenn die Mauer gestrichen werden muß, löst man das Geflecht mitsamt der Pflanze und legt es auf den Boden.

Holzspaliere

Holzspaliere werden mit fünf Zentimeter dicken Holzlatten an einer Mauer befestigt, damit sie das Gewicht der Pflanze tragen können. Ein mit Holzschutzmittel behandeltes Spalier hält durchschnittlich 10 bis 15 Jahre. Sofern das Spalier nicht Bestandteil der Gartengestaltung ist, sollte ein unaufdringliches, schlichtes Modell aus Quadraten oder Rauten gewählt werden.

Senkrechte Drähte

An einer Pergola kann man vom oberen bis zum unteren Ende eines Pfostens senkrechte Drähte spannen, die man an Ringschrauben in nicht mehr als 1,8 Meter Abstand voneinander befestigt.

Sträucher an einer Wand erziehen

Es gibt eine Vielzahl von Sträuchern, die fächerförmig an einer Mauer, einem Zaun oder einem Spalier erzogen werden können. Auf diese Weise stehen sie nicht so weit vor, und in einem kleinen Garten ist mehr Platz für andere Pflanzen. Kaufen Sie eine mehrstämmige Pflanze, damit Sie sofort mit der Erziehung beginnen können. Binden Sie neue Triebe während der Wachstumsperiode in regelmäßigen Abständen an der Stütze fest, um die Form zu erhalten, und entfernen Sie nach vorne wachsende Zweige.

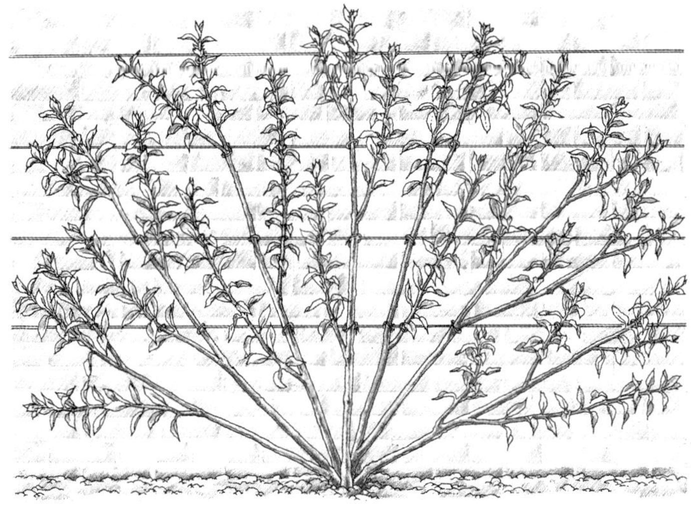

Gartenhygiene

Clematis × jackmanii und *Vitis vinifera* an einem reizvollen Spalier vor einer Steinmauer.

Wenn man Pflanzen regelmäßig düngt und schneidet und ihre welken Blüten entfernt, haben sie die größte Chance, gesund zu bleiben und nicht von Schädlingen und Krankheiten befallen zu werden. Pflanzen, die unter den richtigen Bedingungen wachsen und keinen übermäßigen Belastungen ausgesetzt sind, sind am robustesten. Verwenden Sie stets gesunde, junge, kräftige Pflanzen aus einer Gärtnerei, und halten Sie alle Pflanzen in Trockenperioden feucht, ohne sie jedoch zu überwässern.

Unkrautbekämpfung

Bei der Neugestaltung eines Gartens müssen Sie zunächst alle ausdauernden Unkräuter entfernen, bevor Sie einen Rasen oder eine Rabatte anlegen können. Wichtig ist auch, alle Wurzeln eines vorhandenen Rasens zu zerstören, bevor ein neuer Rasen eingesät oder verlegt wird. Wenn Sie keine chemischen Mittel einsetzen möchten, können Sie nur mit der Gabel über die Fläche gehen und jedes einzelne weiße Wurzelstück aus dem Boden klauben und wegwerfen. Auf einer kleinen Fläche ist das möglich, auch wenn Sie vielleicht hinterher noch ein paar Wochen Rückenschmerzen haben. Einjährige Unkräuter können ebenfalls auf diese Weise entfernt werden, doch in einem Rasen lassen sie sich gewöhnlich später durch regelmäßiges Mähen ausmerzen. Wenn der Boden mit ausdauernden Rasenunkräutern wie Quecke verseucht ist, muß man alles unternehmen, um sie loszuwerden. Am schnellsten geht dies, wenn man sie mit einem Herbizid behandelt, das die chemische Substanz Glyphosat enthält, wobei man die Gebrauchsanweisung des Herstellers befolgen sollte. Diese Mittel sind jedoch teuer, und je nach Umfang und Hartnäckigkeit des Unkrauts kann mehr als eine Behandlung erforderlich sein.

Möglicherweise haben Sie jedoch einen verunkrauteten Garten übernommen, und wenn dort ausdauernde Unkräuter zwischen kleinen Sträuchern und Stauden wachsen, wird es schwierig sein, sie auszumerzen. Hier führen nur drastische Maßnahmen zum Erfolg: Man muß die Sträucher aus dem Boden nehmen, vorübergehend in Töpfe oder saubere Erde setzen und, bevor man sie wieder einpflanzt, sicherstellen, daß auch die letzten Reste von Unkrautwurzeln entfernt sind. Nachdem man die Fläche gut einen Spatenstich tief mit der Gabel gelockert hat, entfernt man die Wurzeln entweder mit der Gabel oder einem systemischen Herbizid oder beidem. Herbizide trägt man nach Gebrauchsanweisung auf junge grüne Triebe auf und wartet ab; wahrscheinlich muß man mehrmals jäten oder ein Herbizid ausbringen, daher ist Geduld erforderlich. Auf stark verunkrauteten Flächen braucht man vielleicht ein ganzes Jahr, bis jegliches Unkraut entfernt ist.

Einjährige Unkräuter in der Rabatte können durch regelmäßiges Hacken oder Jäten von Hand beziehungsweise durch Mulchen bekämpft werden. Eine Samenbildung muß aber in jedem Fall unterdrückt werden, sonst werden Sie noch jahrelang damit zu tun haben.

Den Garten in Ordnung halten

Man sollte seinen Garten sauberhalten und Abfälle stets sofort entfernen, denn sie sehen nicht nur häßlich aus, sondern werden auch leicht zur Brutstätte von Schädlingen und Krankheiten. Besonders auf kleinen Flächen ist es wichtig, im Herbst das Fallaub und im Frühjahr alle Pflanzenreste zu beseitigen. Schnittgut, alte Blumentöpfe, große Mengen Blätter, welke Blüten und so weiter müssen aus dem Garten entfernt werden. Wenn man dies immer sofort tut, braucht man auch nur einen kleinen Arbeits- und Lagerbereich. Was nicht für den Komposthaufen geeignet ist (siehe Seite 100), muß über Grünmüll oder Hausmüll entsorgt werden.

Das Schneiden welker Blüten gehört während der Wachstumsperiode zu den Routinearbeiten. Dabei entfernt man mit der Gartenschere alle abgeblühten Blütenköpfe mit Stielen und gleichzeitig auch erkrankte Blätter. Auf diese Weise verlängert man nicht nur die Blütezeit und hält die Pflanzen gesund, sondern der Garten sieht auch gepflegt aus, was auf kleinem Raum, wo alles ständig im Blickfeld liegt, wichtig ist. Halten Sie Ihre Schnittwerkzeuge stets makellos sauber, um die Ausbreitung von Krankheiten zu verhindern, und reinigen Sie vor allem Gartenscheren, die zum Entfernen erkrankten Materials benutzt wurden, mit Desinfektionsmittel, bevor Sie sie zum Schneiden gesunder Pflanzen benutzen.

Waschen Sie vor Gebrauch alle Gefäße und Saatschalen, um eventuell vorhandene Schädlinge und Krankheiten zu vernichten, und benutzen Sie zum Pflanzen frisches, sterilisiertes Substrat. Lassen Sie am Ende der Wachstumsperiode nie absterbende Sommerblumen in Töpfen oder Ampeln, denn sie sehen schrecklich häßlich aus. Nehmen Sie sie umgehend heraus, und kompostieren Sie sie.

Regelmäßiges Kehren läßt Terrassen nicht nur hübscher aussehen, sondern erschwert auch die Ansiedlung von Algen. Kiesflächen sehen sauberer und ordentlicher aus, wenn man sie regelmäßig recht, unter Umständen ist dies jedes Frühjahr nötig. Pflaster, das rutschig geworden ist, weil dort Algen wachsen, kann mit einem handelsüblichen algentötenden Mittel gesäubert werden.

Den Teich reinigen

Gewöhnlich ist es nicht notwendig, einen Teich jedes Jahr komplett zu reinigen, und man sollte ihn so weit wie möglich sich selbst überlassen. Kleine Teiche, in denen sich große Mengen Fallaub ansammeln, müssen jedoch regelmäßig gereinigt werden, da verrottendes Laub giftige Gase abgibt. Wenn sich im Frühsommer das Wasser zu erwärmen beginnt und die ersten Pflanzen wieder wachsen, legt man einen provisorischen flachen Teich an, in den die Fische gesetzt werden können. Man läßt das alte Wasser ab, wobei auch alle Frösche, Kröten und andere Lebewesen umgesetzt werden. Anschließend schneidet man alle Wurzeln ab, die aus Pflanzgefäßen gewachsen sind, und teilt alle zu großen Pflanzen. Beim Neupflanzen gibt man pillierten Dünger dazu. Damit die Wasserpflanzen nicht austrocknen, deckt man sie mit Zeitungspapier ab, setzt sie aber so bald wie möglich ins Wasser zurück. Fische sollten am besten erst nach drei Tagen wieder in einen mit frischem Leitungswasser gefüllten Teich eingesetzt werden. Auf diese Weise können sich zuerst einige nützliche Algen entwickeln.

In den folgenden Jahren entfernt man im Frühling Unrat aus dem Wasser und prüft Fische und Pflanzen. Das Wasser kann teilweise erneuert werden, indem man etwa ein Drittel bis die Hälfte des alten Wassers ablaufen läßt und durch sauberes ersetzt. Auf diese Weise entfernt man einen Teil der möglicherweise vorhandenen Giftstoffe aus dem Wasser, ohne völlig neues Wasser mit einer anderen Temperatur einzuleiten. Bevor Pumpen und Springbrunnen wieder in Betrieb genommen werden, säubert man die Filter.

Schädlinge und Krankheiten

Da kleine Gärten oft einen abgeschlossenen Bereich bilden und ein besonderes Mikroklima aufweisen, können sich bestimmte Schädlinge und Krankheiten hier leichter vermehren. So wird beispielsweise eine Südmauer in einem rundum eingefriedeten Garten in sonnigen Perioden extrem heiß und trocken und schafft ideale Bedingungen für die Spinnmilbe. Daher sollte man hier auf Kletterpflanzen wie Efeu verzichten, die besonders anfällig für diesen Schädling sind. Viele Rosen sind empfänglich für Krankheiten wie Sternrußtau und Mehltau und Schädlinge wie Blattläuse. Wer nicht gerade ein Rosenliebhaber ist und den Einsatz von Chemikalien scheut, der sollte besser auf größere Mengen Rosen verzichten. Ich empfehle daher die Einbeziehung von nicht mehr als ein oder zwei resistenten Kletterrosen wie ›New Dawn‹, ›Morning Jewel‹ oder ›High Hopes‹. Durch die Verwendung vielfältiger Pflanzenarten im Garten kann man am besten verhindern, daß sich ein Schädling oder eine Krankheit leicht ausbreiten und Probleme verursachen kann. Auch jahreszeitliche Schwankungen haben einen Einfluß darauf, welche Schädlinge und Krankheiten am ehesten auftreten. So kann sich beispielsweise während einer feuchten, warmen Wetterperiode plötzlich überall Mehltau entwickeln, selbst an Pflanzen, die sonst kaum anfällig sind.

Gegenmaßnahmen

Im Handel sind chemische Spritzmittel zur Bekämpfung besonderer Schädlinge und Krankheiten erhältlich. Einige von ihnen, wie etwa die Produkte auf Seifenbasis, sind umweltverträglicher als andere, und es gibt Spritzmittel, die Nutzinsekten keinen Schaden zufügen. Bei geduldiger, beharrlicher Anwendung vernichten insektentötende Seifenpräparate Blattläuse. Am besten spritzt man an einem ruhigen, windstillen Tag, damit das Spritzmittel nicht abdriftet. Ziehen Sie Handschuhe an, und befolgen Sie die Gebrauchsanweisung des Herstellers. Mitunter sind die Informationen auf Packungen oder Flaschen verwirrend, aber folgende Begriffe tauchen häufig auf.

Systemisches Mittel Eine Lösung, die über die Blattoberflächen aufgenommen und in alle Teile der Pflanze transportiert wird, einschließlich der Wurzeln. Ein systemisches Insektizid bleibt so lange in der Pflanze wirksam, daß Sauginsekten wie etwa Blattläuse ausreichende Mengen aufnehmen, um abgetötet zu werden. Bei systemischen Herbiziden bleibt die Lösung in der Pflanze und wirkt über einen längeren Zeitraum. Dadurch erzielen diese Mittel einen dauerhafteren Erfolg als Kontaktherbizide. Systemische Präparate sollten mit besonderer Sorgfalt angewandt werden.

Kontaktmittel Eine Lösung, die das befallene Blatt, Krankheitserreger oder Schädling bei Berührung abtötet, ohne auf die restliche Pflanze überzugehen. Sie kann zur Bekämpfung einer großen Palette von Schädlingen benutzt werden und ist für die jährliche Unkrautbekämpfung auf Wegen nützlich.

Für den Komposthaufen geeignet

- Küchenabfälle (kein Fleisch), mit etwas Gartenabfall vermischt
- Einjährige Unkräuter (aber keine ausdauernden Arten)
- Grasschnitt, mit holzigerem Material oder festen Abfällen vermischt
- Weiches Schnittgut
- Welke Blüten und abgeblühte Triebe
- Kleine Mengen Herbstlaub
- Kleine Mengen Mist und Sägemehl
- Abfälle von Gemüse und einjährigen Kulturen

Biologische Bekämpfung und natürliche Feinde Die sichereren und empfehlenswerteren Methoden der Schädlingsbekämpfung sind das Entfernen befallener Blätter oder Schädlinge von Hand und der Einsatz von natürlichen Feinden wie Nutzinsekten, Raubmilben und Nematoden. So ist beispielsweise der Dickmaulrüßler in kleinen Gärten ein verbreiteter Schädling, dem man am besten beikommt, indem man Käfer und Larven von Hand abliest und zusätzlich einen natürlichen Feind aussetzt. Den Feind *(Steinernema carpocapsae* oder *Heterorhabditis)* bekommt man in Gartencentern oder im Fachversandhandel. Diese lebenden Nematoden werden gewöhnlich in einem Schwamm oder Tonmaterial in Folienbeuteln verkauft. Man vermischt den Inhalt nach Gebrauchsanweisung mit Wasser und gießt dann die Lösung auf die feuchte Erde, damit die mikroskopisch kleinen Nematoden zu ihrer Beute »schwimmen« können. Sie dringen in die Körper der Larven ein und setzen Bakterien frei, die die Larven innerhalb weniger Tage töten. Diese Methode sollte nur in den empfohlenen Jahreszeiten angewandt werden.

Wenn Sie ganz auf Spritzmittel verzichten, werden sich Nutzinsekten und andere Lebewesen vermutlich eher in Ihrem Garten einstellen. Schwebfliegen und Marienkäfer und vor allem ihre Larven vertilgen Blattläuse, und Laufkäfer, verschiedene Vögel, Igel, Frösche und Kröten fressen Schnecken, die in keinem Garten fehlen. Auch Schmetterlinge, Falter, Hummeln und Bienen werden sich in Ihrem Garten einstellen, wenn genügend Nektarpflanzen wie *Buddleja davidii, Scabiosa* ›Butterfly Blue‹, *Sedum spectabile* und *Hyssopus officinalis* vorhanden sind; sie helfen bei der Bestäubung der Blüten. Alle diese Lebewesen reagieren aber sehr empfindlich auf Chemikalien, darunter Schneckenkorn. Im Fachversandhandel ist auch eine Nematodenform für die Bekämpfung von Schnecken erhältlich.

HÄUFIGE SCHÄDLINGE UND KRANKHEITEN IN KLEINEN GÄRTEN

Schädling/Krankheit	Beschreibung/Symptome	Gegenmaßnahmen
Blattläuse	Die kleinen Sauginsekten sitzen zuerst an den neuen Trieben von Pflanzen und scheiden eine klebrige Substanz aus; später ist diese oft mit schwarzem Rußtau bedeckt.	Früherkennung verhindert Schädigung des Pflanzenwachstums. Wenige Blattläuse können von Hand gelesen oder mit Seifenlauge bekämpft werden. Selektive Insektizide benutzen, um Marienkäfer, Schwebfliegen und Vögel zu schützen, die Blattläuse fressen.
Weiße Fliegen	Diese Sauginsekten leben gewöhnlich an Blattunterseiten und schwächen die Pflanze. Am häufigsten treten sie in Glashäusern und Wintergärten auf, sie können aber auch an warmen, geschützten Plätzen zu einem Problem werden.	Regelmäßige Behandlung mit Kontakt- oder systemischen Insektiziden ist notwendig, um alle Formen dieses Schädlings – von der Fliege bis zum Ei – zu töten (siehe Spinnmilben). Aufgrund von Resistenzen ist es im Sommer besser, Schlupfwespen *(Encarsia formosa)* einzusetzen.
Spinnmilben	Das erste Anzeichen ist eine Gelbscheckung der Blätter, dann folgen – oft an den Blattunterseiten – feine Gespinste, die auf einen schweren Befall hinweisen.	In Wintergärten oder Glashäusern können Räuber eingesetzt werden, im Freien sind sie aber weniger erfolgreich; hier Blattunterseiten mit Kontaktinsektizid spritzen. Systemische Mittel sind noch effektiver. Um den Entwicklungszyklus zu unterbrechen, bei warmem Wetter alle zehn Tage spritzen. Verschiedene Mittel benutzen, um Resistenz zu verhindern.
Schmierläuse	Dieses kleine graue Insekt, das sich von Pflanzensaft ernährt und flockig-weißes Wachs ausscheidet, sitzt an Trieben und Stengeln. Am häufigsten befällt es Zimmerpflanzen, es kann aber auch in geschützten Ecken im Freien auftreten.	Insekten mit Wattebausch, der mit Brennspiritus getränkt ist, betupfen oder systemisches Insektizid einsetzen. Es können mehrere Behandlungen notwendig sein.
Minierfliegen	Winzig kleine Fliegenlarven, die im Blattgewebe sitzen und Gänge von silbriger Farbe hineinbohren. Besonders anfällig sind *Ilex* und *Chrysanthemum.*	Bei geringem Befall Blätter entfernen, sonst mit systemischem Insektizid spritzen.
Raupen	Falter- und Schmetterlingsraupen ernähren sich von den Blättern spezieller Pflanzen, Kohlweißlingsraupen etwa von *Nasturtium.* Auf an Blattunterseiten abgelegte Eier achten.	Die Raupen direkt von Hand absammeln. Eier abwischen oder abspritzen oder mit Insektizid spritzen; oder mit *Bacillus-thuringiensis*-Präparaten biologisch bekämpfen.
Dickmaulrüßler	Die weiße Larve ernährt sich von fleischigen Wurzeln, Zwiebeln und Stengeln. Die Pflanzen welken plötzlich und gehen ein. Der erwachsene schwarze Käfer frißt Blätter. Verräterische Symptome sind eckige Löcher an den Blatträndern. Der Dickmaulrüßler findet sich häufig in Pflanzgefäßen.	Gegen Larven können räuberische Nematoden in Wasser um die Pflanze verteilt werden. Auch beim Umtopfen können Larven entfernt werden. Der Käfer frißt während der Nacht und versteckt sich tagsüber unter Töpfen und Blättern. Bei Tage nach ruhenden Käfern suchen, nachts mit der Taschenlampe auf Jagd gehen.
Schnecken	Sie ernähren sich von Blättern und jungen Trieben. Am gefährdetsten sind junge saftige Triebe, vor allem von Funkien. Spaliersträucher und Kletterpflanzen bieten Schnecken einen idealen Unterschlupf.	Das beste Gegenmittel ist gute Gartenhygiene, damit Schnecken keine Schlupfwinkel zum Überwintern finden. Am Abend von Hand einsammeln, regelmäßig für andere Tiere ungefährliches Schneckenkorn und Pulver streuen oder mit Nematoden bekämpfen.
Sternrußtau	Befällt Rosen und verursacht dann braune bis schwarze Flecken auf den Blättern und einen frühzeitigen Laubfall.	Kranke Blätter entfernen und wegwerfen, damit sich die Krankheit nicht ausbreitet. Fungizid nach Gebrauchsanweisung verwenden.
Mehltau	Häufigste Krankheit in kleinen Gärten, vor allem bei Rosen, Wein, *Clematis* und Geißblatt. Echter Mehltau, der Knospen und Blätter mit weißem, pulvrigem Belag überzieht, entsteht unter heißen, trockenen Bedingungen, etwa im Mikroklima einer geschützten sonnigen Südlage. Falscher Mehltau wird durch feuchte Bedingungen gefördert, daher Überwässern vermeiden.	Luftzirkulation verbessern. Befallene Pflanzenteile entfernen und nötigenfalls ein pilztötendes Mittel nach Gebrauchsanweisung einsetzen.

DAS GARTENJAHR

Auch im kleinsten Garten kann der Hintergrund aus ausdauernden Pflanzen durch jahreszeitentypische Arrangements verschönert werden. So erwacht mit Nahen des Frühlings eine dunkle, schattige Ecke plötzlich zu Leben, wenn Sonnenstrahlen gleich die ersten Winterlinge erscheinen. Bunte Blumen zwischen duftenden Sträuchern auf der Terrasse sind ein herrlicher Schmuck für den Sommer. Und die letzte Herbstsonne kann eine stimmungsvolle Atmosphäre erzeugen, wenn weiches Licht die satten Töne des Herbstlaubs verstärkt. Im Winter hat man Zeit, kleine Veränderungen zu planen, während draußen das immergrüne Laub der Kälte trotzt und immer noch die Struktur Ihres Gartens erkennen läßt.

In diesem ländlichen Garten wird eine Sitzbank von Gruppen aus Tulpen *(Tulipa)* und Vergißmeinnicht *(Myosotis)* eingerahmt. Durch das frische Grün der angrenzenden Umgebung erhält diese Frühlingsszene noch größeren Reiz. Später werden Stauden die absterbenden Blätter der Zwiebelblumen verbergen und das Pflaster weicher erscheinen lassen, so daß im Sommer und Herbst ein neues Bild entsteht. Die Vergißmeinnicht samen sich für kommende Jahre üppig selbst aus.

Winter

Der Winter ist die Jahreszeit, in der sich wirklich zeigt, ob Ihre Pflanzungen erfolgreich sind. Nun, da alle sommergrünen Bäume und Sträucher ihre Blätter verloren haben, wandelt sich das Bild. Dennoch sollte die Grundstruktur der Pflanzungen und der Gartengestaltung sichtbar bleiben. Allgemein gilt: Je größer der Anteil an (insbesondere immergrünen) Sträuchern im Garten ist, desto deutlicher sieht man im Winter die Struktur, allerdings läßt diese Art der Bepflanzung während der übrigen Jahreszeiten den geringsten Spielraum für Variationen. Hingegen bietet ein Garten mit einem hohen Anteil an Stauden zu jeder Jahreszeit ein sehr unterschiedliches Bild, doch sobald im Spätherbst und Winter das Grün der Stauden abgestorben ist, sind größere Bodenflächen kahl.

Ich betrachte Blumen in den Wintermonaten als besonderen Luxus. Was mir große Freude bereitet, sind die unterschiedlichen Formen, Texturen und Farben des immergrünen Laubs, die braunen, grünen, roten und gelben Töne der Rinde von sommergrünen Sträuchern und die vereinzelten Fruchtstände und Beeren, die den Winter über erhalten bleiben. Die skulpturalen Formen laubloser Sträucher treten nun deutlich hervor, und ihre Äste und Zweige können sehr aufregend aussehen, wenn sie im Winter weißer Rauhreif überzieht. In einem Garten, der täglich benutzt und betrachtet wird, muß ein Teil der Pflanzen auch im Winter Reiz haben. Ein Hauch von Duft an einer Tür oder einem regelmäßig benutzten Weg ist während düsterer Wintertage Balsam für die Seele. Interessante Winterpflanzen, die zudem einen hübschen grünen Hintergrund für Sommerblüten bilden, sind beispielsweise *Mahonia japonica* mit ihren nach Maiglöckchen duftenden Blüten und die kleinere Schleimbeere *(Sarcococca hookeriana* var. *digyna),* deren unscheinbare Blüten einen herrlich süßen Duft verströmen. Auch Kamelien, die im Spätwinter und zu Frühjahrsbeginn blühen, sind wertvolle Sträucher. Vorausgesetzt, sie wachsen in saurem Boden und im Halbschatten (jedoch keine Ostlage), gedeihen sie als freistehende Sträucher ebenso gut wie an einer Wand erzogen (siehe Seite 98).

Im gedämpften Winterlicht leuchten Schneeglöckchen *(Galanthus nivalis)* und eine *Skimmia reevesiana.*

Für Struktur im Vordergrund sorgen im winterlichen Garten Pflanzen wie die Spindelstrauch-Arten *Euonymus fortunei* und *E. japonica* sowie die Nieswurz-Arten *Helleborus foetidus* und *H. niger,* am Boden auch Efeu und die großblättrige *Bergenia.* Pflanzen mit gelbem und goldfarbenem Laub beleben den Winter durch Farbe und heitern mit ihrer Leuchtkraft auch trübe, kalte Tage auf. So lassen etwa die goldfarbenen, dreizähligen Blätter der Orangenblume (*Choisya ternata* ›Sundance‹) neben den lebendig gefärbten Stämmen von *Cornus sanguinea* ›Winter Flame‹ mit *Euonymus fortunei* ›Emerald 'n Gold‹ und *Helleborus foetidus* im Vordergrund eine großartige Pflanzgruppe entstehen. Ein weiterer winterlicher Glanzpunkt ist Hartriegel *(Cornus)* mit Schneeglöckchen unterpflanzt.

Ein gut geplanter und bepflanzter kleiner Garten erfordert im Winter ein Minimum an Aufwand – man muß nur hin und wieder etwas aufräumen, Pflanzen schützen oder ein paar Vorbereitungen für das Frühjahr treffen. Dennoch kann es an einem kalten, aber sonnigen Wintertag viel Spaß machen, warm angezogen im Garten ans Werk zu gehen und einige der Arbeiten auf der nachfolgenden Checkliste auszuführen.

- Prüfen, ob in allen Pflanzgefäßen die Erde feucht genug ist, vor allem, wenn sie unter auskragenden Gebäudeteilen stehen. Außerdem für ausreichende Drainage sorgen und Töpfe eventuell auf Klötzchen stellen, um zu verhindern, daß sie während längerer Kälteperioden bersten. Gefährdete Töpfe und Pflanzen wie Zistrose *(Cistus),* winterharte Fuchsien und Klebsame *(Pittosporum)* in Noppenfolie einschlagen.
- Empfindliche Pflanzen wie *Clematis cirrhosa balearica* und *Fremontodendron californicum* mit Farn, Zeitung, Sackleinen oder Vlies schützen.
- Da Koniferen mit aufrechtem Wuchs durch Schnee besonders gefährdet sind, am besten ihre Äste im Frühwinter mit Schnur zusammenbinden.
- Sofern es nicht zu naß ist oder Frost herrscht, können weiterhin Pflanzen umgesetzt und Sträucher gepflanzt werden.
- Rosen und Obstbäume schneiden (siehe Seite 94 bis 97).
- Glyzinen schneiden, um die Entwicklung von Blütentrieben anzuregen; dazu im letzten Sommer geschnittene Seitentriebe auf sechs bis sieben Blattknoten zurücknehmen (siehe Seite 97).
- Defekte Gartengeräte reparieren, den Rasenmäher zum Kundendienst bringen und die Schneiden schärfen.
- In Fischteichen eine kleine Fläche eisfrei halten, damit giftige Gase entweichen können. Entweder einen Topf mit kochendem Wasser auf das Eis halten oder dieses mit einem Heizgerät für Teiche auftauen. Auf keinen Fall ein Loch in das Eis hacken, weil dadurch für Fische schädliche Schallwellen entstehen.
- Bei starkem Schneefall den Schnee von Ästen und Pflanzen, die unter der Last brechen könnten, schütteln.
- Ein trockener Wintertag ist ideal, um Holzkonstruktionen mit ungiftigem Holzschutzmittel zu behandeln, da man sie jetzt am besten erreicht und das Laub sommergrüner Pflanzen nicht geschädigt werden kann. Immergrüne Pflanzen dabei abdecken oder festbinden, damit sie aus dem Weg sind.
- Reparaturen an Zäunen, Spalieren und anderen Kletterhilfen (siehe Seite 98) abschließen.
- Gartenmöbel aus Metall oder Kunststoff reinigen, Holzmöbel ölen, um ihre Lebensdauer zu verlängern.
- Befestigte Flächen durch Kehren sauberhalten.

Frühling

Das Frühjahr ist eine Zeit voller Erwartungsfreude – die Temperaturen steigen, und selbst im kleinsten Garten rührt sich Leben. Die Saison beginnt mit der bunten Palette der Frühlings-Zwiebelblumen – frühblühenden Narzissen, Krokussen und Traubenhyazinthen, die unter sommergrünen Sträuchern erscheinen sowie auf Flächen, die später unter dem Laub von Stauden verschwinden. Das frische Grün junger Blätter und das Laub der immergrünen Pflanzen, das den Winter hindurch seinen Glanz bewahrt hat, harmonieren mit den leuchtenden gelben und blauen Blütenfarben, die das Frühjahr dominieren, wunderbar.

Bevor das dichte Blätterdach sommergrüner Bäume und großer Sträucher dem unter ihnen liegenden Boden das Licht entzieht, bekommen Frühlingsblumen ihre Chance für einen wundervollen Auftritt. Die reinblauen Blüten von *Pulmonaria angustifolia* ›Munstead Blue‹ harmonieren herrlich mit leuchtendgelben Narzissen und dem purpurn gefärbten Laub der bodendeckenden *Ajuga reptans* ›Braunherz‹. Eine meiner Frühlingsfavoritinnen für sehr trockene sonnige oder schattige Plätze, an denen sonst nichts gedeiht, ist *Euphorbia robbiae,* deren üppige gelbgrüne Blüten viele Wochen halten.

Das Wetter kann in dieser Jahreszeit aber noch sehr schlecht sein, und zwischen wärmeren Tagen liegen oft kalte, frostige Perioden. Frühjahrsfröste richten den größten Schaden an, da steigende Temperaturen und längeres Tageslicht oft die Entwicklung neuer zarter Triebe fördern, die extrem frostgefährdet sind. Man sollte daher vorbereitet sein, die empfindlicheren, frühen Pflanzen mit Vlies oder Decken zu schützen, wenn Frost oder Schnee angesagt ist. Während dieser Kälteperioden brauchen vielleicht auch einige empfindliche Sträucher und Kletterpflanzen noch Winterschutz.

Wenn Platz und Zeit vorhanden sind, ist das Frühjahr die Jahreszeit, um Pflanzen, die im Sommer für Farbe sorgen, vorzubereiten, auszusäen, einzutopfen oder auszupflanzen. Sobald keine Frostgefahr mehr besteht, setzt man in einige Kübel Sommerblumen, um die Terrasse oder eine Ecke im Garten zu beleben.

Das Frühjahrslaub der immergrünen *Elaeagnus × ebbingei* ›Limelight‹ ist die ideale Ergänzung für *Narcissus* ›February Gold‹.

- Spätblühende Sommersträucher, wie etwa winterharte Fuchsien, und spätblühende *Clematis* schneiden (siehe Seite 96 f.). Sträucher, die wegen ihres Laubs gezogen werden, wie Hartriegel, panaschierter Holunder und *Acer negundo* ›Flamingo‹, stark zurückschneiden, eventuell bis auf Bodenhöhe.
- Neue Triebe von Kletterpflanzen, vor allem *Clematis,* aufbinden, sobald sie erscheinen (siehe Seite 98), damit die Pflanzen ansehnlich bleiben.
- Jungen, zarten Trieben und Sämlingen droht durch Schnecken Gefahr. Auf Schnecken achten, bevor es zu spät ist, und diese entweder von Hand entfernen oder für andere Lebewesen ungefährliches Schneckenkorn streuen (siehe Seite 101).
- Eine dicke Mulchschicht aus lockerem, organischem Material verteilen und um angewachsene Sträucher und Stauden einen Fertigdünger wie Knochen- oder Hornmehl in den Boden einharken (siehe Seite 91).
- Unter Hecken alte Pflanzenreste entfernen und einen Dünger ausbringen.
- Rasen lüften und mit einem Moosvernichter behandeln, dann düngen (siehe Seite 92 f.).
- Bei Pflanzkübeln mit Dauerpflanzungen die oberen fünf bis acht Zentimeter Erde entfernen und durch geeignetes frisches Substrat ersetzen, dem ein Volldünger hinzugefügt wird.
- Efeu-Arten einem Frühjahrsputz unterziehen: beschädigte Blätter abschneiden und totes Laub entfernen.
- Winterheide nach der Blüte mit der Heckenschere stutzen, um abgeblühte Triebe zu entfernen und einen kompakten Wuchs zu fördern.
- Während milder Perioden die letzten Sträucher pflanzen.
- Schneeglöckchen gleich nach der Blüte teilen, solange sie noch Blätter haben. Ein Büschel ausgraben und die Zwiebeln in kleinen Gruppen neu pflanzen.
- Stauden, die sehr groß geworden sind, teilen, damit sie gesund bleiben. Die Teilstücke in kleinen Gruppen mit etwa 45 bis 60 Zentimeter Abstand pflanzen.
- Überprüfen, ob für die arbeitsreichste Zeit im Garten genügend Töpfe, Pflanzetiketten und Substrat vorhanden sind.
- Lilienzwiebeln in durchlässigen Boden oder in Töpfe mit frischem Substrat (siehe Seite 83) pflanzen.
- Um im Spätsommer für Duft zu sorgen, einjährige Blumen wie Levkojen *(Matthiola longipetala* ssp. *bicornis)* und Tabak *(Nicotiana)* in Töpfe oder ins Freiland säen, sobald sich die Erde zu erwärmen beginnt.
- Leere Blumenkästen und -töpfe für die neue Wachstumsperiode säubern. Wenn Frühlingsarrangements in Gefäßen ihre schönste Zeit hinter sich haben, die Töpfe leeren und mit Sommerblumen bepflanzen. Doch Vorsicht: Bedingt winterharte und frostempfindliche Arten nicht zu früh pflanzen, da sie sonst Spätfrösten zum Opfer fallen können.
- Töpfe und Rabatten mit feingehäckselter Rinde oder Kies mulchen, damit der Boden länger feucht bleibt.
- Einige Zweige von Blütensträuchern, wie *Jasminum nudiflorum* oder Forsythien, im Knospenstadium schneiden und im Haus in die Vase stellen, um sie vorzeitig zur Blüte zu bringen.
- Beschädigte Pflasterfugen reparieren und unebene Platten neu verlegen (jedoch nicht bei Frostwetter).

Sommer

In dieser Jahreszeit kann man die Früchte seiner Arbeit genießen. Man kann im Garten sitzen, umgeben vom schweren Duft des Echten Jasmins *(Jasminum officinale),* der die nahe gelegene Laube begrünt. Bäume und Sträucher, die jetzt voll belaubt sind, werfen Schatten oder lassen dort, wo Licht durch ihr zartes Laubdach fällt, gesprenkelte Muster entstehen. Die Sonne steht nun hoch am Himmel, und ihr gleißendes Licht macht warme Farben noch kräftiger, während es die zarteren Töne und Nuancen etwas verblassen läßt. Die Kontraste von Sonne und Schatten sorgen für unterschiedliche Stimmungen im Garten.

Die frühjahrsblühenden Sträucher welken nun und machen Platz für die nächste Farbenpracht, für die Stauden und sommerblühende Sträucher sorgen. Durch seinen kompakten Wuchs ist *Philadelphus* ›Manteau d'Hermine‹ mit seinen zahllosen cremeweißen duftenden Blüten die beste Pfeifenstrauch-Sorte für den kleinen Garten. Die etwas empfindlicheren Zistrosen *(Cistus)* und Strauchveronika *(Hebe),* die volle Sonne brauchen, blühen den ganzen Sommer üppig in einer Palette von weißen, rosa, lila und blauen Tönen. *Hebe* ›Autumn Glory‹ mit ihren tiefpurpurblauen Blüten und dunklen purpurgrünen, runden Blättern sieht vom Frühsommer bis in den Spätherbst reizvoll aus. Die einfachen, flachen Blüten von *Cistus* halten zwar nur einen Tag, doch öffnen sich in rascher Abfolge immer neue Knospen. Die kompakten Sorten *C.* ›Silver Pink‹ mit seinen silberrosa Blüten und grauen Blättern und *C.* × *pulverulentus* ›Sunset‹ mit seinen tiefrosaroten Blüten und ebenfalls grauen Blättern eignen sich gut für eine sonnige Rabatte. Nachbarpflanzen mit blaßgelben Blüten wie die Taglilie *(Hemerocallis)* ›Whichford‹ oder die Königskerze *(Verbascum)* ›Gainsborough‹ wiederholen die gelben Mitten der rosaroten *Cistus*-Blüten. Pflaumenfarbenes Hintergrundlaub, etwa von *Berberis thunbergii* ›Lombart's Purple‹, oder die satt purpurnen Blätter von *Heuchera micrantha* ›Palace Purple‹ im Vordergrund lassen die Blüten von *C.* × *pulverulentus* ›Sunset‹ hervortreten. Zwischen den Sträuchern können *Diascia,* Storchschnabel

Actinidia kolomikta, Geranium psilostemon und *Clematis* ›Hagley Hybrid‹ bilden im Sommer vor dieser Mauer eine harmonische Gruppe.

(Geranium), die blaublühende Katzenminze *(Nepeta;* ideal als Rabatteneinfassung), Glockenblume *(Campanula)* und der stets zuverlässige Weiche Frauenmantel *(Alchemilla mollis)* bunte Tupfer entstehen lassen. Gegen Ende des Sommers stehen dann Hortensien *(Hydrangea),* Fuchsien *(Fuchsia),* spätblühende *Clematis* und viele Stauden aus der Familie der Korbblütler in voller Blüte.

- Die geschützte Umgebung vieler kleiner Gärten führt, vor allem in voller Sonne, zu einem sehr raschen Austrocknen des Bodens. Daher muß während der Sommermonate regelmäßig gegossen werden, sofern nicht für Rabatten an solchen Plätzen Sorten ausgewählt wurden, die Trockenheit vertragen.
- In der Sonne stehende Töpfe und Ampeln brauchen bis zu zweimal täglich Wasser. Wo nicht regelmäßig gewässert werden kann, stellt man Topfpflanzen über Mittag aus der heißen Sonne. Einmal gründlich wässern ist besser als häufige kleine Gaben.
- Ampeln und Kübel regelmäßig düngen (siehe Seite 91). Für blühende Pflanzen eignet sich ein kaliumreicher Dünger am besten. Wenn im Frühjahr und Frühsommer blühende Stauden nach dem Zurückschneiden gedüngt werden, kommen sie vielleicht noch einmal zur Blüte.
- Welke Blüten regelmäßig entfernen, damit die Pflanzen möglichst lange blühen und schön bleiben (siehe Seite 99).
- Im Spätsommer bei Glyzinen die dünnen rankenden Triebe schneiden (siehe Seite 97).
- Aufmerksam auf Anzeichen für Schädlinge und Krankheiten achten und gegebenenfalls sofort die notwendigen Maßnahmen ergreifen (siehe Seite 101).
- Den Rasen wöchentlich in zwölf oder 25 Millimeter Höhe abmähen (siehe Seite 92).
- Wenn ein vielbenutzter kleiner Rasen kahle Stellen hat, diese im Spätsommer frisch einsäen (siehe Seite 92).
- Hecken auf die gewünschte Form und Größe zurechtstutzen (siehe Seite 97).
- Über die Installation einer Beleuchtung sollte man während der Zeit, in der der Garten benutzt wird, nachdenken (siehe Seite 62 f.). Man kann einen Blickfang oder eine hübsche Solitärpflanze anleuchten und dadurch dem Garten für die Zeit, in der es zu kalt ist, um sich draußen aufzuhalten, selbst abends eine attraktive Note verleihen. (In einem bereits fertig gestalteten Garten installiert man eine Beleuchtung am besten im Herbst, da dann die Pflanzen am wenigsten gestört werden.)

Herbst

Am Ende der Wachstumsperiode läßt die Spätsommersonne den Garten erglühen. Die Blätter von *Acer, Cotinus* und *Amelanchier* leuchten in ihren Herbstfarben und werden beinahe durchscheinend, wenn die Sonne auf sie fällt. Vielleicht beschließen Sie nun, einen dekorativen Ahorn, wie *Acer palmatum* oder *A. senkaki,* oder auch einen Perückenstrauch *(Continus)* an einen Platz zu pflanzen, an dem die Abendsonne von hinten durch das Laub scheint und dem herbstlichen Garten eine fast magische Stimmung verleiht.

Die warmen Rosttöne harmonieren gut mit vielen der kompakten herbstblühenden Sträucher und Stauden, die sich für kleine Gärten eignen. Aus den dunkelgrünen Blattbüscheln von *Liriope muscari* erscheinen violettblaue, perlenartige Blütenähren, die noch über Wochen hinweg für Farbe sorgen. Diese Pflanze gedeiht hervorragend an trockenen Plätzen zwischen Sträuchern. Auch Nelke *(Dianthus),* Knöterich *(Polygonum),* Fetthenne *(Sedum),* Spaltgriffel *(Schizostylis),* Strauchveronika *(Hebe)* und Fingerkraut *(Potentilla)* sind im Herbst reizvoll. Selbst auf kleinstem Raum lohnt es sich, Platz für eine ins Auge fallende Gruppe spätblühender Stauden wie Sonnenbraut *(Helenium), Aster* oder Sonnenhut *(Rudbeckia)* zu schaffen. Ihre Blütenfarben, die von kräftigem Ziegelrot über Dunkelrot und Orange bis zu Tiefgelb reichen, sehen zusammen mit Herbstlaub einfach großartig aus. Vorne in der Rabatte nehmen die herzförmigen Blätter von *Heuchera micrantha* ein durchscheinendes Bronzerot an. Auch das Laub von *Euphorbia polychroma* ›Purpurea‹ bekommt eine intensivere Farbe, und die kleinen *Spiraea-Bumalda*-Hybriden ›Gold Flame‹ erstrahlen ebenfalls in reizvollen Herbsttönen.

Um diese herbstlichen Höhepunkte noch hervorzuheben, pflanzt man immergrüne Sträucher mit goldfarbenem Laub oder, in saurem Boden, eine Gruppe goldblättriger Heide beziehungsweise am hinteren Rand der Rabatte die größere *Ilex aquifolium* ›Golden King‹, die beinahe stachellose, goldfarben panaschierte Blätter hat. Fuchsien und Hortensien *(Hydrangea)* fühlen sich beide in leichtem Schatten wohl und können daher in einem Bereich des Gartens wachsen, den die Sonne nur für kurze Zeit erreicht, wenn sie tiefer am Himmel steht. Meine Favoritinnen für den kleineren Garten sind *Hydrangea* ›Preziosa‹ mit tiefrosa Blüten oder eine der weißblühenden Kletterhortensien. In milden oder geschützten Lagen können die winterharten Fuchsien durchaus ganzjährig grün bleiben. Die zarten, weiß überlaufenen rosa Blüten von *Fuchsia magellanica* var. *molinae* baumeln anmutig zwischen dem leuchtendgrünen Laub und sehen zusammen mit den großen grauen Blättern der Funkien *Hosta sieboldiana* ›Elegans‹ und *Hosta* ›Halcyon‹ besonders hübsch aus.

Mauern und Zäune können zu dieser Jahreszeit einen großartigen Anblick bieten. Immergrüne Kletterpflanzen und Spaliersträucher wie Feuerdorn *(Pyracantha)* und Zwergmispel *(Cotoneaster)* tragen jetzt Beeren in gelben, orangefarbenen und roten Tönen, die Vögel anlocken, wenn die Temperaturen sinken und die Nahrung knapper wird. Ich liebe den Anblick der welkenden Blütenstände der Kletterhortensie *(Hydrangea anomala* ssp. *petiolaris),* die beim Altern zunächst rosa und schließlich braun werden und an feuchten, nebligen Herbstmorgen mit Gespinsten überzogen sind. Von allen Kletterpflanzen bietet jedoch der Wilde Wein *(Parthenocissus quinquefolia)* im Herbst das spektakulärste Bild. Das leuchtendorangerote oder sogar pflaumenfarbene Herbstlaub hält zwar nur kurze Zeit, kann aber eine große Gartenmauer vollkommen verwandeln.

Die immergrüne *Mahonia japonica* trägt im Herbst Rosttöne, die bis in den Winter halten, wenn die gelben Blüten erscheinen.

- Generell sollten sommergrüne Blütensträucher, die an diesjährigem Holz blühen, zwischen Spätherbst und Frühjahrsbeginn geschnitten werden (siehe Seite 94 f.).
- Der Herbst ist auch die Zeit, um den Rasen zu lüften (siehe Seite 92 f.).
- Neue Gärten und neue Rabatten (vor allem mit schwerem Boden) am besten umgraben, bevor die Erde zu naß wird.
- Stauden, die zu groß geworden sind, jetzt teilen oder umsetzen. Behutsam aus dem Boden nehmen und den Wurzelballen dabei möglichst wenig beschädigen.
- Neue Sträucher pflanzen, solange der Boden noch warm und feucht ist, damit die Wurzeln vor Einsetzen des Winters noch wachsen können. Mildes Wetter abwarten oder die vorgesehene Pflanzfläche mit organischem Material oder Mulch bedecken, damit sie sich auch noch bei Frost bearbeiten läßt. Niemals in gefrorenen Boden pflanzen.
- Später im Herbst und im Winter ist eine breite Palette von Solitärgehölzen erhältlich; häufig sind im Freiland gezogene Bäume preiswerter als Containerpflanzen.
- Zäune, Spaliere und andere Pflanzenstützen prüfen, ob sie noch in Ordnung sind und dem Gewicht von Kletterpflanzen auch bei Sturm standhalten können. Instabile und faulende Zaunpfosten zu Beginn dieser Jahreszeit ersetzen.
- Zu Herbstbeginn frühjahrsblühende Zwiebelblumen in den Garten oder in Töpfe pflanzen. Für Töpfe durchlässiges Substrat verwenden, und die Zwiebelblumen mit immergrünen Sträuchern und anderen Winterpflanzen zusammensetzen, um reizvolle Arrangements entstehen zu lassen. Schön wirkt beispielsweise eine Mischung aus *Tulipa* ›Apricot Beauty‹, blaßblauen Stiefmütterchen und silberfarben panaschiertem Efeu, der über die Seiten des Pflanzgefäßes herabhängt.
- Fallaub vom Rasen, um alle kleinen Pflanzen und vor allem von der Terrasse entfernen. Um Sträucher herum kann man einen Teil des Fallaubs liegenlassen, um Nutzinsekten und vielleicht auch einem Igel eine Überwinterungsmöglichkeit zu geben.
- Falls Platz vorhanden ist, das Fallaub zur Herstellung von Lauberde in Foliensäcke füllen (es braucht jedoch bis zu zwei Jahren, bis es vollkommen verrottet ist und im Garten verwendet werden kann).
- Aus dem Teich Fallaub stets entfernen, bevor es auf den Grund sinkt und zu verrotten beginnt. Nötigenfalls den Teich vor dem Laubfall mit Netzen abdecken.

Die wichtigsten Pflanzen für kleine Gärten

In diesem Kapitel finden Sie 50 Pflanzen, die aufgrund ihrer Eigenschaften für kleine Gärten besonders geeignet und in den meisten Fällen leicht erhältlich sind. Bei einem Teil dieser Pflanzen handelt es sich um immergrüne, die dem Garten das ganze Jahr über Struktur verleihen, andere sorgen in den verschiedenen Jahreszeiten für Abwechslung und Höhepunkte. Die in den Beschreibungen aufgeführten Sorten werden empfohlen, weil sie einen ordentlichen Wuchs haben, lange blühen, gut duften oder während einer bestimmten Jahreszeit besonders schön aussehen. Die vorgestellten Sträucher und Kletterpflanzen können zudem problemlos geschnitten werden, was für eine Bepflanzung, die viele Jahre lang harmonisch aussehen soll, wichtig ist.

Auf einer kleinen Fläche muß jede Pflanze einen Beitrag zum Gesamtbild leisten, doch die gelungene Zusammenstellung von Pflanzen innerhalb einer Gruppe bereichert die Gartengestaltung um eine weitere Dimension. Hier hebt der Weiche Frauenmantel *(Alchemilla mollis)* mit seinen gelbgrünen Blüten die tiefgelben Mitten der winzigen Stiefmütterchen *(Viola tricolor)* hervor. Sehr wirkungsvoll ist auch die naturgegebene Kombination der gebuchteten Blätter und zarten gelbgrünen Blütenstände des Frauenmantels.

Bäume

Acer
(Ahorn)

Diese Gattung umfaßt eine große Vielfalt an schönen Bäumen und Sträuchern; die folgenden beiden Arten sind jedoch für kleine Gärten besonders empfehlenswert, weil sie das ganze Jahr über dekorativ wirken. *Acer davidii* ist eine ideale Solitärpflanze, die vor allem wegen ihrer glänzenden purpurgrün und weiß gestreiften Rinde gepflanzt wird; im Winter kommt sie am besten zur Geltung. Während des Sommers sitzen an den ausladenden, rhabarberroten Ästen tiefgrüne Blätter, die im Herbst einen hübschen Gelbton annehmen. *Acer griseum,* der Zimtahorn, trägt im Winter eine zimtfarbene, abblätternde Rinde zur Schau und im Herbst leuchtendes, scharlach- und flammendrotes Laub.
Größe: H: 4 – 6 m; B: 3 – 4 m. **Standort:** Sonne oder leichter Schatten. **Frosthärte:** winterhart. **Boden:** saure Erde. **Pflege:** wächst am besten natürlich; junge Triebe können geschnitten werden, um die Größe zu verringern. **Pflanzpartner:** Schildfarn *(Polystichum setiferum* Divisilobum-Gruppe), *Brachyglottis* ›Sunshine‹, Tränendes Herz *(Dicentra spectabilis)* ›Alba‹.

Lederhülsenbaum *(Gleditsia triacanthos)* ›Sunburst‹

Ahorn siehe *Acer*

Amelanchier canadensis
(Felsenbirne)

Den sich im Spätfrühjahr entwickelnden weißen Blüten der Felsenbirne folgen bald länglich-ovale, gezähnte Blätter in einem kupferfarbenen Ton. Gegen Anfang des Sommers färben sie sich hellgrün; die Blattadern sind leicht orangerot. Im Herbst wird das Laub dann leuchtendorangerot, und es können kleine hellrote Früchte erscheinen (dies ist davon abhängig, wie warm und trocken der Sommer war). Die Felsenbirne kann als Hochstamm oder mehrstämmiger Busch erzogen werden.
Größe: H: 6 – 7 m; B: 5 – 6 m. **Frosthärte:** winterhart. **Boden:** jede – sowohl saure als auch alkalische – Gartenerde. **Pflege:** kein regelmäßiger Schnitt erforderlich, kann jedoch stark zurückgeschnitten werden, wobei man die unteren Äste entfernt; oder im Winter schneiden, um die Form zu erhalten. **Pflanzpartner:** Stechpalme *(Ilex aquifolium)* ›Golden Queen‹, *Heuchera* ›Pewter Moon‹, *Liriope muscari.*

Apfelbaum siehe *Malus*

Eberesche siehe *Sorbus vilmorinii*

Felsenbirne siehe *Amelanchier canadensis*

Gleditsia triacanthos
(Lederhülsenbaum)

Die sehr schwach wachsende Form ›Rubylace‹ bildet ein zartes Laubdach aus rubinroten, filigranen Blättern, die sich, wenn sie älter werden, bronzegrün färben. Ebenso hübsch ist *G. triacanthos* ›Sunburst‹ mit ihren großartigen gelbgrünen, gefiederten Blättern, die kräftiger wächst und um ein Drittel größer wird. Beide Sorten haben spröde Äste, die deshalb durch Wind stark gefährdet sind.
Größe: H: 5 – 6 m; B: 2 m. **Standort:** volle Sonne bis leichter Schatten. **Frosthärte:** winterhart (auch industriefest). **Boden:** jede durchlässige Erde. **Pflege:** im Frühjahr letztjährige Triebe kürzen, um die Form zu verschönern. **Pflanzpartner:** für ›Rubylace‹: Anemone *(Anemone hupehensis)* ›September Charm‹; für ›Sunburst‹: die Glockenblumen-Art *Campanula lactiflora* sowie Berberitze *(Berberis thunbergii)* ›Rose Glow‹.

Lederhülsenbaum siehe *Gleditsia triacanthos*

Malus
(Apfelbaum)

Wer einen kleinen Baum pflanzen möchte, der nicht nur dekorativ, sondern auch nützlich ist, kann beispielsweise eine Tafelapfel-Sorte verwenden. Man kauft eine zuverlässige Sorte von *Malus domestica* mit einer schwachwüchsigen Unterlage (M27 oder die ein wenig kräftiger wachsende M106), damit der Baum nicht zu groß wird und zu viel Schatten wirft. Die Sorte ›Katja‹ trägt verläßlich Früchte und ist sehr gesund. ›Jupiter‹ trägt ebenfalls zuverlässig, und seine Früchte erinnern geschmacklich an ›Cox Orange Pippin‹. Beide Sorten bestäuben sich gegenseitig. Sie können auch als Fächer an einem Spalier vor einer geschützten Wand oder an einem Bogen erzogen werden. Damit die Bestäubung gesichert ist, müssen jedoch zwei Exemplare vorhanden sein.

Auch einige Zier- und Holzapfelbäume werden mit einer schwachwüchsigen Unterlage (M27) angeboten. Die Sorte ›Evereste‹ bildet einen dunkelgrün belaubten, konischen Baum, der im Frühjahr zahllose rosa-weiße Blüten trägt, denen im Herbst einige orangefarbene bis orangegelbe Früchte folgen. Weitere *Malus*-Sorten auf M27-Unterlage sind ›John Downie‹, ›Golden Hornet‹, ›Royalty‹ und ›Royal Beauty‹ (leicht hängend).

Malus domestica auf M27-Unterlage: **Größe:** H: 1,8 m; B: Büsche mit 1,2 m Abstand, Cordons mit 60 cm Abstand pflanzen. M9: **Größe:** H: 2,4 – 2,75 m, Cordons mit 60 cm Abstand pflanzen. **Standort:** ein offener, sonniger Platz. **Frosthärte:** winterhart; frostgefährdete Plätze aber meiden, damit im Frühjahr die Blüten nicht geschädigt werden. **Boden:** gut bearbeitete, fruchtbare Erde. **Pflege:** durch Schnitt im Herbst oder zu Frühjahrsbeginn in der gewünschten Form erziehen. **Pflanzpartner:** Sonnenbraut *(Helenium)* ›Moerheim Beauty‹, Gemeiner Hopfen *(Humulus lupulus)* ›Aureus‹, Rose *(Rosa)* ›Graham Thomas‹.

Malus ›Evereste‹: **Größe:** H: 3 m; B: 2 m. **Standort:** bevorzugt volle Sonne, verträgt aber auch leichten Schatten. **Frosthärte:** winterhart. **Boden:** jede Gartenerde, mit Ausnahme staunasser. **Pflege:** Bäume mit langen, dünnen Ästen gleich nach der Blüte schneiden. **Pflanzpartner:** die Elfenblumen-Art *Epimedium × rubrum,* Funkie *(Hosta)* ›Francee‹.

Prunus × subhirtella ›Autumnalis‹ (Zierkirsche)

Dieser reizende Baum hat im Sommer eine runde Laubkrone, die sich im Herbst gelb färbt. Vom Früh- bis zum Spätwinter öffnen sich während milder Perioden kleine, weiße Blüten. Der zarte Baum wirft gesprenkelten Schatten und wirkt auch auf begrenztem Raum niemals übermächtig. ›Autumnalis Rosea‹ blüht rosarot, die kleinere Sorte ›Fukubana‹ trägt zu Beginn des Frühjahrs entzückende halbgefüllte krapprote Blüten. Alle Zierkirschen sind nicht nur eine Augenweide im Garten, sondern eignen sich auch gut für Blumenarrangements.

Größe: H und B: 5 – 7 m. **Standort:** bevorzugt volle Sonne, verträgt aber auch leichten Schatten. **Frosthärte:** winterhart. **Boden:** jede gute Gartenerde. **Pflege:** Schnitt ist nicht erforderlich, gegebenenfalls kann der Baum jedoch in Form geschnitten werden. **Pflanzpartner:** Schneeglöckchen *(Galanthus nivalis)* ›Flore Pleno‹, Efeu *(Hedera helix* ssp. *helix).*

Purpurweide siehe *Salix purpurea*

Salix purpurea ›Pendula‹ (Purpurweide)

Diese kleinwüchsige, hängende Weide paßt gut zu Wasserflächen. Ihre purpurnen bis purpurgrünen langen, hängenden, kahlen Äste sehen im Winter dekorativ aus. Im Frühjahr erscheinen an ihnen schmale, purpurgraue Blätter, die sich im Herbst gelb färben. Bevor sie im Frühjahr austreiben, entwickeln sich gelbe Kätzchen. Man sollte sie nicht in die Nähe von Drainagerohren pflanzen, da die Wurzeln das Wasser suchen.

Größe: H und B: 3 m. **Standort:** Sonne. **Frosthärte:** winterhart. **Boden:** bevorzugt feuchte Erde. **Pflege:** im Frühjahr zurückschneiden, wenn der Baum zu groß wird. **Pflanzpartner:** Weicher Frauenmantel *(Alchemilla mollis),* Chinaschilf *(Miscanthus sinensis)* ›Strictus‹, *Rodgersia podophylla.*

Sorbus vilmorinii (Eberesche)

Dieser kleine Baum sieht zu mehreren Jahreszeiten reizvoll aus. Sein anmutiger Baldachin aus purpurgrünen Blättern, die grau schimmern, ist vor allem für rosarote und silberfarbene Pflanzungen eine hübsche Ergänzung. Im Herbst färben sich die Blätter rot und violett. Die typischen überhängenden Fruchtstände sind zunächst rot und werden dann langsam rosa.

Größe: H: 5 m; B: 2,5 m. **Standort:** volle Sonne bis leichter Schatten. **Frosthärte:** winterhart. **Boden:** keine besonderen Ansprüche. **Pflege:** kein Schnitt erforderlich. **Pflanzpartner:** *Liriope muscari,* Wolfsmilch *(Euphorbia characias* ssp. *wulfenii).*

Zierkirsche siehe *Prunus × subhirtella*

Eberesche *(Sorbus vilmorinii)*

Die Wahl des richtigen Baumes ist für die Gestaltung eines kleinen Gartens sehr wichtig. Die hier beschriebenen Arten wachsen langsam und brauchen mehrere Jahre, um ihre endgültige Höhe zu erreichen.

Hintergrund- und strukturierende Pflanzen

Clematis ›Rouge Cardinal‹

Choisya ternata
(Orangenblume)

Dieser Strauch hat einen kompakten, runden, formschönen Wuchs. Sein leuchtendgrünes, glänzendes Laub heitert trostlose Ecken auf und läßt einen hübschen Hintergrund für die kurzlebigeren Stauden entstehen. Er kann überdies an einer Mauer oder einem Spalier fächerförmig erzogen werden. Die dreizähligen Blätter verströmen einen intensiven Duft, wenn man sie zerdrückt; die weißen Blüten, die vom Frühjahr bis zum Spätsommer erscheinen, duften nach Orangen. Für Pflanzungen in Gold- und Grüntönen eignet sich die gelbblättrige Sorte ›Sundance‹ gut. Sie ist kleiner und nicht ganz so winterhart wie die Art und gedeiht besser, wenn sie sonnig steht.
Größe: H und B: 2 m. **Standort:** volle Sonne bis tiefer Schatten. **Frosthärte:** winterhart; in strengen Wintern können aber kalte Winde Schäden verursachen. **Boden:** fast jede Gartenerde; in stark alkalischer kann jedoch Chlorose auftreten. **Pflege:** leichter Schnitt im Frühsommer fördert die Blütenentwicklung; bei älteren Sträuchern nach der Blüte ein Drittel des ältesten Holzes in Bodenhöhe herausschneiden, um den Strauch zu verjüngen. **Pflanzpartner:** Waldmeister *(Galium odoratum),* Schaumblüte *(Tiarella cordifolia),* Schwertlilie *(Iris foetidissima)* ›Variegata‹.

Clematis
(Großblumige Hybriden)

Clematis dürfen eigentlich in keinem kleinen Garten fehlen. Ich habe hier Hybriden und Sorten ausgewählt, die eine kompakte Wuchsform mit Wuchsfreudigkeit und einer langen Blühperiode verbinden. Die aufgeführten *Clematis* blühen mit einer kurzen Unterbrechung vom Früh- bis zum Spätsommer, Ausnahmen bilden die mit einem * gekennzeichneten Formen, die nur einmal vom Hoch- bis zum Spätsommer blühen.

›Alice Fisk‹: sehr kompakt mit blauen Blüten, deren Ränder gekerbt sind, und braunen Staubgefäßen; ›Asao‹: große Blüten mit rötlichen Kelchblättern, die einen weißen Streifen haben; ›Barbara Jackman‹: große blaue oder malvenfarbene Blüten mit karminrotem Streifen, der im Schatten kräftiger wird; ›Dawn‹: ordentlicher Wuchs, sehr große perlmuttrosa Blüten, ideal für schattige Plätze; ›Doctor Ruppel‹: rosarote Kelchblätter mit karminrotem Streifen und goldgelben Staubbeuteln; ›Edith‹*: große weiße Kelchblätter mit hübschen roten oder braunen Staubbeuteln; ›Hagley Hybrid‹*: ausgezeichnet für Kübel geeignet, perlmuttrosa Blütenblätter mit dunkleren Staubgefäßen (volle Sonne meiden, weil die Blüten sonst verblassen); ›Rouge Cardinal‹*: samtige leuchtendkarminrote, eckige Kelchblätter und gelbe Staubgefäße; ›The President‹*: samtige purpurblaue Blüten mit einem helleren Streifen und roten oder purpurnen Staubgefäßen.
Größe: H: 1,8 – 2,4 m; B: unbegrenzt, durch Schnitt unter Kontrolle zu halten. **Standort:** keine besonderen Ansprüche. **Frosthärte:** winterhart; die Wurzeln sollten vor heißer Sonne geschützt werden. **Boden:** gedeiht überall, bevorzugt jedoch nahrhafte, gut gedüngte Erde; für Kübel ein Lehmsubstrat verwenden. **Pflege:** Die aufgeführten *Clematis*-Sorten brauchen keinen jährlichen Schnitt, man entfernt lediglich abgestorbene oder schwache Triebe; um die Größe zu begrenzen, zu Frühjahrsbeginn zurückschneiden – die ersten Blüten gehen dadurch verloren. Im Herbst mulchen, und im Frühjahr eine kleine Handvoll Kaliumsulfat ausbringen. Während der Wachstumsperiode dann reichlich düngen, und zwischen der ersten und der zweiten Blüte wöchentlich einen kaliumreichen Flüssigdünger geben. **Pflanzpartner:** zwischen Rosen und immergrünen Sträuchern wachsen lassen.

Clematis cirrhosa balearica

Das zarte, filigrane immergrüne Laub dieser *Clematis* kann sich an geschützten Plätzen an Sträuchern und Spalieren emporranken. Im Winter erscheinen während milder Perioden duftende schalenförmige, cremeweiße Blüten, die innen purpurn gefleckt sind und sich vor dem purpurnen oder bronzefarbenen Winterlaub gut abheben. Im Sommer erscheinen seidige Fruchtstände.
Größe: H und B: 2,5 m. **Standort:** muß vor kalten Winden geschützt werden; Wurzeln brauchen Schatten. **Frosthärte:** einigermaßen winterhart, leidet aber bei anhaltender Kälte. **Boden:** sowohl saure als auch alkalische Erde. **Pflege:** abgestorbene und schwache Triebe entfernen; Blüten entwickeln sich an letztjährigen Trieben. Pflanzen, die zu groß werden, nach der Blüte zurückschneiden; bei starkem Rückschnitt entwickeln sich im folgenden Jahr weniger Blüten. **Pflanzpartner:** die Nieswurz-Arten *Helleborus orientalis* und *Helleborus niger,* Schneeglöckchen *(Galanthus nivalis),* Spindelstrauch *(Euonymus fortunei)* ›Silver Queen‹.

Efeu siehe *Hedera helix* ssp. *helix*

Eibe siehe *Taxus baccata*

Elaeagnus
(Ölweide)

Das Laub dieser Gattung von Sträuchern bildet das ganze Jahr einen herrlichen Hintergrund und hält sich auch im Haus. Die Pflanzen vertragen Trockenheit recht gut. Ihre unscheinbaren silbrigweißen Blüten, die manchmal duften, öffnen sich im Winter. Die Blätter von *E.* × *ebbingei* ›Limelight‹ sind goldfarben gefleckt, die von *E.* × *ebbingei* ›Gilt Edge‹ goldfarben gerändert. Beide Sorten wachsen rasch. An exponierten Plätzen kann man die winterhärtere Sorte *E. pungens* ›Maculata‹ pflanzen, deren dunkle, eiförmige Blätter in der Mitte goldfarbene Flecken haben. *E. pungens* ›Dicksonii‹ ist nicht so wuchsfreudig und daher gut für sehr kleine Gärten geeignet.
Größe: H und B: 2 m. **Standort:** volle Sonne bis durchbrochener Schatten. **Frosthärte:** winterhart, braucht möglicherweise aber etwas Schutz vor kaltem Wind. **Boden:** fast jeder Gartenboden, außer extrem alkalischer oder trockener. **Pflege:** im Spätwinter oder zu Frühjahrsbeginn stutzen, nötigenfalls auch stark zurückschneiden. **Pflanzpartner:** *Clematis macropetala,* Geißblatt *(Lonicera nitida)* ›Baggesen's Gold‹, Veilchen *(Viola)* ›Clementina‹.

Feuerdorn siehe *Pyracantha*

Garrya elliptica

Dieser immergrüne Spalierstrauch entwickelt in milden Wintern großartige lange, silbergraue Kätzchen mit bis zu 30 Zentimeter Länge. Seine dunklen, glänzenden, runden Blätter sind an der Unterseite wollig. Die männliche Form der Sorte ›James Roof‹ hat längere, schimmerndere Kätzchen. Die Zweige dieser Spalierpflanze können bis zu 1,2 Meter von der Wand wegstehen. *Garrya elliptica* ist gut für maritime Gegenden und schattige Gärten geeignet.
Größe: H: 3,5 m; B: 2,5 m. **Standort:** Schatten; exponierte Plätze meiden, da kalte Frühjahrswinde das Laub schädigen können. **Frosthärte:** winterhart. **Boden:** jeder gute Gartenboden. **Pflege:** an einer Wand erziehen; im Frühjahr alle überflüssigen Seitentriebe auf fünf Zentimeter zurückschneiden. **Pflanzpartner:** Efeu *(Hedera helix* ssp. *helix)* ›Goldchild‹, *Clematis* ›Minuet‹, Farne.

Hedera helix ssp. *helix*
(Efeu)

Efeu ist eine der geeignetsten Pflanzen, um Wände zu begrünen, und ein ausgezeichneter Bodendecker, zudem kann er als immergrünes Strukturelement in Töpfe und Ampeln gepflanzt werden. Die Scheiben, mit denen er sich an Mauern und Zäune heftet, fügen diesen keinen Schaden zu. Durch regelmäßige Pflege verhindert man, daß er zu groß wird. Warme, trockene Standorte sollten gemieden werden, da an diesen leicht Spinnmilben auftreten.

Ich bevorzuge die kleinblättrigeren Sorten, die einen kompakten Wuchs haben und einen schönen Hintergrund bilden. Empfehlenswerte Sorten sind: ›Buttercup‹, ›Angularis Aurea‹ und ›Mrs. Pollock‹, deren goldfarben panaschierte Blätter gut zu gelbblauen Pflanzungen oder rotem und orangefarbenem Herbstlaub und Beeren passen; ›Glacier‹, ›Cavendishii‹, ›Eva‹, ›Tess‹ und ›Sagittifolia Variegata‹, deren silberfarben gezeichnete Blätter mit grauem Laub und blaßrosa oder kirschroten Blüten besonders gut harmonieren; ›Succinata‹, ›Pedata‹ und ›Glymii‹ mit interessant geformten immergrünen Blättern (›Succinata‹ nimmt in voller Sonne braungrüne Töne an). Die silber- bis cremefarben panaschierten Sorten ›Adam‹, ›Eva‹ und ›Glacier‹ sind als Bodendecker und für Pflanzgefäße gut geeignet; in schattigen Bereichen sind hierfür ›Shamrock‹ und ›Fleur de Lis‹ die besten grünblättrigen Sorten.
Größe: H und B: unbegrenzt. **Standort:** Sonne bis voller Schatten; buntlaubige Sorten verlieren im Schatten leicht ihre Panaschierung, Ausnahmen bilden ›Sagittifolia Variegata‹ und ›Buttercup‹. **Frosthärte:** sehr winterhart. **Boden:** jede gute Gartenerde. **Pflege:** Mitte des Frühjahrs durch Rückschnitt in der Größe begrenzen; kann bis in Bodenhöhe zurückgenommen werden, damit die Pflanze sich von der Basis her verjüngt. Gegen Winterende alle Triebe abschneiden, die zu lang werden, und braune Blätter entfernen. Bei Hitze auf Spinn-

Clematis cirrhosa balearica

Diese Pflanzen sind zum Begrünen von Mauern, Zäunen und anderen Konstruktionen wichtig und setzen im Garten kräftige Akzente. Zudem bilden sie für dekorativere Pflanzen einen schönen Hintergrund.

milben und zudem auf Schmierläuse achten. **Pflanzpartner:** Jungfernrebe *(Parthenocissus tricuspidata)* ›Veitchii‹, *Clematis.*

Hydrangea anomala ssp. *petiolaris*
(Kletterhortensie)

Diese sommergrüne Kletterpflanze ist selbstklimmend und hat hellgrüne, feingezähnte Blätter, die sich im Herbst gelb färben. Ihre großen, weißen Blütenstände erscheinen von Sommermitte an, werden beim Altern rosa und färben sich im Spätherbst schließlich braun. Zu Beginn wächst die Pflanze nur langsam, doch schließlich verschönern ihre abblätternde braune Rinde und ihre abgestorbenen Blütenstände schattige Wände selbst im Winter.
Größe: H und B: 4 – 6 m. **Standort:** keine besonderen Ansprüche, gedeiht gut im Schatten. **Frosthärte:** winterhart. **Boden:** jede Gartenerde, sofern sie in der Anwachsphase ausreichend feucht ist. **Pflege:** Schnitt ist nicht erforderlich, abgeblühte Triebe aber sofort einkürzen; neue Triebe eventuell zunächst an ihrer Stütze befestigen. **Pflanzpartner:** Funkie *(Hosta)* ›Marginata Alba‹, *Clematis alpina,* Kirschlorbeer *(Prunus laurocerasus)* ›Variegata‹.

Kletterhortensie *(Hydrangea anomala* ssp. *petiolaris)*

Ilex
(Stechpalme)

Diese Gattung umfaßt eine große Palette an unentbehrlichen immergrünen Sträuchern, die langsam wachsen und sehr gut erzogen werden können, etwa als Hecke, Kugeln und Spiralen oder als freistehende Sträucher in der Rabatte. Die winterharte *I. aquifolium* ist Elternpflanze vieler dekorativer Formen, die für einen kleinen Garten geeignet sind. *Ilex* × *altaclerensis* ›Golden King‹ mit ihren fast unbestachelten, glänzenden, runden Blättern und breiten, goldgelben Blatträndern ist eine weibliche Form und trägt im Herbst reichlich Beeren, wenn sie durch eine männliche Form wie *I. aquifolium* ›Silver Queen‹ bestäubt wird, die dunkelgrüne Blätter mit cremeweißen Rändern hat. Ebenfalls cremeweiße Blattränder hat die beerentragende, silberfarben gezeichnete Sorte *I. aquifolium* ›Handsworth New Silver‹. Die grünlaubige *I. aquifolium* ›J. C. van Tol‹ trägt auch ohne Partner Beeren.
Größe: H: 4 m; B: 2,5 m (ungeschnitten). **Standort:** keine Ansprüche, gedeiht gut im Schatten. **Frosthärte:** winterhart. **Boden:** keine besonderen Ansprüche. **Pflege:** kann in der Größe reduziert oder einfach zu Frühjahrsbeginn zurechtgestutzt werden. **Pflanzpartner:** für goldgelbe Formen: Jungfernrebe *(Parthenocissus tricuspidata)* ›Veitchii‹, Felsenbirne *(Amelanchier canadensis);* für silberfarbene Formen: Rosmarin *(Rosmarinus officinalis), Clematis* ›Niobe‹.

Kirschlorbeer siehe *Prunus laurocerasus*

Kletterhortensie siehe *Hydrangea anomala* ssp. *petiolaris*

Kreuzdorn siehe *Rhamnus alaterna*

Lorbeerschneeball siehe *Viburnum tinus*

Ölweide siehe *Elaeagnus*

Orangenblume siehe *Choisya ternata*

Prunus laurocerasus
(Kirschlorbeer)

Der Kirschlorbeer mag recht gewöhnlich erscheinen, doch wenn man ihn regelmäßig schneidet und pflegt, läßt er – als Solitärpflanze und als Hecke – mit seinen glänzenden immergrünen Blättern einen phantastischen Hintergrund oder Schirm entstehen. Zudem eignet er sich gut für einen Formschnitt. Die Sorte ›Schipkaensis‹ hat schmalere, dunkelgrüne Blätter und ist nicht ganz so wuchsfreudig. ›Zabeliana‹ wächst zu einem verzweigten, ausladenden Strauch von nur 80 bis 100 Zentimeter Höhe, aber drei bis fünf Meter Breite heran. Die silberfarben panaschierte schwachwüchsige Sorte ›Variegata‹ bildet einen kelchförmigen Busch, der bis zu zwei Meter Höhe erreicht.
Größe: H und B: 6 m (ungeschnitten). **Standort:** keine besonderen Ansprüche; besonders für Schatten geeignet. **Frosthärte:** winterhart. **Boden:** jede Gartenerde, außer extrem alkalische. **Pflege:** im Spätwinter oder zu Frühjahrsbeginn auf die gewünschte Größe zurücknehmen; auf Bodenhöhe zurückgeschnitten, treibt der Strauch rasch wieder aus. **Pflanzpartner:** Spindelstrauch *(Euonymus fortunei)* ›Emerald 'n Gold‹, Stechpalme *(Ilex* × *altaclerensis)* ›Golden King‹.

Pyracantha
(Feuerdorn)

Eine Gattung robuster und vielseitiger immergrüner Pflanzen, die an den meisten Standorten gedeihen und sich ideal dazu eignen, als Fächer oder an senkrechten Stützen erzogen zu werden. Man kann die Äste formal waagrecht erziehen, ein regelmäßiger Schnitt läßt dagegen einen zwangloseren Eindruck entstehen. Durch harten Rückschnitt kann man die Sträucher klein halten. Zur Sommermitte öffnen sich weißdornähnliche Blüten mit einem moschusartigen Duft, im Herbst und Winter verbergen zahlreiche Büschel aus orangefarbenen und gelben Beeren die dunkelgrünen, eiförmigen Blätter und locken Vögel an (gelbe Beeren bleiben meist länger erhalten). Lange Dornen in den Blattachseln machen den Schnitt des Strauches unangenehm. Empfehlenswerte Sorten: ›Harlequin‹ mit silberfarbenen oder weißen Blatträndern und orangeroten Früchten; ›Soleil d'Or‹ mit tiefgelben Früchten; ›Orange Glow‹ mit zahlreichen orangefarbenen Früchten; ›Red Cushion‹ mit einem kompakteren Wuchs (bis zu einem Meter hoch) und roten Beeren.
Größe: H: 3 m; B: 2 m. **Standort:** keine Ansprüche. **Frosthärte:** sehr winterhart. **Boden:** jede Erde, außer extrem alkalische. **Pflege:** im Spätsommer in die gewünschte Form stutzen und neue Triebe zurückschneiden, damit die reifenden Beeren zu sehen sind; um die Größe zu begrenzen, ist eventuell ein weiterer Schnitt erforderlich. **Pflanzpartner:** Forsythie *(Forsythia × intermedia)* ›Lynwood‹, Kreuzdorn *(Rhamnus alaterna)* ›Argenteovariegata‹.

Rhamnus alaterna
›Argenteovariegata‹
(Kreuzdorn)

Dieser silberfarben panaschierte immergrüne Strauch eignet sich besonders gut für Küstengegenden. Sowohl fächerförmig erzogen als auch freistehend läßt er einen schönen Hintergrund für rosa, weinrote, weiße und silberfarbene Pflanzungen entstehen. Seine zahlreichen winzigen Blätter bilden einen guten Kontrast zu großem Laub.
Größe: H: 3 – 4 m; B: 2 – 3 m (ungeschnitten). **Standort:** Sonne oder Halbschatten. **Frosthärte:** nicht ganz winterhart; braucht etwas Schutz vor kalten Winden. **Boden:** jede Erde, außer sehr nasse. **Pflege:** angewachsene Sträucher im Spätfrühjahr schneiden. **Pflanzpartner:** Orangenblume *(Choisya ternata),* Wacholder *(Juniperus communis)* ›Repanda‹, *Choenomeles × superba* ›Pink Lady‹.

Ribes laurifolium
(Zierjohannisbeere)

Die schmalen, elliptischen, blaugrünen Blätter dieses ungewöhnlichen Strauches kommen auf kleinem Raum am besten zur Geltung, wenn die Pflanze fächerförmig an einer geschützten Wand oder einem Zaun erzogen wird. Im Spätwinter und zu Frühjahrsbeginn entwickeln sich bei älteren Pflanzen in den Blattachseln kleine Trauben aus hängenden, grünlich-weißen männlichen Blüten. *Clematis,* die sich durch die Blätter ranken, sorgen im Sommer für Farbe.
Größe: H: 1,5 – 1,8 m; B: 0,9 – 1,8 m. **Standort:** volle Sonne bis leichter Schatten; braucht Schutz. **Frosthärte:** winterhart. **Boden:** fast jede Gartenerde. **Pflege:** als Fächer vor einer Wand oder einem Zaun erziehen. **Pflanzpartner:** *Clematis* ›Dawn‹, Efeu *(Hedera helix* ssp. *helix)* ›Eva‹, Nieswurz *(Helleborus foetidus).*

Rosa
(Rose)

Für einen kleinen Garten wählt man am besten eine Kletterrose mit kompaktem Wuchs, krankheitsresistentem Laub und einer langen Blühperiode. Die blaßrosa Sorte ›New Dawn‹* eignet sich gut für eine Pergola, ein Spalier oder eine Wand; ›High Hopes‹* ist eine hellrosa, stark duftende Form, die spät im Jahr blüht und sich durch außergewöhnliche Robustheit auszeichnet; ›Morning Jewel‹* trägt leuchtendrosa Blüten und gedeiht an jedem Platz; ›Compassion‹ ist lachsrosa und aprikosenfarben und duftet süß; ›Sympathie‹* besitzt leuchtende blutrote Blüten und wird über viereinhalb Meter hoch; ›Dublin Bay‹* hat eine ähnliche Farbe, ist jedoch kompakter und blüht bis in den Herbst; ›Highfield‹ ist eine der robustesten gelben Sorten und duftet herrlich; ›White Cockade‹ ist eine kompakte Pflanze mit wohlgeformten, duftenden, weißen Blüten.
Größe: H: 3 – 3,5 m. **Standort:** gewöhnlich volle Sonne; mit einem * gekennzeichnete Sorten vertragen auch etwas Schatten, werden aber leicht lang und dünn. **Frosthärte:** winterhart. **Boden:** bevorzugt fruchtbare, schwere Erde. **Pflege:** im Herbst mit organischem Material mulchen, zu Frühjahrsbeginn zurückschneiden, und während der Wachstumsperiode regelmäßig düngen (mit einem Rosendünger) und wässern, um ein kräf-

Rose *(Rosa)*
›Compassion‹

tiges Wachstum zu gewährleisten; welkende Blüten entfernen. **Pflanzpartner:** *Clematis.*

Stechpalme siehe *Ilex*

Taxus baccata
(Eibe)

Die Gemeine Eibe kann eine stattliche Größe erreichen, bei regelmäßigem Schnitt läßt sie aber eine wunderbare formale Hecke entstehen, die sogar nur 45 Zentimeter breit sein kann.

Weigela florida ›Albovariegata‹

Einige Sorten sind für kleine Grundstücke besonders gut geeignet: ›Fastigiata‹ und ›Fastigiata Aurea‹ haben einen schmalen, säulenförmigen Wuchs und setzen auf begrenztem Raum schöne vertikale Akzente. ›Repandens‹ ist eine schwachwüchsige, halb niederliegende Form, deren überhängende Triebspitzen sich anmutig über den Rand eines Hochbeets neigen; ihre schmalen, fast schwarzgrünen Blätter bilden einen ausgezeichneten Hintergrund für hellere Blüten und kontrastieren hübsch mit auffälligen Blattformen.

Taxus baccata ›Repandens‹: **Größe:** H: 30 – 50 cm; B: 1,5 – 2 m. **Standort:** keine besonderen Ansprüche. **Frosthärte:** winterhart. **Boden:** keine besonderen Ansprüche. **Pflege:** auf die gewünschte Form und passende Größe zurechtstutzen. **Pflanzpartner:** *Bergenia stracheyi* ›Alba‹, Aukube *(Aucuba japonica)* ›Crotonifolia‹, die Steinbrech-Art *Saxifraga* × *urbium,* Immergrün *(Vinca minor)* ›Variegata‹.

Viburnum tinus
(Lorbeerschneeball)

Dieser immergrüne Strauch ist eine ideale Hintergrundpflanze, die freistehend oder fächerförmig erzogen werden kann, vor allem vor Mauern oder Zäunen mit Nordausrichtung. Seine breiten, eiförmigen, dunkelgrünen Blätter haben hellere, silbrige Unterseiten, die einen schönen Hintergrund für die kleinen bis mittelgroßen Büschel aus rosaweißen Röhrenblüten bilden. Diese entwickeln sich im Frühjahr aus tiefrosa Blütenknospen, die während des Winters erscheinen. *V. tinus* ›Variegatus‹ ist kompakter, nicht ganz so winterhart und um ein Drittel kleiner als die Art. Die weißen Blüten und die cremeweiße Blattpanaschierung passen gut zu dunkelgrün belaubten Sträuchern.

Größe: H und B: 2 m. **Standort:** volle Sonne bis Halbschatten. **Frosthärte:** winterhart. **Boden:** keine besonderen Ansprüche. **Pflege:** nach der Blüte in die gewünschte Form und Größe stutzen; bei Sträuchern, die älter als fünf Jahre sind, zu Frühjahrsbeginn ein Drittel des ältesten Holzes in Bodenhöhe herausnehmen, damit sie von der Basis neu austreiben. **Pflanzpartner:** Stechpalme *(Ilex aquifolium)* ›Argentea Marginata‹, Kreuzdorn *(Rhamnus alaterna)* ›Argenteovariegata‹.

Weigela florida
›Albovariegata‹
(Weigelie)

Cremeweiße Blattränder und ein aufrechter, kompakter, buschiger Wuchs machen diesen Strauch zu einer geeigneten Blattpflanze für den Sommer. Zur Sommermitte trägt er überdies blaßrosa Blüten, die sogar zart duften. Auf begrenztem Raum kann diese Weigelien-Sorte an einem Spalier erzogen werden, sie eignet sich aber auch für Hecken.

Größe: H und B: 1,2 – 1,5 m. **Standort:** bevorzugt volle Sonne, toleriert jedoch auch leichten Schatten. **Frosthärte:** winterhart. **Boden:** jede gut drainierte Gartenerde. **Pflege:** zwei Jahre nach dem Pflanzen jedes Jahr nach der Blüte ein Drittel der abgeblühten Triebe herausnehmen; dadurch treibt der Strauch an der Basis neu aus und entwickelt zahlreiche Blütentriebe. Wird die Pflanze als Hecke erzogen, muß sie regelmäßig geschnitten werden. **Pflanzpartner:** Berberitze *(Berberis thunbergii)* ›Halmond's Pillar‹, Fetthenne *(Sedum)* ›Herbstfreude‹, Wermut *(Artemisia absinthium)* ›Lambrook Silver‹.

Zierjohannisbeere siehe *Ribes laurifolium*

Mittelgroße Pflanzen

Azaleen-Arten siehe *Rhododendron*

Bambus siehe *Pleioblastus auricomus*

Buschmalve siehe *Lavatera*

Ceanothus ›Blue Mound‹ (Säckelblume)

Dieser niedrige, runde Strauch mit seinen leuchtenden Blättern bildet einen wirkungsvollen Hintergrund für Pflanzungen aus kleineren Einfassungsstauden. Im Frühsommer bedeckt ein Meer aus tiefblauen Blütenständen das glänzende immergrüne Laub und läßt einen spektakulären Anblick entstehen. *C. impressus* und *C.* ›Puget Blue‹ können in einem kleinen, geschützten Garten als fächerförmige Spaliersträucher erzogen werden.
Größe: H: 60 – 90 cm; B: 1 – 1,2 m. **Standort:** volle Sonne. **Frosthärte:** relativ winterhart. **Boden:** jede durchlässige saure bis leicht alkalische Gartenerde. **Pflege:** falls in strengen Wintern Schäden auftreten, Pflanzen auf gesundes Holz oder direkt auf Bodenhöhe zurücknehmen, damit sie neu austreiben. **Pflanzpartner:** Fingerkraut *(Potentilla fruticosa)* ›Knap Hill‹, Glockenblume *(Campanula glomerata)* ›Superba‹, Blausternchen *(Scilla siberica).*

Cistus (Zistrose)

Viele Vertreter dieser Gattung immergrüner Sträucher haben einen runden Wuchs und werden nur etwa einen Meter hoch, so daß sie sich gut für begrenzte Flächen eignen. Sie gedeihen im Garten an warmen, trockenen Plätzen und blühen vom Früh- bis zum Spätsommer üppig. *C. × corbariensis* besitzt dunkle, graugrüne Blätter, die graues Laub hübsch ergänzen. Seine karminrot überlaufenen Knospen öffnen sich zu ungefüllten weißen Blüten. *C.* ›Silver Pink‹ hat graugrüne Blätter und silberrosa Blüten mit gelben Staubgefäßen. *C.* ›Sunset‹ trägt tiefrosarote Blüten über grauem Laub und harmoniert besonders gut mit zartrosa Blüten.
Größe: H: 60 – 80 cm; B: 80 – 100 cm. **Standort:** volle Sonne. **Frosthärte:** einigermaßen winterhart. **Boden:** fast jede durchlässige Gartenerde. **Pflege:** jedes Jahr leicht zurückstutzen, um die Blüte zu fördern. **Pflanzpartner:** für *C. × corbariensis:* Heiligenkraut *(Santolina)* ›Lemon Queen‹, *Perovskia* ›Blue Spire‹; für *C.* ›Silver Pink‹: *Heuchera* ›Palace Purple‹, Heiligenkraut *(Santolina chamaecyparissus);* für *C.* ›Sunset‹: *Lavatera* ›Pink Frills‹, Echter Lavendel *(Lavandula angustifolia)* ›Hidcote‹.

Cytisus ›Lena‹ (Geißklee)

Wegen seines kompakten Wuchses ist dieser Geißklee im kleinen Garten mein Favorit für Frühjahr und Frühsommer. Die verblüffend warmen Farben der rubinroten und gelben Schmetterlingsblüten ziehen die Blicke auf sich und lassen jede sonnige Ecke für einige Wochen erstrahlen. Die grünen, drahtigen Triebe und die unscheinbaren Blätter fügen sich das übrige Jahr harmonisch in die umgebende Pflanzung ein.
Größe: H und B: 60 – 90 cm. **Standort:** volle Sonne. **Frosthärte:** winterhart. **Boden:** durchlässiger, neutraler bis saurer Boden, verträgt jedoch auch leicht alkalische Erde. **Pflege:** nach der Blüte etwa die Hälfte der neuen Triebe entfernen. Die Pflanze ist relativ kurzlebig: nach zehn Jahren ersetzen. **Pflanzpartner:** Wacholder *(Juniperus chinensis)* ›Old Gold‹, Eibe *(Taxus baccata)* ›Fastigiata‹, Wolfsmilch *(Euphorbia characias* ssp. *wulfenii).*

Säckelblume *(Ceanothus)* ›Blue Mound‹

Zu dieser Gruppe von Pflanzen gehören kleinere Sträucher, die zusätzlich für Struktur sorgen, sowie Stauden, die mit ihren Blüten kräftige Farbakzente setzen.

Daphne odora ›Aureomarginata‹ (Seidelbast)

Immergrüner Strauch, dessen zart duftende, purpurrosa Trichterblüten im Spätwinter und zu Frühjahrsbeginn erscheinen. Seine breiten Blätter sind goldfarben gerändert.
Größe: H: 70 – 90 cm; B: 1 m. **Standort:** bevorzugt leichten Schatten. **Frosthärte:** einigermaßen winterhart. **Boden:** bevorzugt nahrhaften, tiefgründigen Lehm. **Pflege:** kein Schnitt erforderlich; kann dünn und holzig werden, Verjüngung durch Schnitt gelingt aber selten. **Pflanzpartner:** Christrose *(Helleborus niger),* Schneeheide *(Erica carnea)* ›Pink Spangles‹, Funkie *(Hosta)* ›Gold Standard‹.

Gartensalbei siehe *Salvia officinalis*

Geißblatt siehe *Lonicera nitida*

Geißklee siehe *Cytisus*

Hebe rakaiensis
(Strauchveronika)

Diese Hebe-Art sorgt in Pflanzgruppen für Struktur. Der vollkommen symmetrische, runde Strauch eignet sich besonders gut als Akzent oder Schlußpunkt, etwa am Ende einer Pflanzgruppe oder eines Weges. Er trägt das ganze Jahr über zarte, leuchtendgrüne, eiförmige Blätter und entwickelt während des Frühjahrs und Sommers immer wieder Trauben aus zarten weißen Blüten. Kleinere Hebe-Arten mit bodendeckendem Wuchs oder auffälligeren Blüten finden sich in der Kategorie »Dekorative Lückenfüller« (siehe Seite 122).

Schopflavendel *(Lavandula stoechas* ssp. *pedunculata)*

Größe: H: 50 cm; B: 1 m. **Standort:** bevorzugt helle Sonne, verträgt aber auch leichten Schatten. **Frosthärte:** einigermaßen winterhart. **Boden:** durchlässige, lockere Gartenerde. **Pflege:** jedes Jahr zu Frühjahrsbeginn stutzen; alle drei bis vier Jahre eventuell fast bis auf Bodenhöhe zurückschneiden, um die Entwicklung kräftiger, gesunder neuer Triebe anzuregen. **Pflanzpartner:** niedrige Frühlings-Zwiebelblumen, Steinbrech *(Saxifraga × urbium)* ›Variegata‹, Perlpfötchen *(Anaphalis triplinervis)* ›Summer Snow‹, *Iris foetidissima* ›Variegata‹, Schwingel *(Festuca cinerea)* ›Blauglut‹.

Juniperus
(Wacholder)

Die niedergestreckten Formen dieser Konifere bieten ganzjährig Farbe und interessante Wuchsformen. Sie sind ideal für den kleinen Garten und sehen besonders hübsch aus, wenn sie sich über die Mauer eines Hochbeetes legen. *J. chinensis* ›Old Gold‹ hat aufsteigende Äste mit überhängenden Spitzen und einen kompakten Wuchs; sein bronzegoldenes Laub trägt er den ganzen Winter hindurch; Größe: H: 1 m; B: 1,25 m. Der Kriechwacholder *(J. horizontalis)* ›Wiltonii‹ ist einer der niedrigsten bodendeckenden Wacholder und hat bläulichgrünes bis silbrigblaues Laub. Größe: H: 5 – 10 cm; B: 2 – 3 m. *J. conferta* hat spitze, apfelgrüne Blätter und einen niederliegenden Wuchs mit leicht aufsteigenden Ästen; Größe: H: 10 – 20 cm; B: 2 – 4 m.

Größe: H und B: siehe oben. **Standort:** Sonne. **Frosthärte:** winterhart. **Boden:** jede Gartenerde; geeignetste Konifere für alkalische Böden. **Pflege:** Einige niederliegende oder halb niederliegende Wacholder können sehr groß und unförmig werden – in diesem Fall zurückschneiden, um einen kompakteren Wuchs zu fördern. Im Frühjahr einen Volldünger geben. **Pflanzpartner:** für goldfarbene Sorten: Heiligenkraut *(Santolina chamaecyparissus),* Montbretie *(Crocosmia)* ›Emily McKenzie‹; für grüne Sorten: immergrüne Azaleen; für bläuliche Sorten: Gartensalbei *(Salvia officinalis)* ›Purpurascens‹, *Diascia vigilis.*

Lavandula
(Lavendel)

Der Duft von Blüten und Blättern des Lavendels gibt jedem sonnigen Eckchen eine mediterrane Note. Dieser aromatische kleine Strauch eignet sich gut für eine niedrige Hecke oder Einfassung und harmoniert mit einer Vielzahl von Sträuchern und Stauden, vor allem mit rosa, blauen und reingelben Pflanzen. Die Sorte ›Hidcote‹ des Echten Lavendels *(L. angustifolia)* bildet einen kompakten Busch aus graugrünem Blattwerk, der im Hochsommer zahlreiche violettblaue Blütenstände trägt; ›Nana Alba‹ hat einen ebenso ordentlichen Wuchs, silberfarbene Blätter und fast weiße Blüten; die Sorte ›Rosea‹ trägt blaurosa Blüten und eignet sich gut für Gärten in Küstenregionen. *L. stoechas* ssp. *pedunculata* (Schopflavendel) mit seinen dichten, endständigen Köpfen aus duftenden dunkelpurpurnen Blüten, aus denen einige schmale lilablaue Brakteen ragen, ist eine ausgesprochen hübsche Unterart.

Größe: H: 30 – 50 cm; B: 50 – 80 cm. **Standort:** volle Sonne. **Frosthärte:** einigermaßen winterhart. **Boden:** durchlässig und leicht. **Pflege:** nach der Blüte mit der Heckenschere zurückstutzen und im Frühjahr leicht in Form schneiden. **Pflanzpartner:** *Diascia rigescens,* Verbene *(Verbena)* ›Silver Anne‹, Wollziest *(Stachys byzantina)* ›Silver Carpet‹, Heiligenkraut *(Santolina chamaecyparissus)* ›Nana‹.

Lavatera
›Pink Frills‹
(Buschmalve)

Wuchsfreudiger Strauch, der aufgrund seiner langen Blühperiode für den kleinen Garten gut geeignet ist. Vom Hochsommer bis zur Herbstmitte schmücken seine blaßrosa, schalenförmigen Blüten mit ihren hübsch gekrausten Petalen und weinroten Mitten das graugrüne Laub.
Größe: H: 1,2 – 1,5 m; B: 1 – 1,2 m. **Standort:** volle Sonne. **Frosthärte:** Mindesttemperatur im Winter 5 °C; bei größerer Kälte kann die Pflanze eingehen. **Boden:** jede gut drainierte Gartenerde. **Pflege:** letztjährige Triebe zu Frühjahrsbeginn am besten stark zurückschneiden, um die Blüte zu fördern. **Pflanzpartner:** Tamariske *(Tamarix ramosissima), Olearia × haastii,* Berberitze *(Berberis thunbergii)* ›Atropurpurea‹.

Lavendel siehe *Lavandula*

Lonicera nitida
›Baggesen's Gold‹
(Geißblatt)

Die zarten, glänzenden, gelben Blätter dieses Strauches sind im Winter und Frühjahr besonders wirkungsvoll, wenn sie eine beinahe goldene Farbe haben. Sie bilden einen schönen Kontrast zu auffälligen Blattformen und tiefblauen oder fliederfarbenen Blüten. *Lonicera nitida* kann für eine Hecke verwendet werden, da sie sich gut mit der Heckenschere schneiden läßt. Bei ausreichender Düngung gedeiht sie auch in Kübeln. Darüber hinaus ist sie für Blumenarrangements geeignet.
Größe: H: 1,2 m; B: 1,5 m (ungeschnitten). **Standort:** Sonne ist für die Blattfärbung am besten, die Pflanze toleriert aber auch Halbschatten. **Frosthärte:** winterhart. **Boden:** jeder Gartenboden, der nicht extrem trocken oder staunaß ist. **Pflege:** regelmäßig auf die gewünschte Form und Größe zurückschneiden, im Frühjahr ein Drittel des alten Holzes entfernen; kann sogar auf Bodenhöhe zurückgenommen werden und treibt wieder neu aus. **Pflanzpartner:** Gartensalbei *(Salvia officinalis)* ›Purpurascens‹, Spindelstrauch *(Euonymus fortunei)* ›Emerald 'n Gold‹, Glockenblume *(Campanula glomerata)* ›Superba‹.

Pleioblastus auricomus
(Bambus)

Das sattgelb gestreifte Laub dieses Bambus, das an aufrechten purpurgrünen Stengeln steht, heitert vor allem im Winter jede trostlose Ecke auf. Diese Art ist der beste buntlaubige Bambus für einen kleinen Garten und für Pflanzgefäße. Bei ungünstigen Bedingungen bleibt er jedoch kleiner.
Größe: H: bis zu 1,2 m; B: breitet sich langsam aus. **Standort:** leichter bis tiefer Schatten. **Frosthärte:** winterhart. **Boden:** keine Ansprüche. **Pflege:** im Herbst alte Triebe in Bodenhöhe abschneiden, um die Entwicklung neuer Triebe zu fördern. **Pflanzpartner:** Bergaster *(Aster amellus)* ›Violet Queen‹, Weicher Frauenmantel *(Alchemilla mollis),* Berberitze *(Berberis thunbergii)* ›Atropurpurea‹.

Rhododendron
(Kleine immergrüne Azaleen-Arten)

In einem geschützten kleinen Garten mit saurem Boden sorgt das glänzende dunkelgrüne Laub dieser Gattung immergrüner Sträucher in jeder Pflanzgruppe auf mittlerer Höhe für Struktur. Die Heimat der Azaleen ist Japan, wo sie in Waldlichtungen wachsen. Sie eignen sich hervorragend für halbschattige Plätze, an denen sie, in Gruppen gepflanzt, während des Frühjahrs ein bezauberndes Patchwork aus Farben entstehen lassen. Durch ihren langsamen, kompakten Wuchs brauchen sie sehr wenig Pflege. Hier eine kleine Auswahl aus den vielen im Handel erhältlichen Formen: ›Blaauw's Pink‹, lachsrosa mit hellerer Schattierung, frühblühend; ›Palestrina‹, reinweiß mit einem Hauch zarten Grüns; ›Vuyk's Scarlet‹, leuchtendrot mit gewellten Petalen; ›Orange Beauty‹, lachs-orange.
Größe: H: 60 – 100 cm; B: 60 – 120 cm. **Standort:** Halbschatten, verträgt aber auch volle Sonne, wenn die Wurzeln geschützt sind. **Frosthärte:** winterhart; kalte Winterwinde können jedoch bei ungeschützten Pflanzen zum Abwerfen der Blätter führen. **Boden:** sauer, vorzugsweise reich an Lauberde. **Pflege:** beschädigtes Holz entfernen. **Pflanzpartner:** *Garrya elliptica,* Farne, Lungenkraut *(Pulmonaria officinalis)* ›Sissinghurst White‹.

Säckelblume siehe *Ceanothus*

Buschmalve *(Lavatera)* ›Pink Frills‹

Gartensalbei *(Salvia officinalis)* ›Purpurascens‹

Salvia officinalis
(Gartensalbei)

Dieser aromatische Strauch ist für Pflanzgruppen im kleinen Garten ein echter Gewinn. Die jungen grobstrukturierten Blätter sind im Frühjahr und Sommer am schönsten und in farbigen Laubgruppen besonders wirkungsvoll. Seine zweilippigen blauen Blüten stehen im Sommer in Wirteln an den Stengeln und machen die Pflanze noch hübscher. Die Sorte ›Purpurascens‹ hat reizvolle, purpurn überlaufene Blätter; ›Tricolor‹ besitzt noch leuchtenderes purpurnes Laub, das rosa und weiß gesprenkelt ist; ›Icterina‹ trägt goldfarben panaschierte Blätter und paßt gut in goldgelbe und blaue Farbkompositionen. **Größe:** H: 60 – 80 cm; B: 80 – 100 cm. **Standort:** volle Sonne, gedeiht jedoch auch in leichtem Schatten, wenngleich dort die Blattfärbung nicht so schön ist. **Frosthärte:** einigermaßen winterhart, kann aber in sehr strengen Wintern Schaden nehmen. **Boden:** warme, durchlässige Erde. **Pflege:** im Frühjahr letztjährige Triebe um die Hälfte zurücknehmen, damit der Strauch jung und gesund bleibt; Pflanzen alle drei bis fünf Jahre ersetzen. **Pflanzpartner:** Segge *(Carex oshimensis)* ›Evergold‹, Weicher Frauenmantel *(Alchemilla mollis),* Gartenerdbeere *(Fragaria × ananassa)* ›Variegata‹, Rose *(Rosa)* ›Hermosa‹.

Schneeball siehe *Viburnum davidii*

Seidelbast siehe *Daphne odora*

Skimmia japonica
›Rubella‹

Robuster, kompakter Strauch, der Küstenwinde, Schatten und Luftverschmutzung verträgt. Er hat große, eiförmige bis elliptische, ledrige, dunkelgrüne Blätter mit purpurnen Adern und silberfarbenen Unterseiten. Die männliche Form mit großen Rispen aus roten Knospen sieht in einem Kübel den ganzen Winter hindurch reizvoll aus. Sie kann zur Bestäubung der weiblichen Form *S. japonica* ›Veitchii‹ dienen, die kräftig wächst und im Spätsommer oder Herbst Büschel aus leuchtendroten Früchten trägt. Wo nur Platz für eine Pflanze ist, zieht man die Zwitterform *S. reevesiana,* die einen niedrigen, kompakten, runden Busch bildet und selten höher als 90 Zentimeter wird, vor; im Frühsommer entwickelt sie weiße Blütenrispen, denen später eiförmige, mattkarminrote Früchte folgen. **Größe:** H und B: 90 – 100 cm. **Standort:** ideal für Halbschatten, verträgt aber auch volle Sonne. **Frosthärte:** winterhart. **Boden:** tiefgründige, saure Erde. **Pflege:** Schnitt ist nicht erforderlich; Äste können zurückgeschnitten werden, um Neuaustrieb an der Basis anzuregen. **Pflanzpartner:** Knöterich *(Polygonum affine)* ›Superba‹, Hartriegel *(Cornus sanguinea)* ›Winter Flame‹.

Strauchveronika siehe *Hebe rakaiensis*

Viburnum davidii
(Schneeball)

Seine wunderschöne Form und die Textur seiner auffälligen, ledrigen, immergrünen Blätter machen diesen Strauch zu einem Gewinn für jede Pflanzgruppe, der er das ganze Jahr hindurch Substanz verleiht. Im Frühsommer öffnen sich seine tiefrosa Knospen zu flachen weißen Blütenständen, denen bei weiblichen Pflanzen leuchtendtürkisfarbene Beeren folgen, wenn in der Nähe eine männliche Pflanze steht. Der Strauch paßt gut zu kleinblättrigen Sträuchern und Stauden.
Größe: H: 80 – 100 cm; B: 70 – 80 cm. **Standort:** bevorzugt leichten Schatten. **Frosthärte:** winterhart. **Boden:** bevorzugt nahrhafte Erde, die aber nicht staunaß sein darf. **Pflege:** Größe kann durch Schnitt begrenzt werden. **Pflanzpartner:** Buchsbaum *(Buxus sempervirens),* Bubiköpfchen *(Soleirolia soleirolii),* Mädchenauge *(Coreopsis verticillata)* ›Moonbeam‹.

Wacholder siehe *Juniperus*

Zistrose siehe *Cistus*

Dekorative Lückenfüller

Alchemilla ellenbeckii
(Frauenmantel)

Dieser ungemein zarte Frauenmantel eignet sich hervorragend für die Kultur in Kies- oder Pflasterflächen. Er hat feingeteilte Blätter mit leuchtendroten Stielen, an denen im Hochsommer winzige Rispen aus limettengrünen Sternen erscheinen.
Größe: H: 10 cm; B: 30 cm. **Standort:** volle Sonne oder leichter Schatten. **Frosthärte:** winterhart. **Boden:** keine besonderen Ansprüche. **Pflege:** Anfang bis Mitte des Frühjahrs einen Volldünger geben und erneut im Hochsommer nach Entfernen der welken Blütenstände. **Pflanzpartner:** Wolfsmilch *(Euphorbia characias* ssp. *wulfenii)* ›Humpty Dumpty‹, Beifuß *(Artemisia stelleriana).*

Campanula portenschlagiana
(Glockenblume)

Über den dichten, herzförmigen, mittelgrünen Blättern dieser Glockenblume erscheinen von Mitte des Sommers an bis in den Herbst unzählige tiefblaue Glockenblüten. Diese Staude eignet sich besonders gut, um vor große Büsche oder in schmale Flächen und Pflasterspalten gepflanzt zu werden, wo sie sich bereitwillig ausbreitet.
Größe: H: 15 cm; B: 45 – 60 cm. **Standort:** volle Sonne oder Halbschatten. **Frosthärte:** winterhart. **Boden:** fruchtbare, durchlässige Erde; verträgt auch Trockenheit. **Pflege:** unerwünschte Sämlinge jäten; zu Frühjahrsbeginn einen Volldünger geben und im Sommer welke Blütenstände entfernen. **Pflanzpartner:** Geißklee *(Cytisus battandieri),* Storchschnabel *(Geranium sanguineum)* ›Lancastriense‹.

Dianthus
(Nelke)

Ihre lange Blütezeit macht die wiederholt blühenden Nelken auf begrenzter Fläche zu bestens geeigneten Einfassungspflanzen. Die rosa oder weißen Sommerblüten heben sich hübsch von den silbergrauen Teppichen aus immergrünen Blattbüscheln ab. Blaßrosa Blüten mit dunklerer Zeichnung harmonieren gut mit purpurnen Tönen benachbarter Blattpflanzen. Empfehlenswert sind Sorten mit duftenden Blüten wie ›Doris‹ (garnelenrot mit roter Mitte), ›White Ladies‹ (gefüllt mit gefransten Petalen) oder ›Diane‹ (lachsrote, gefüllte Blüten).
Größe: H und B: 30 cm. **Standort:** volle Sonne. **Frosthärte:** winterhart. **Boden:** durchlässig; da Nelken alkalischen Boden bevorzugen, den Garten regelmäßig kalken. **Pflege:** Mitte des Frühjahrs einen Volldünger geben, nach der Blüte einen kaliumreichen Dünger. Regelmäßig welke Blüten entfernen. Alle drei bis fünf Jahre ersetzen. **Pflanzpartner:** Schwertlilie *(Iris pallida)* ›Variegata‹, Thymian *(Thymus × citriodorus)* ›Variegatus‹, Gartensalbei *(Salvia officinalis)* ›Purpurascens‹.

Ehrenpreis siehe
Veronica austriaca ssp. *teucrium*

Erica carnea
(Schneeheide)

Diese winterblühende Heide verträgt sowohl Kalkboden als auch etwas Schatten und ist ein nützlicher Bodendecker, der selbst in strengen Wintern kaum Schaden nimmt. Die Sorte ›Pink Spangles‹ öffnet von Mitte des Winters an bis zum Frühjahr ein Meer aus rosa Glockenblüten, die sich hübsch vom hellgrünen Laub abheben. Die dunkelgrünen Blätter von ›Myretoun Ruby‹ bilden einen schönen Hintergrund für rosa sommerblühende Stauden wie *Diascia* und *Saponaria* und sind im Spätwinter und zu Beginn des Frühjahrs mit unzähligen großen, tiefrosa bis rubinroten Glockenblüten bedeckt. ›Foxhollow‹ hat leuchtendes goldgelbes Sommerlaub, das im Winter rosa und rot überlaufen ist, und wenige lavendelfarbene Blüten. Die Sorte ›Anne Sparkes‹ trägt orangegelbe Blätter mit bronzeroten Spitzen, im Spätwinter erscheinen purpurne Blüten.
Größe: H: 15 cm; B: 20 – 40 cm. **Standort:** sonnig und offen, verträgt auch Halbschatten. **Frosthärte:** winterhart. **Boden:** bevorzugt sauren Boden, wächst aber auch in alkalischer Erde. **Pflege:** nach der Blüte leicht stutzen, um die Entwicklung neuer Triebe anzuregen. **Pflanzpartner:** Nieswurz *(Helleborus foetidus),* Spindelstrauch *(Euonymus fortunei),* niedrige Wacholder *(Juniperus),* frühjahrsblühender Schneeball *(Viburnum).*

Nelke *(Dianthus)* ›Doris‹

Ob sie sich zwischen höhere Sträucher schmiegen, einen Weg säumen, an einem Bogen emporklettern oder vorne in einer Rabatte stehen – diese Pflanzen spielen in der Gesamtgestaltung eine wichtige Rolle.

Spindelstrauch *(Euonymus fortunei)* ›Silver Queen‹

Euonymus fortunei
(Spindelstrauch)

Äußerst nützlicher immergrüner Strauch mit schöner Blattextur, der ausreichend dicht ist, um einem kleinen Garten während des Winters Struktur zu geben. Die kleinen eiförmigen Blätter sind grün bis silber- und goldfarben panaschiert und bilden einen herrlichen Hintergrund für benachbarte Sommerblumen. Der Strauch kann als Bodendecker gepflanzt oder an einer Wand erzogen werden. Die Sorte ›Emerald Gaiety‹ hat graugrüne, weißgeränderte Blätter, ›Emerald 'n Gold‹ graugrünes Laub mit goldenen Rändern; ›Silver Queen‹ trägt im Frühjahr größere, rahmgelbe Blätter, die später grün und cremefarben gerändert sind.
Größe: H und B. 60 – 90 cm. **Standort:** Sonne oder Schatten. **Frosthärte:** winterhart; kann bei starker Kälte einen Teil der Blätter verlieren. **Boden:** keine besonderen Ansprüche. **Pflege:** ein regelmäßiger Schnitt ist nicht erforderlich, kann aber bei Bedarf gestutzt werden. **Pflanzpartner:** für silberfarbene Panaschierung: Orangenblume *(Choisya ternata),* die Wermut-Sorte *(Artemisia absinthium)* ›Lambrook Silver‹; für goldfarbene Panaschierung: Nieswurz *(Helleborus foetidus),* Gemeiner Hopfen *(Humulus lupulus)* ›Aureus‹.

Farne

Eine feuchte, schattige, vor starkem Wind geschützte Ecke ist der ideale Platz für Farne und andere schattenliebende Pflanzen. Die filigranen, feingeteilten, zartgrünen Wedel des Schildfarns (*Polystichum setiferum,* Percristatum-Gruppe) sind den ganzen Winter hindurch vorhanden, ebenso die hellgrünen, ledrigen, schwertförmigen Blätter der Hirschzunge *(Phyllitis scolopendrium);* beide Farne werden etwa 75 Zentimeter hoch und bis zu einem Meter breit. *Blechnum penna-marina* ist ein ausgezeichneter immergrüner Bodendecker für schattige Plätze, der sich durch kriechende Rhizome ausbreitet, aus denen kleine leiterartige Wedel von 30 Zentimeter Höhe und Breite wachsen.
Größe: H und B: siehe oben. **Standort:** Schatten. **Frosthärte:** winterhart. **Boden:** jeder feuchte Boden, der reich an organischem Material ist. **Pflege:** im Herbst mit Lauberde vor Winterkälte schützen; im Sommer feucht halten; im Frühjahr abgestorbene oder häßliche Wedel entfernen. **Pflanzpartner:** Funkie *(Hosta),* Schaumblüte *(Tiarella cordifolia),* Alpenglöckchen *(Soldanella villosa), Bergenia.*

Frauenmantel siehe
Alchemilla ellenbeckii

Glockenblume siehe
Campanula portenschlagiana

Hebe
(Strauchveronika)

Die niedrigen immergrünen Formen der Strauchveronika mit ihrem ganzjährig ordentlichen Wuchs sind ausgezeichnete Rahmensträucher. Rosa, weiße oder fliederfarbene Blütenstände schmücken sie vom Frühjahr bis zum Frühherbst. Die Sträucher sind besonders gut einzusetzen, da sie sowohl Luftverschmutzung als auch Salzgischt vertragen. *H. albicans* und *H. pinguifolia* ›Pagei‹, die silbergraues Laub und blaßrosa oder dunkelblaue und violette Blüten haben, fühlen sich auch in Töpfen wohl. *H. albicans* ›Red Edge‹ hat an den Blatträndern eine zarte weinrote Linie, die mit kirschroten Blüten und Blättern hübsch aussieht; *H.* ›Autumn Glory‹ trägt tiefpurpurblaue Blütentrauben, die über dunklen, purpurgrünen, runden Blättern stehen; neuere Sorten sind die rosablühende Sorte *H.* ›Rosie‹ und die blaßlila *H.* ›Marjorie‹.
Größe: H: 30 – 50 cm; B: 1 m. **Standort:** volle Sonne, verträgt aber auch leichten Schatten. **Frosthärte:** einigermaßen winterhart; kann in sehr kalten Wintern Schaden nehmen, überlebt jedoch meistens. **Boden:** jede durchlässige Gartenerde. **Pflege:** im Frühjahr leicht stutzen, um die Entwicklung neuer Triebe anzuregen. **Pflanzpartner:** Rose *(Rosa)* ›The Fairy‹, Gartensalbei *(Salvia officinalis)* ›Purpurascens‹, *Phlox.*

Heuchera micrantha
›Palace Purple‹

Diese Staude hat phantastische herzförmige, bronzerote Blätter, die unterseits hell mangentarosa sind. Über dem immergrünen Laub stehen im Sommer drahtige Stengel mit winzigen, zarten, weißen Blüten, denen im Spätsommer oder Herbst kleine bronze-rosa Fruchtstände folgen. Die Sorte ›Snowstorm‹ mit ihren muschelförmigen Blättern, die im Sommer fast vollkommen cremefarben sind, und ihren leuchtendroten Blütenständen ist als Füllelement für die Frontseite eines Arrangements ebenso reizvoll. Bei guter Düngung kann sie auch als Topfpflanze sehr beeindruckend wirken.
Größe: H und B: 45 – 60 cm. **Standort:** volle Sonne bis Halbschatten. **Frosthärte:** winterhart. **Boden:** keine Ansprüche. **Pflege:** Mitte des Früh-

jahrs Volldünger ausbringen. Das Laub im Winter stehenlassen; im Frühjahr alte Pflanzenteile entfernen und mulchen. **Pflanzpartner:** Schwingel *(Festuca cinerea),* Zistrose *(Cistus)* ›Silver Pink‹, Taglilie *(Hemerocallis)* ›Catherine Woodbury‹.

Hornveilchen siehe *Viola cornuta*

Nelke siehe *Dianthus*

Phalaris arundinacea picta ›Feesey‹

Dies ist eine schönere, weniger stark wuchernde Form des Rohrglanzgrases mit herrlichen, weißgestreiften, riemenförmigen Blättern und einem kompakten Wuchs. Sie paßt gut zu weißpanaschierten oder purpurnen Blattpflanzen. Besonders hübsch sieht sie in der Nähe von Wasser aus.
Größe: H und B: 60 cm. **Standort:** Sonne oder Halbschatten. **Frosthärte:** winterhart. **Boden:** keine Ansprüche. **Pflege:** nach einigen Jahren teilen. **Pflanzpartner:** Weigelie *(Weigela praecox)* ›Variegata‹, Gartensalbei *(Salvia officinalis)* ›Purpurascens‹, *Phlox paniculata* ›Blue Ice‹.

Sarcococca hookeriana var. *digyna* (Schleimbeere)

An Hauswänden oder neben einem Weg gibt es oft ziemlich schattige Ecken, die dieser nicht wuchernde, aber Ausläufer bildende Strauch mit seinen glänzenden, kleinen, schmalen Blättern freundlicher erscheinen läßt. Im Winter entwickelt er unscheinbare, jedoch duftende weiße Blüten, denen später schwarze Beeren folgen.
Größe: H: 60 – 90 cm; B: 40 cm. **Standort:** volle Sonne bis mittelstarker Schatten. **Frosthärte:** vollkommen winterhart. **Boden:** jede gut gedüngte Gartenerde. **Pflege:** kein Schnitt erforderlich; mit Lauberde mulchen. **Pflanzpartner:** Nieswurz *(Helleborus orientalis),* Narzisse *(Narcissus)* ›February Gold‹, Heiligenkraut *(Santolina chamaecyparissus),* Farne.

Saxifraga ›Rubrifolia‹ (Steinbrech)

Eine großartige Pflanze für eine besondere Ecke im Garten. Im Spätherbst/Frühwinter erscheinen über ihren bronzeroten, glänzenden Blättern, die fast sukkulent wirken, schimmernde weiße Sternblüten.
Größe: H: 30 – 40 cm; B: 30 – 45 cm. **Standort:** kühl und halbschattig. **Frosthärte:** verhältnismäßig winterhart. **Boden:** nahrhaft und feucht. **Pflege:** welke Blütenstände entfernen. **Pflanzpartner:** Günsel *(Ajuga reptans)* ›Pink Elf‹, Wurmfarn *(Dryopteris filix-mas),* Glanzmispel *(Photinia × fraseri)* ›Birmingham‹.

Schleimbeere siehe *Sarcococca hookeriana* var. *digyna*

Schneeheide siehe *Erica carnea*

Spindelstrauch siehe *Euonymus fortunei*

Steinbrech siehe *Saxifraga*

Strauchveronika siehe *Hebe*

Veronica austriaca ssp. *teucrium* ›Crater Lake Blue‹ (Ehrenpreis)

Diese unkomplizierte, niedrige Staude entwickelt im Hoch- und Spätsommer tiefenzianblaue Blütenstände. Das halb immergrüne Laub ist leuchtend gefärbt und glänzt. Besonders schön wirkt ein großes Büschel neben einem Weg oder am Rand einer Rabatte. Die Pflanze harmoniert gut mit Wasserflächen.

Strauchveronika *(Hebe)* ›Autumn Glory‹

Größe: H: 30 cm; B: 45 – 60 cm. **Standort:** volle Sonne bis leichter Schatten. **Frosthärte:** winterhart. **Boden:** keine besonderen Ansprüche. **Pflege:** im Herbst über dem Boden abschneiden, und im Frühjahr einen Volldünger geben. **Pflanzpartner:** Heiligenkraut *(Santolina chamaecyparissus)* ›Nana‹, Orangenblume *(Choisya ternata)* ›Sundance‹.

Viola cornuta (Hornveilchen)

Diese entzückende kleine Staude breitet sich bereitwillig aus und bildet von Frühjahr bis Herbst einen Teppich aus blauen Blüten. Fast ebenso üppig blüht auch die weiße Sorte *V. cornuta* ›Alba‹. *V.* ›Clementina‹ trägt lebendig violettblaue Blüten, die in der Nachbarschaft von goldgelbem Laub zu schimmern beginnen.
Größe: H: 15 – 20 cm; B: 30 cm. **Standort:** Sonne oder Halbschatten. **Frosthärte:** winterhart. **Boden:** jede Gartenerde, bevorzugt aber mit Humus angereicherten Boden. **Pflege:** zu Frühjahrsbeginn einen Volldünger geben und noch einmal im Hochsommer; nach der Blüte leicht stutzen, damit die Pflanze formschön bleibt und weitere Blüten entwickelt. **Pflanzpartner:** große Palette an Stauden, Sträuchern und Nadelgehölzen.

Register

Kursiv gedruckte Seitenzahlen beziehen sich auf die Bildlegenden, **fettgedruckte** auf das Kapitel »Die wichtigsten Pflanzen für kleine Gärten«.

Abkürzungen bei den botanischen Pflanzennamen:
syn. = synonym
ssp. = subspecies (Unterart)
var. = varietas (Varietät)

A

B

C

D

Q

R

S

T

Danksagung

Der Verlag dankt folgenden Fotografen und Organisationen für ihre freundliche Genehmigung zur Veröffentlichung der Fotos:

S. 1 Gary Rogers; S. 2 f. Jerry Harpur (Designer: Jane Alexander-Sinclair); S. 4–7 Brigitte Thomas; S. 8 John Glover; S. 9 Jerry Harpur (Designer: Arabella Lennox-Boyd); S. 10 Gary Moyes; S. 11 oben Georges Lévêque (Designer: J. Wirtz, Belgien); S. 11 unten Hugh Palmer; S. 12 f. Jerry Harpur (Designer: Judith Sharpe); S. 14 Brigitte Thomas; S. 15 Jerry Harpur (Designer: Penny Crawshaw); S. 17 Jerry Harpur (Designer: Gunilla Pickard); S. 19 Jerry Harpur (Designer: Keith Corlett); S. 21 Jerry Harpur (Designer: Christopher Masson); S. 22 Jerry Harpur (Designer: Julie Toll, London); S. 23 Jerry Harpur (Michael Balston Design); S. 25 John Fielding; S. 26 Jerry Harpur (Designer: Christopher Masson); S. 27 Brigitte Thomas; S. 28 Noel Kavanagh (Designer: Julie Toll); S. 36 f. Jerry Harpur (Designer: Christopher Masson); S. 38 Karl Dietrich-Buhler/Elizabeth Whiting and Associates; S. 39 Noel Kavanagh (Designer: Richard Baxter); S. 40 Christopher Simon-Sykes/The Interior World; S. 41 Jerry Harpur (Edwina van Gal, N. Y.); S. 42 Jerry Harpur (Designer: Judith Sharpe); S. 43 oben Jerry Harpur (Designer: Julie Toll); S. 43 unten Jerry Harpur; S. 44 oben Denise Clyne/Garden Picture Library; S. 44 unten Christopher Simon-Sykes/Camera Press; S. 45 Eric Crichton (Mrs. Sinclair, Lime Tree Cottage, Surrey); S. 46 Jerry Harpur (Designer: Simon Frazer); S. 47 Georges Lévêque (Designer: Ed. Avadeen); S. 49 John Heseltine; S. 50 Brigitte Thomas; S. 51 Michèle Lamontagne; S. 52 Andrew Lawson (Gothic House, Oxfordshire); S. 53 Brigitte Thomas; S. 55 Eric Crichton; S. 56 Jerry Harpur (Designer: Perry Guillot); S. 57 John Glover (Toad Cottage, Berkshire); S. 58 Noel Kavanagh (Designer: Richard Baxter); S. 59 Andrew Lawson (Designer: Simon Driver); S. 61 Jerry Harpur (Designer: Christopher Masson); S. 63 Jerry Harpur (Rod Taylor, Hank Litho, The Cape, Südafrika); S. 64 f. Clive Nichols (Turn End, Buckinghamshire); S. 67 Jerry Harpur (Designer: Arabella Lennox-Boyd); S. 68 Neil Campbell-Sharp (Bosvigo House, Cornwall); S. 69 oben Jerry Harpur (Rofford Manor, Oxfordshire); S. 69 unten Brigitte Thomas; S. 71 John Glover (The Anchorage, Kent); S. 72 John Fielding; S. 73 John Glover (Tomasina Beck, London); S. 74 Jerry Harpur/Elizabeth Whiting and Associates; S. 75 Jerry Harpur; S. 76 John Glover (22 Beechcroft Road, Oxford); S. 77 John Glover; S. 78 John Glover (The Anchorage, Kent); S. 79 Brigitte Thomas; S. 82 Jerry Harpur (Designer: Phillip Watson); S. 83 Jerry Harpur/Elizabeth Whiting and Associates; S. 86 f. Beatrice Pichon (le Jardin d'Anne-Marie); S. 89 Jerry Harpur (Designer: Pamela Steward); S. 90 Howard Rice/Garden Picture Library; S. 92 Noel Kavanagh (Designer: Julie Toll); S. 93 John Glover (Hillgrove Crescent, Kiddeminster); S. 95 Brigitte Thomas; S. 99 Christian Sarramon; S. 102–105 S and O Mathews; S. 106 f. John Glover; S. 108 f. Georges Lévêque; S. 110 John Glover (Privatgarten, Staffordshire); S. 112 John Glover (Burford House, Shropshire); S. 114 f. Neil Campbell-Sharp; S. 116 Eric Crichton; S. 118 John Fielding; S. 119 Christopher Fairweather / Garden Picture Library; S. 120 John Glover; S. 122 Eric Crichton (Barnsley House); S. 123 Neil Holmes.

Der Verlag dankt außerdem Helen Ridge, Barbara Nash und Janet Smy.